U0096230

古典文獻研究輯刊

三十編

潘美月・杜潔祥 主編

第13冊

日本唐詩選本研究
——以李攀龍《唐詩選》相關選本爲中心

黃嘉欣 著

國家圖書館出版品預行編目資料

日本唐詩選本研究——以李攀龍《唐詩選》相關選本為中心／黃嘉欣 著 — 初版 — 新北市：花木蘭文化事業有限公司，2020
〔民 109〕
目 2+202 面；19×26 公分
（古典文獻研究輯刊 三十編；第 13 冊）
ISBN 978-986-518-098-0（精裝）
1. 唐詩 2. 詩評 3. 研究考訂
011.08 109000658

古典文獻研究輯刊
三十編 第十三冊 ISBN：978-986-518-098-0

日本唐詩選本研究
——以李攀龍《唐詩選》相關選本爲中心

作　　者 黃嘉欣
主　　編 潘美月　杜潔祥
總 編 輯 杜潔祥
副總編輯 楊嘉樂
編　　輯 許郁翎、張雅淋　美術編輯　陳逸婷
出　　版 花木蘭文化事業有限公司
發 行 人 高小娟
聯絡地址 235 新北市中和區中安街七二號十三樓
電話：02-2923-1455／傳真：02-2923-1452
網　　址 http://www.huamulan.tw 信箱 hml 810518@gmail.com
印　　刷 普羅文化出版廣告事業
初　　版 2020 年 3 月
全書字數 172179 字
定　　價 三十編 18 冊（精裝）新台幣 40,000 元

日本唐詩選本研究
——以李攀龍《唐詩選》相關選本爲中心

黃嘉欣 著

作者簡介

黃嘉欣，廣東人，畢業於廣州中山大學日本語言文學系、國立成功大學中國文學研究所，現就讀於國立政治大學中國文學研究所博士班。

提　　要

舊本題明李攀龍所編之《唐詩選》，自江戶時代始風靡日本，影響深遠，歷久不衰。值得注意的是，學界亦不乏反對、批評李選之聲。本論文以與《唐詩選》相關的日本唐詩選本爲研究對象，並選擇篠崎小竹《唐詩遺》、森槐南《唐詩選評釋》、目加田誠新釋《唐詩選》、吉川幸次郎《新唐詩選》與《新唐詩選續篇》爲具體切入點，考察日人如何新編唐詩選本或重新詮釋《唐詩選》，以之回應李選，並引導初學入門。透過對諸家選評內容的細讀、爬梳，呈現其具體樣貌、異同之處，同時藉此一窺日人對唐詩的接受情況。全文共分爲六章：

第一章爲「緒論」，旨在說明本文的研究動機與選題，回顧前人研究成果，並介紹本文的研究對象、研究方法、章節安排以及預期貢獻。

第二章至第五章爲本論文的主體，分別對上述四家選本進行探研。除了分析諸家對李攀龍《唐詩選》的評價、選評緣由而外，各章另有如下要點：

第二章考察篠崎小竹《唐詩遺》如何取法清人沈德潛、陳培脈合選之《唐詩別裁集》初刻本，修正《唐詩選》「方隅有閾，變化不足」之失，同時呈現篠崎氏此選之「崇杜」傾向。

第三章透過爬梳森槐南《唐詩選評釋》的詩評內容，探析森氏有別於李攀龍〈唐詩選序〉的詩體觀，並進一步歸納此書之說詩要點。

第四章主要觀察目加田誠新釋《唐詩選》的說詩風格，彰顯其有別於前人的「平易」特色，同時一窺目加田氏「重情」之說詩旨趣。

第五章勾勒吉川幸次郎《新唐詩選》及其《續篇》所形塑的詩人形象，以及比較吉川氏選本有別於「舊選」即李攀龍《唐詩選》的「新」意所在。

第六章爲「結論」，除了概述本文的研究心得，也提出後續研究的議題，期能作爲日後努力的方向。

誌　謝

本論文主要撰寫於 2017 年 9 月底至 2018 年 6 月初。於此，首要感謝陳美朱教授的指導和包容。從修習研究所課程「杜甫詩專題研究」、「唐詩選本專題研究」，到大學部爲期一年的「李杜詩」課程旁聽，均能深切感受到老師對待教研的嚴謹與盡責，在學術研究上的指引與啓發，以及在日常生活中的體貼關懷。這本論文的成型，得益於「唐詩選本」課上收集到的文獻資料，亦離不開老師每一次的點撥。老師人格深處的正直與光明，更是我畢生的典範。

感謝本科導師邱雅芬教授，曾照拂我略顯灰暗的大學時代。在跨專業的學習中，老師來信的勉勵亦給我帶來勇氣，驅散沿途的迷惘和畏懼。您每一次的期許與祝福，我都銘感於心。感謝大學同窗陳濛、陳俐珊、唐艷瑜、黃千惠、周劍瑜、劉心等朋友，以及師妹劉家怡，給予我學術資源和精神上的支持。從課程論文到學位論文，感謝你們多次幫忙在大陸中山大學、南京大學和日本京都大學等高校圖書館查閱文獻。雖然彼此在畢業之後走上了不同的道路，但是你們前進的身影一直是我鞭策自我、追趕奮進的動力。

感謝 20 多年前的父親。「夢のような人だから　夢のように消えるのです」感謝 20 多年來的母親，給予物質支持。感謝姐姐黃嘉儀，在購買舊書、影印善本古籍等方面給予很多幫助。

感謝論文。誠然，論文寫作過程中有過很多的困境，然而，每當直面人生中精神與物質的衝突、生死離合的無可奈何，又或人事中的種種課題，心平氣和地撰寫論文的時間顯得尤爲純粹、可貴。感謝以下此言，亦是一直以來的自我期許：「どうぞ偉くなって下さい。しかしむやみにあせってはいけません。ただ牛のように図々しく進んで行くのが大事です。」

感謝書，讓我成爲了不一樣的人。

最後，必須向敬愛的川合康三先生致以由衷的謝意。我有幸在課堂上聆聽川合先生講授中國的詩學，受益匪淺。在拙作即將付梓之際，又蒙川合先生不棄駑鈍，撥冗賜教，我一直深懷感激。除了指正翻譯、字句等的嚴謹性，補充細節處的論述，包容後學稚拙之見，川合先生還點出了在拙論的基礎上有待開展後續研究的課題。但因我學養不足，性復疏懶，加之出版日程所限，目前僅於部分不足之處作出了細微的修正，未能及時增入新的考察成果。今後將勤勉研學，不負川合康三先生的肯定與厚望。

黃嘉欣

2019/11/22

在臺北木柵

目次

誌　謝
第一章　緒　論 ……………………………………… 1
　第一節　研究動機與論文選題 ……………………… 1
　第二節　文獻回顧與重點評述 ……………………… 7
　第三節　研究對象與研究方法 ……………………… 11
　第四節　章節安排與預期貢獻 ……………………… 14
第二章　篠崎小竹《唐詩遺》探研 …………………… 17
　前言 ………………………………………………… 17
　第一節　篠崎小竹對《唐詩選》與《唐詩別裁集》
　　　　　之評價 …………………………………… 19
　第二節　《唐詩遺》之內容架構 …………………… 26
　第三節　《唐詩遺》之分體「拾遺」 ……………… 34
　第四節　《唐詩遺》之「崇杜」傾向 ……………… 43
　結語 ………………………………………………… 49
第三章　森槐南《唐詩選評釋》探研 ………………… 51
　前言 ………………………………………………… 51
　第一節　森槐南對李攀龍《唐詩選》之評價 ……… 53

第二節　《唐詩選評釋》對李攀龍〈唐詩選序〉之回應……59
第三節　《唐詩選評釋》之說詩要點……79
結語……86
第四章　目加田誠新釋《唐詩選》探研……89
前言……89
第一節　目加田誠對李攀龍《唐詩選》之評價……91
第二節　新釋《唐詩選》之「平易」特色……94
第三節　新釋《唐詩選》之「重情」旨趣……108
結語……114
第五章　吉川幸次郎《新唐詩選》與《新唐詩選續篇》探研……117
前言……117
第一節　《新唐詩選》與《新唐詩選續篇》概介……120
第二節　《新唐詩選》與《新唐詩選續篇》形塑之詩人形象……124
第三節　《新唐詩選》與《新唐詩選續篇》之「新」意……136
結語……144
第六章　結　論……147
附錄一：李攀龍《唐詩選》之服部南郭考訂本選目……155
附錄二：篠崎小竹《唐詩遺》選目……171
參考文獻……189

第一章　緒　論

第一節　研究動機與論文選題

「選本」乃是中國古典文學批評的重要形式之一，學者或謂其濫觴爲南朝梁昭明太子蕭統（501～531）主編《文選》，或謂可進一步上溯至孔子（前551？～前479？）刪訂《詩經》。其後又有《玉臺新詠》，唐代之「唐人選唐詩」、《花間詞》，宋元之《唐百家詩選》、《文章正宗》、《三體詩》、《瀛奎律髓》、《唐音》，明代之《唐詩品彙》、《古今詩刪》、《八大家文鈔》、《元曲選》等，清代則又出現了多種「御選」，以及《唐賢三昧集》、《唐詩別裁集》、《詞宗》等重要選本。〔註1〕時至當代仍家喻戶曉的《唐詩三百首》亦屬選本之範疇。魯迅（1881～1936）曾指出：「凡選本，往往能比所選各家的全集或

〔註1〕筆者所舉重要選本之例，爲鄒雲湖《中國選本批評》重點探討者。又，鄒氏指出：「雖然經過了『孔子刪詩』，《楚辭》在漢代也經過了劉向、王逸等多人的編定，但在獨立的文學意識尚未形成，大量文學作品尚未以『集』的形式出現時，這兩部作品並未取得『集』的名義，也就是說它們名義上還不是文學作品集，也就算不上是眞正的文學選本。《詩經》尤其不被人們看作純粹的文學作品，作爲儒家經典，它在《漢書‧藝文志》中被歸入『六藝略』，在後代也一直屬於經部。《楚辭》由於是在總集正式成立之前出現的，在後代也一直被看作是總集中特殊的一類。直到《文選》出現，中國文學史上才有了一部眞正的名副其實的文學選本。」詳見氏著：〈漢魏六朝：選本的濫觴〉，《中國選本批評》（上海：上海三聯書店，2002年），頁16。而王運熙則認爲，《詩經》「實際上是一個總集中的選本」，是「先秦時代留下來的中國古詩的優秀選本」。詳見氏著：〈總集與選本〉，載《古典文學知識》2004年05期（2004年09月），頁77。按：爲求行文方便，本論文對諸位前輩學者未加尊稱，特此說明。

選家自己的文集更流行，更有作用。」〔註 2〕由此可見選本的生命力與影響力。

值得注意的是，選本的影響並不僅止於中原本土，傳至日本之後，亦產生了深遠影響。根據前人觀察，在日本王朝時代，宮廷貴族之間流行漢詩，如果說對平安朝（794～1192）影響最大的是《白氏文集》，那麼對此前的奈良朝（710～794）而言即乃選本《文選》。時至五山時期，即鎌倉時代（1192～1333）、室町時代（1334～1573）、安土桃山時代（1573～1603）約四百年間，日人轉而宗法蘇軾、杜詩、中晚唐詩、宋詩。此時周弼（1194～1255？）所編之《三體詩》最爲流行，並且湧現出義堂周信（ぎどう しゅうしん，1325～1388）所撰註釋書《三體詩抄》等多種版本。同時廣受歡迎的還有《唐宋千家聯珠詩格》、《瀛奎律髓》等展現宋詩風貌或帶有崇杜傾向的選本。進入江戶時代（1603～1867），漢詩壇宗唐風尚漸濃，尤其是古文辭派奉唐詩若拱璧。與此相應，李攀龍（1514～1570）《唐詩選》乃當時學詩者的必讀書目，並如《三體詩》般衍生出註解、譯評等眾多版本。〔註 3〕日野龍夫（ひの たつお，1940～2003）指出，《唐詩選》形成了日人中國文學修養的重要部分。〔註 4〕黑川洋一（くろかわ よういち，1925～2004）更是稱道，《唐

〔註 2〕 魯迅：〈選本〉，《魯迅全集》第 7 卷（北京：人民文學出版社，2005 年），頁 138。

〔註 3〕 參考〔日〕豬口篤志：〈日本漢詩概說〉，《日本漢詩》上冊，收錄於《新釈漢文大系》第 45 卷（東京：明治書院，2000 年），頁 1～54。肖瑞峰：〈日本漢詩的分期及其研究現狀〉，《日本漢詩發展史》第 1 卷（長春：吉林大學出版社，1992 年），頁 56～87。張伯偉：〈日本漢詩總說〉，《東亞漢籍研究論集》（臺北：國立臺灣大學出版中心，2007 年），頁 413～442。又，在此補充概介中國較爲罕見的《唐宋千家聯珠詩格》。據學者考證，蔡正孫《聯珠詩格》最後完成於大德 4 年（1300），元初大德年間（1297～1307）即由其子蔡彌高刊行。然而，此後《聯珠詩格》在中國不受世人重視，罕爲流傳，明清時期的公私書目均不見著錄。與之形成鮮明對比的是，這部選本在日本以及朝鮮卻流傳不絕。就日本而言，《聯珠詩格》於南北朝以降即有所受容，元刊本、明刊本以及朝鮮刻本均有流傳，亦曾被翻刻。詳參張健：〈蔡正孫考論——以《唐宋千家聯珠詩格》爲中心〉，載《北京大學學報（哲學社會科學版）》2004 年第 2 期（2004 年 03 月），頁 61～62。〔日〕住吉朋彥：〈旧刊『聯珠詩格』版本考〉，載《斯道文庫論集》2008 年第 43 輯（2009 年 02 月），頁 216。筆者所見版本爲〔宋〕于濟原選，〔宋〕蔡正孫增輯：《精刊唐宋千家聯珠詩格》（日本南北朝刊本，日本國立公文書館藏本）。

〔註 4〕 〔日〕服部南郭辯，〔日〕林元圭錄，〔日〕日野龍夫校註：〈解說〉，《唐詩選國字解》第 1 卷（東京：平凡社，1982 年），卷前，頁 1。

詩選》對於培養日人之詩情與審美意識，具有極大的功績。〔註5〕

由此可見，在考察中國古典詩歌在日之接受時，選本尤其是詩歌選本實乃不可忽略的材料。與詩選本身密切相關的議題如中國詩選在日之流傳與影響、日人對中國詩選之重新詮釋，甚或延伸至日人所編詩選之特色、中日詩選之比較，諸如此類，自然亦值得學界多加關注。本論文嘗試以在日影響深遠的李攀龍《唐詩選》爲具體切入點展開考察。下文以李選爲中心作進一步之說明。

李攀龍，字于鱗，號滄溟，山東濟南府歷城（今山東濟南）人，明代「後七子」的領袖人物之一。舊本題名李氏所編之《唐詩選》，展現了復古派「詩必盛唐」的詩學理念，〔註6〕卷前所載〈唐詩選序〉更有「乃茲集以盡唐詩，而唐詩盡於此」〔註7〕的自許之詞。此選涉及明清詩壇重要的詩學論爭，如李氏所謂「唐無五言古詩而有其古詩」，〔註8〕又或初、盛唐七言古詩的正變之爭〔註9〕等議題，受到廣泛關注與討論。據近人觀察，《唐詩選》乃是萬曆

〔註5〕〔日〕黑川洋一：〈日本における中国文学〉，《杜詩とともに》（東京：創文社，1982年），頁186。

〔註6〕孫琴安：《唐詩選本提要》（上海：上海書店出版社，2005年），頁106。又，所謂「詩必盛唐」乃出自《明史》：「夢陽才思雄鷙，卓然以復古自命。弘治時，宰相李東陽主文柄，雄鷙翕然宗之。夢陽獨譏其萎弱，倡言『文必秦漢，詩必盛唐』，非是者弗道……嘉靖朝李攀龍、王世貞出，復奉以爲宗。天下推李、何、王、李爲四大家，無不爭效其體。」詳見〔清〕張廷玉等奉敕修：〈李夢陽傳〉，《明史》，收錄於《景印文淵閣四庫全書》史部第59冊（臺北：臺灣商務印書館，1983年，據國立故宮博物院藏本影印），卷286，頁15b。

〔註7〕〔明〕李攀龍編選，〔日〕服部南郭考訂：〈唐詩選序〉，《唐詩選》（日本慶應3年嵩山房刊本，日本早稻田大學圖書館藏本），卷前，頁3b。

〔註8〕〔明〕李攀龍編選，〔日〕服部南郭考訂：〈唐詩選序〉，《唐詩選》，卷前，頁1a。關於明清詩壇對「唐無五言古詩而有其古詩」的討論可參考陳國球：〈李攀龍「唐無五言古詩而有其古詩」說的意義〉，《明代復古派唐詩論研究》（北京：北京大學出版社，2007年），頁106～168。查清華：〈「唐無五古」之爭〉，《明代唐詩接受史》（上海：上海古籍出版社，2006年），頁134～144。杜治國：〈「唐無五言古詩而有其古詩」說的反響〉，《確立詩歌的正典——李攀龍詩論、選本及創作研究》（香港：香港科技大學，人文學部博士學位論文，2004年05月），頁403～444。

〔註9〕〈唐詩選序〉認爲：「七言古詩唯杜子美不失初唐氣格，而縱橫有之。太白縱橫，往往疆（彊）弩之末，間雜長語，英雄欺人耳。」〔明〕李攀龍編選，〔日〕服部南郭考訂：〈唐詩選序〉，《唐詩選》，卷前，頁1b～2a。關於唐代七古的正變之爭，可參考陳美朱：〈論明清詩話對唐七古的正變之爭〉，載《中國文化月刊》第232期（1999年07月），頁41～63。

中至清初的半個多世紀裡最爲流行的一種唐詩選本，〔註 10〕並有多種版本傳佈於世。〔註 11〕

然而，自《四庫全書總目》指出《唐詩選》乃是坊賈從李攀龍《古今詩刪》摘錄而出的僞書，〔註 12〕加之復古派的日益失勢，中國讀者亦逐漸將之淡忘，〔註 13〕繼以鍾惺（1574～1624）、譚元春（1586～1637）選評之《唐詩歸》、王士禎（1634～1711）《唐賢三昧集》、沈德潛（1673～1769）《唐詩別裁集》、孫洙（1711～1778）《唐詩三百首》等選本引起世人矚目。〔註 14〕反觀日本，《唐詩選》傳日之後廣受關注，歷久不衰。日本學者豬口篤志（いのぐち　あつし，1915～1986）認爲，《唐詩選》與《白氏文集》之風行可並稱爲日本唐詩流行的兩大高潮。〔註 15〕大陸學者蔡毅亦將之譽爲日本唐詩接受史上兩大引人注目的現象。〔註 16〕

關於《唐詩選》傳日的確切時間，學界暫無定論。一般認爲，此詩選於江戶時代初期傳入，最初是以《唐詩訓解》的形式流傳於世。〔註 17〕貝原益

〔註 10〕查屏球：〈李攀龍《唐詩選》評點本考索〉，收錄於章培恆、王靖宇主編：《中國文學評點研究論集》（上海：上海古籍出版社，2002 年），頁 255。

〔註 11〕明清《唐詩選》版本敘錄可參金生奎：〈李攀龍唐詩選本考論〉，載《文獻季刊》2012 年第 3 期（2012 年 07 月），頁 178～184。畢偉玉：〈《古今詩刪》與《唐詩選》版本敘錄〉，《李攀龍唐詩選研究》（上海：上海師範大學，中國古典文獻學碩士學位論文，2003 年 05 月），頁 13～26。

〔註 12〕「舊本題明李攀龍編，唐汝詢註，蔣一葵直解。攀龍有《詩學事類》，汝詢有《編蓬集》，一葵有《堯山堂外紀》，皆已著錄。攀龍所選歷代之詩，本名《詩刪》，此乃摘其所選唐詩。汝詢亦有《唐詩解》，此乃割其註，皆坊賈所爲。疑蔣一葵之《直解》亦託名矣。然至今盛行鄉塾間，亦可異也。」詳見〔清〕永瑢、〔清〕紀昀總撰：《欽定四庫全書總目》（集部二），收錄於《景印文淵閣四庫全書》第 5 冊（臺北：臺灣商務印書館，1983 年，據國立故宮博物院藏本影印），卷 192，頁 33a～33b。又，《古今詩刪》凡 34 卷，卷 1～9 選錄古逸至南北朝古詩，卷 10～22 爲唐詩，卷 23～34 爲明詩。筆者所見版本爲〔明〕李攀龍：《古今詩刪》，收錄於《景印文淵閣四庫全書》集部第 321 冊（臺北：臺灣商務印書館，1983 年，據國立故宮博物院藏本影印）。

〔註 13〕〔日〕目加田誠新釋：〈唐詩選解題〉，《唐詩選》，收錄於《新釈漢文大系》第 19 卷（東京：明治書院，2011 年），卷前，頁 5。

〔註 14〕孫琴安：《唐詩選本提要》，頁 153～156，229～232，319～322，373～375。

〔註 15〕〔日〕豬口篤志：〈序〉，載〔日〕平野彥次郎：《唐詩選研究》（東京：明德出版社，1974 年），頁 3。

〔註 16〕蔡毅：〈日本漢籍與唐詩研究〉，《日本漢詩論稿》（北京：中華書局，2007 年），頁 173。

〔註 17〕〔日〕平野彥次郎：〈李于鱗唐詩選は果たして僞書なりや〉，收錄於《支那

軒（かいばら えきけん，1630～1714）《格物餘話》即曰：

集詩者甚多，獨李攀龍之所輯《唐詩選》最佳。其所載風格淳厚清婉，且其《訓解》亦頗精詳，是可爲諸詩集及詩解之冠。〔註 18〕

《先哲叢談續編》又有相關記載，江戶時代中期，鳥山芝軒（とりやま しけん，1655～1715）教授唐詩爲業，《唐詩訓解》即爲其教材之一。〔註 19〕古文辭派的首倡者荻生徂徠（おぎゅう そらい，1666～1728）推重李王古文辭，亦以李攀龍《唐詩選》爲學詩者之「益友」。〔註 20〕享保 9 年（1724），其高足服部南郭（はっとり なんかく，1683～1759）考訂《唐詩選》，凡 128 家，465 首，〔註 21〕由嵩山房刊行。卷後所載〈跋〉文稱此復原了李選之眞面目，驅散「五里霧」。〔註 22〕而卷前〈附言〉更有以下絕讚之詞：

唐詩莫善於滄溟選，又莫精於滄溟選。〔註 23〕

據此可見，古文辭派對於《唐詩選》可謂推崇備至。其後另有由服部氏講述，門人林元圭（はやし げんけい，？～？）整理而成的《唐詩選國字解》面世。〔註 24〕在古文辭學派的大力鼓吹之下，兼以書商出版推廣等因素的共同作

学研究》第 2 編（東京：斯文會，1932 年），頁 193。此文後以〈唐詩選は果たして僞書なりや〉爲題，收錄於氏著：《唐詩選研究》，論説篇，頁 23～56。又，筆者所見之《唐詩訓解》版本爲〔明〕李攀龍選，〔明〕袁宏道校：《新刻李袁二先生精選唐詩訓解》（明萬曆 46 年居仁堂余獻可刻本，美國哈佛大學哈佛燕京圖書館藏本）。

〔註 18〕〔日〕貝原益軒：《格物餘話》（版本不明，日本國立國會圖書館藏本），頁 13b。

〔註 19〕「芝軒自少壯好歌詩，刻意唐人，專以作詩教授生徒，常講說《三體唐詩》、《杜律集解》、《唐詩訓解》等。」〔日〕東條琴臺：《先哲叢談續編》（東京：千鍾房，1884 年，日本國立國會圖書館藏本），卷 3，頁 20a。

〔註 20〕〔日〕荻生徂徠：《徂來先生答問書》下，收錄於〔日〕島田虔次編輯：《荻生徂徠全集》第 1 卷學問論集（東京：みすず書房，1973 年），頁 468。

〔註 21〕服部南郭考訂之《唐詩選》具體選錄情況參考本論文第二章第二節、第三節。

〔註 22〕「弇老評滄溟詩，峨嵋天外雪中看，看其選唐詩亦復爾爾。獨奈近來坊間諸本，率屬孟浪，不則何物狡兒，巧作五里霧，芙蓉咫尺殆不可辨矣。今閱此刻，剔抉幾盡，頓復舊觀，三峰宛然在人目睫，豈不媮快乎。滄溟嘗謂不昧者心，想當百年前爲子遷道。」〔日〕荻生徂徠題：〈跋〉，載〔明〕李攀龍編選，〔日〕服部南郭考訂：《唐詩選》，卷後，無頁碼。

〔註 23〕〔明〕李攀龍編選，〔日〕服部南郭考訂：〈附言〉，《唐詩選》，卷前，頁 1a～1b。

〔註 24〕《唐詩選國字解》於寬政 3 年（1791）由嵩山房出版。日本學者研究顯示，雖然《國字解》載「門人林元圭錄」，但在《南郭先生文集》等其他資料中均未見林氏之相關記載，目前此人之生平履歷仍是未明。參見〔日〕服部南郭辯，〔日〕林元圭錄，〔日〕日野龍夫校註：〈解說〉，《唐詩選國字解》第 1 卷，卷前，頁 23。

用，《唐詩選》盛行於世，家弦戶誦。大典顯常（だいてん けんじょう，1719～1801）〈唐詩集註序〉即曰：「及乎于鱗之選，天下學者皆宗之。」〔註25〕又，綜合中日學者之調查以及相關藏書目錄所載，現知的日本《唐詩選》版本起碼有一百三十餘種，其中不乏20世紀中葉以來的出版物。〔註26〕

然而，在《唐詩選》風靡日本的同時，實際上亦不乏批評之聲。〔註27〕例如，山本北山（やまもと ほくざん，1752～1812）等古文辭反對者轉而提倡宋調，加之《四庫全書總目》之「僞書說」傳入日本，使得《唐詩選》受到了攻擊與排斥。〔註28〕山本氏《孝經樓詩話》即云：「《唐詩選》，僞書也……其他《唐詩解》、《唐詩訓解》等俗書，不足論也。特有宋義士蔡正孫編選之《聯珠詩格》，乃正書也。」〔註29〕此外，日本學壇泰斗小川環樹（おがわ たまき，1910～1993）認爲，《唐詩選》輕視中、晚唐詩家，所錄詩作偏向於唐詩雄大壯麗的一面。〔註30〕前野直彬（まえの なおあき，1920～

〔註25〕〔日〕大典顯常：〈唐詩集註序〉，《唐詩集註》（日本安永3年平安林文軒刊本，日本早稻田大學圖書館藏本），卷前，頁1b。

〔註26〕此數據乃學者蔣寅根據〔日〕長澤規矩也《和刻本漢籍分類目錄》、〔日〕樋口秀雄《享保以後江戶出版書目》，以及相關公私現存藏書目錄統計所得，包括《唐詩選》之考訂、註解、評釋、畫本等。詳見蔣寅：〈舊題李攀龍《唐詩選》在日本的流傳和影響——日本接受中國文學的一個側面〉，收錄於袁行霈主編：《國學研究》第12卷（北京：北京大學出版社，2003年），頁364～368。

〔註27〕明清學者對李攀龍《唐詩選》亦有批評之辭。例如，明人屠隆認爲《唐詩選》所錄詩作風格單一：「取悲壯而去清遠，采峭直而舍婉麗，重氣骨而略性情」。清人吳喬亦指出李選不足以「盡唐詩」，所謂「全唐詩何可勝計，于鱗抽取幾篇，以爲唐詩盡於此矣。何異太倉之粟，陳陳相因，而盜擇升斗，以爲盡王家之蓄積哉！」詳見〔明〕屠隆：〈高以達少參選唐詩序〉，《白榆集》，收錄於《續修四庫全書》集部第1359冊（上海：上海古籍出版社，2002年，據明萬曆龔堯惠刻本影印），卷3，頁12a～12b。〔清〕吳喬：《圍爐詩話》，收錄於郭紹虞編選，富壽蓀校點：《清詩話續編》（上海：上海古籍出版社，1983年），卷6，頁668。

〔註28〕參考〔日〕平野彥次郎：〈緒言〉，《唐詩選研究》，頁9。〔日〕目加田誠新釋：〈唐詩選解題〉，《唐詩選》，卷前，頁6。

〔註29〕山本北山主張：「《唐詩選》，僞書也。《唐詩正聲》、《唐詩品彙》，妄書也。《唐詩鼓吹》、《唐三體詩》，謬書也。《唐音》，庸書也。《唐詩貫珠》，拙書也。《唐詩歸》，疏書也。其他《唐詩解》、《唐詩訓解》等俗書，不足論也。特有宋義士蔡正孫編選之《聯珠詩格》，乃正書也。」詳見氏著：《孝經樓詩話》，收錄於〔日〕池田四郎次郎編：《日本詩話叢書》第2卷（東京：龍吟社），卷上，頁18。

〔註30〕〔日〕小川環樹：〈唐詩について〉，載〔日〕前野直彬註解：《唐詩選》下冊（東京：岩波書店，1975年），卷後，無頁碼。

1998）亦認爲《唐詩選》有李攀龍的個人偏好，並從「題材」的角度指陳此選收入懷古、送別、旅愁詩爲多。〔註 31〕二家共同指出《唐詩選》選詩有其所偏。

簡而言之，前人對於李攀龍《唐詩選》固然有著出於眞僞之辯、門派之爭等原因的批評，將《唐詩選》稱爲足以「盡唐詩」的詩歌選本，固然言過其實，但李選在日本流傳之廣、影響之深又確實是不可否認的客觀事實。然則日人如何重新詮釋《唐詩選》這部帶有瑕疵的教材，以之引導後進學習唐詩，甚或創作詩歌？日本選家如何透過新編唐詩選本回應《唐詩選》之優劣得失？諸家選本呈現出何種樣貌？有何異同之處？本論文擬將焦點放在與李攀龍《唐詩選》相關的日本唐詩選本之上，對以上問題展開探討，同時藉此一窺日人對唐詩的接受情況。

第二節　文獻回顧與重點評述

筆者檢索日本「國立國會圖書館」、「CiNii Articles」，大陸「中國期刊全文數據庫」、「中國知網」，臺灣「國家圖書館期刊文獻資訊網」、「臺灣博碩士論文知識加值系統」等學術網站，以及翻閱相關學術論著，現將管見所及的先行研究分類整理如下。

其一，關於李攀龍《唐詩選》成書問題之討論。較早之研究如平野彥次郎〈李于鱗《唐詩選》果眞是僞書嗎〉，此文認爲《四庫全書總目》「僞書說」實不足取，並且通過整理、對比收錄篇目，論證《唐詩選》乃是李攀龍從《唐詩品彙》摘錄、手定之選，而《古今詩刪》則是以《唐詩選》爲底本修補而成，至於是否李氏所選則未明。〔註 32〕森瀨壽三〈《唐詩選》藍本考〉亦主張《唐詩選》出自李攀龍手編。〔註 33〕意見相異者如許建崑〈李攀龍「古今詩刪」與相關「唐詩選」各版本的比較〉，許文主張：託名刊行的《唐詩選》雖然與李攀龍沒有必然關聯，但也不能否認它們是裁剪、割取自《古今詩刪》

〔註 31〕〔日〕前野直彬註解：〈解題〉，《唐詩選》下冊，卷前，頁 8。

〔註 32〕〔日〕平野彥次郎：〈李于鱗唐詩選は果たして僞書なりや〉，收錄於《支那学研究》第 2 編，頁 185～233。

〔註 33〕森瀨壽三此文原題爲〈李攀竜「唐詩選」藍本考——僞書の可能性はどれほどあるか〉，載《關西大學文學論集》第 43 卷第 2 號（1993 年 12 月），頁 53～72。後以〈『唐詩選』藍本考〉爲題，收錄於氏著：《唐詩新攷》（大阪：關西大學出版部，1998 年），頁 275～295。

的。〔註 34〕陳岸峰〈《唐詩別裁集》與《古今詩刪》中「唐詩選」的比較研究〉一文亦指出，《唐詩選》乃是由其他選家與出版家從《古今詩刪》中，擷取唐詩部分而刊行於世，並非李氏本意。〔註 35〕殷祝勝〈舊題李攀龍《唐詩選》眞僞問題再考辨〉一文則認爲，《唐詩選》應非李攀龍所編，而是王世貞家「館客某者」從王氏攜歸的《古今詩刪》原稿中摘抄唐詩而成的僞書。〔註 36〕目前學界對於《唐詩選》之成書問題尙未有定論，但大體上，主張《唐詩選》爲李攀龍手編者，以日本學者爲主。

其二，李攀龍《唐詩選》在日之盛行可謂備受各界學者之關注。較爲可觀之研究成果有日野龍夫〈《唐詩選》與近世後期詩壇——都市之繁榮與古文辭派之詩風——〉，此文指出，《唐詩選》所體現的都市繁榮、縱樂感傷與江戶世風相契，使其廣受閱讀，並影響到古文辭派的詩歌創作。〔註 37〕其後又有村上哲見〈關於《唐詩選》〉、蔣寅〈舊題李攀龍《唐詩選》在日本的流傳和影響——日本接受中國文學的一個側面〉、劉芳亮〈《唐詩選》在日本的流行及其原因再論〉等研究，主要指出《唐詩選》之流行乃是古文辭派的推崇、書林出版之推動、詩選的內容價値、流行性與經典化的相互作用等綜合因素所致。〔註 38〕至於中村幸彥〈京學之唐詩選〉一文則是針對《唐詩選》於近世的刊行盛況，指出江戶主要是面向「一般讀者層」的和文註釋書，而京阪則多有面向儒者、僧侶、醫者等「知識人層」的漢文刊本。〔註 39〕近年日本

〔註 34〕許建崑：〈李攀龍「古今詩刪」與相關「唐詩選」各版本的比較〉，《東海中文學報》第 6 期（1986 年 05 月），頁 104～108。此文收錄於氏著：《李攀龍文學研究》（臺北：文史哲出版社，1987 年），頁 290～314。

〔註 35〕陳岸峰：〈《唐詩別裁集》與《古今詩刪》中「唐詩選」的比較研究〉，載《漢學研究》第 19 卷第 2 期（2001 年 12 月），頁 399～416。

〔註 36〕殷祝勝：〈舊題李攀龍《唐詩選》眞僞問題再考辨〉，載《河南師範大學學報（哲學社會科學版）第 40 卷第 1 期（2013 年 01 月），頁 119～123。

〔註 37〕〔日〕日野龍夫：〈『唐詩選』と近世後期詩壇——都市の繁華と古文辞派の詩風——〉，載《文学》第 39 卷第 3 號（1971 年 03 月），頁 275～285。

〔註 38〕〔日〕村上哲見：〈『唐詩選』の話〉，《漢詩と日本人》（東京：講談社，1994 年），頁 189～236。蔣寅：〈舊題李攀龍《唐詩選》在日本的流傳和影響——日本接受中國文學的一個側面〉，載袁行霈主編：《國學研究》第 12 卷，頁 363～386。劉芳亮：〈《唐詩選》在日本的流行及其原因再論〉，載《解放軍外國語學院學報》第 34 卷第 3 期（2011 年 05 月），頁 120～126。又，劉文亦見於氏著：《日本江户漢詩對明代詩歌的接受研究》（濟南：山東大學出版社，2013 年），頁 108～130。

〔註 39〕〔日〕中村幸彥：〈京学の唐詩選〉，載〔日〕和漢比較文學會編：《近世文学

出版了有木大輔的論著《唐詩選版本研究》，此書亦關注到《唐詩選》之流行現象，並考察了明末福建書林、江戶嵩山房、京都文林軒等一系列營利出版活動。〔註 40〕松浦章〈江戶時代齎來之《唐詩選》及其再版本〉則對日本寬延 2 年（1749）出版的，以崇禎元年（1628）的《唐詩選》爲基礎而作成的和刻本，及其在寶曆至寬政年間的出版情況進行了論述。〔註 41〕此外，可作補充的資料如吉川幸次郎《受容的歷史——日本漢学小史》、張伯偉《東亞漢籍研究論集》及《中國古代文學批評方法研究》、孫立《日本詩話中的中國古代詩學研究》等，〔註 42〕以上論著雖然並非專門針對李攀龍《唐詩選》進行探討，但均論及此選在日之盛行，筆者不再一一展開。

其三，對於李攀龍《唐詩選》具體版本的介紹與探討。除了上文提到的日野龍夫、村上哲見、許建崑、蔣寅等學者以外，孫琴安《唐詩選本提要》、查屏球〈李攀龍《唐詩選》評點本考索〉等均對數種日本《唐詩選》版本進行簡介。〔註 43〕針對具體版本進行探討者，例如日野氏校註之《唐詩選國字解》，卷前附有〈說解〉，此文考證認爲《國字解》眞正之初版並非天明 2 年（1782）版，而是寬政 3 年（1791）版，並指出此入門書的詩作解釋偏於傷感之說。〔註 44〕李曉燕碩士論文《《唐詩選國字解》的中日語言文化比較研究——中國傳統文化在日本》則是針對《國字解》其中 20 首古詩的註解進行探討，主要指出在思想內容的理解上，中國選本的解釋相對積極肯定，服

と漢文学》，收錄於《和漢比較文学叢書》第 7 卷（東京：汲古書院，1988 年），頁 3～19。

〔註 40〕〔日〕有木大輔：《唐詩選版本研究》（東京：好文出版，2013 年）。

〔註 41〕〔日〕松浦章：〈江戸時代唐船齎來の『唐詩選』とその再版本〉，載《或問》第 31 號（2017 年 6 月），頁 1～14。

〔註 42〕〔日〕吉川幸次郎：〈江戸時代における外国書の輸入と覆刻〉，《受容の歴史——日本漢学小史》，收錄於《吉川幸次郎全集》第 17 卷日本篇上（東京：筑摩書房，1969 年），頁 25～26。張伯偉：〈日本漢詩總說〉，《東亞漢籍研究論集》，頁 434～436。張伯偉：〈選本論〉，《中國古代文學批評方法研究》（北京：中華書局，2002 年），頁 323～325。孫立：〈日本詩話論中國文學批評〉，《日本詩話中的中國古代詩學研究》（北京：北京大學出版社，2012 年），頁 192。

〔註 43〕孫琴安：《唐詩選本提要》，頁 106～108、459、460、464～465、467。查屏球：〈李攀龍《唐詩選》評點本考索〉，收錄於章培恆、王靖宇主編：《中國文學評點研究論集》，頁 262～263。

〔註 44〕〔日〕服部南郭辯，〔日〕林元圭錄，〔日〕日野龍夫校註：〈解說〉，《唐詩選國字解》第 1 卷，卷前，頁 1～32。

部南郭則往往突出詩人懷才不遇的憤懣之情和悲觀虛幻。〔註45〕此論篇幅較短，大體上是承襲日野龍夫之說，較少創見。而前揭有木大輔《唐詩選版本研究》則是在日野氏的研究基礎上，整理《國字解》再版過程中所修訂的詩例，並推論天明 2 年版之《唐詩選國字解》應是「様書」。有木氏論著又針對其他版本指出：嵩山房《唐詩選》即服部南郭考訂本應是以袁宏道校、余獻可梓之《唐詩訓解》爲底本，有別於上述平野彥次郎、許建崑論文所主張的考訂本是以蔣一葵《唐詩選箋釋》爲原本；其次，在《唐詩選畫本》前期即初、續、三、四編當中，「畫」乃重心，詩作註釋僅是附隨者，至於成功起用人氣繪師葛飾北齋則是《畫本》後期即五、六、七編得以續刊的要因；有木大輔又指出，在《唐詩選辨蒙》序文中，宇野東山自言此書是以「國字」解釋清人吳吳山之註，但是實際上僅有零星詩作、詩題校勘、詩人小傳、附錄詩之處有參照吳註之痕跡，其書名冠以「吳吳山附註」於理不合。除以上研究而外，另有以下期刊論文，依發表時間先後分別是：藤田あゆみ〈作爲近世語資料的《唐詩選國字解》——以「ている」、「てある」、「ておる」、「てござる」的用法爲例〉一文主要從語言學角度指出，《國字解》的語言表現應屬前期近世語。〔註 46〕而張小鋼〈《唐詩選畫本》考：詩題與畫題〉則是概介《唐詩選畫本》的 7 編 35 冊，並討論了《唐詩畫譜》對《唐詩選畫本》的影響，以及「詩題」與「畫題」的關係。〔註47〕至於佐藤進〈關於釋大典《唐詩解頤》的特殊訓讀：對徂徠詩讀解之繼承〉一文則主張，《唐詩解頤》

〔註45〕李曉燕：《《唐詩選國字解》的中日語言文化比較研究——中國傳統文化在日本》（北京：首都師範大學，日本語言文學碩士學位論文，2014 年 04 月）。

〔註46〕〔日〕藤田あゆみ：〈近世語資料としての『唐詩選国字解』:「ている」「てある」「ておる」「てござる」の用法をめぐって〉,《山梨英和短期大学紀要》第 10 號（1976 年 10 月），頁 77～100。在此補充說明：檢索「CiNii Articles」，另有淺川哲也二文，只見要旨，未見全文，但從題目和要旨來看，應屬語言學角度之探討，與本論文議題相關度較低。分別是：〈服部南郭『唐詩選国字解』とその異本——近世口語体資料としての再検討——〉（國語學會 2003 年度秋季大會研究發表會發表要旨），載《國語學》第 55 卷第 2 號（2004 年 04 月），頁 128。〈『唐詩選講釈』と『唐詩選広解』の指定表現について：近世口語体資料としての再評価〉（日本語學會 2004 年度秋季大會研究發表會發表要旨），載《日本語の研究》第 1 卷第 2 號（2005 年 04 月），頁 134。

〔註47〕張小鋼：〈『唐詩選畫本』考：詩題と画題について〉，《金城学院大学論集（人文科学編）》第 11 卷第 1 號（2014 年 09 月），頁 81～94。

的「補入」訓讀有別於一般的「補讀」，可彙整爲 21 類，並且主張「補入」訓讀乃是自明僧智旭以及荻生徂徠繼承而來。〔註 48〕此外又有顧春芳〈重新考訂李攀龍《唐詩選》的意義〉，顧文主要聚焦於服部南郭考訂的《唐詩選》卷前〈附言〉進行論述，指出其考訂此選的眞正意義在於強調學習明代宗唐詩學的重要性。〔註 49〕

綜上可見，學界對於李攀龍《唐詩選》之成書問題、在日之流行現象及其原因，已開展了較多的探討。同時，除了普及性的版本概介以外，亦有較爲深入的專題研究。然而，前人鮮有考察日人說解《唐詩選》的特色、要點。至於日人如何透過新編之唐詩選本回應《唐詩選》之優劣得失，引導初學入門，目前研究更是處於空白狀態，有待開拓與深耕。

第三節　研究對象與研究方法

一、研究對象

本論文題爲「日本唐詩選本研究——以李攀龍《唐詩選》相關選本爲中心」，研究對象乃是「與李攀龍《唐詩選》相關的日本唐詩選本」。本文對此之界定較爲寬泛，主要概分爲以下兩類：其一，由日人重新編選而又與李攀龍《唐詩選》相關的唐詩選本；其二，日人針對李攀龍《唐詩選》選目進行註解、翻譯、賞評的選本。由於資料收集有一定的難度，加以筆者研究能力所限，誠難以一一翻閱、探究所有選本。本論文擬以下表所列書目爲中心進行考察，期能拋磚引玉，引發學界之關注與討論。

【圖表 1】本論文主要研究書目概覽表

編撰人	書　目	性　質
篠崎小竹	《唐詩遺》	新編唐詩選本
森槐南	《唐詩選評釋》	以李選爲底本加以評註

〔註 48〕〔日〕佐藤進：〈釈大典『唐詩解頤』の特殊な訓読について：徂徠の詩読解を受け継ぐもの〉，載《日本漢文学研究》第 11 號（2016 年 03 月），頁 75～106。

〔註 49〕顧春芳：〈重新考訂李攀龍《唐詩選》的意義〉，載《人文学論集》第 35 集（2017 年 03 月），頁 37～49。

目加田誠	（新釋）《唐詩選》	以李選爲底本加以評註
吉川幸次郎	《新唐詩選》 《新唐詩選續篇》	新編唐詩選本

之所以選擇「圖表 1」所列四家書目作爲具體研究對象，首先，從編撰人來看，表中所列學者均是在當時甚至後世頗具影響力的漢學家。其中，篠崎小竹（しのざき しょうちく，1781～1851）乃江戶時代的漢詩人、學者，門生眾多，名噪海內。森槐南（もり かいなん，1863～1911）則是明治時代的詩壇盟主，被譽爲明治漢詩研究界之泰斗。至於活躍於大正時代至昭和時代的目加田誠（めかた まこと，1904～1994）、吉川幸次郎（よしかわ こうじろう，1904～1980）均爲著名的高校教授，至今可謂仍是舉足輕重的中國古典文學研究者。四家所編撰的唐詩選本，或爲知名書塾教材，或爲文人學者所推崇，或爲多次刊行之暢銷書，均頗具影響力，可見價値所在。然而，目前學界對於這些重要選本尚未有詳細的研究。再者，以時代而言，以上四家書目之刊行橫跨江戶時代至昭和時代，藉由個案探討，當有助於了解不同的成書背景下，諸家選本有何異同、有何轉變？加之以上學者對於李攀龍《唐詩選》之態度並非推崇極致或全盤否定，對諸家選評情況進行綜合考察，應能更爲全面、客觀地了解日人對李攀龍《唐詩選》的評量與回應。

此外，筆者著意的還在於選本形式、內容之多元。首先，如前文所述，本議題之研究對象可概分爲兩類，上表所列選本可涵蓋之：篠崎小竹《唐詩遺》、吉川幸次郎《新唐詩選》及《新唐詩選續篇》乃是爲了修正或突破《唐詩選》而新編，屬於第一類；至於森槐南《唐詩選評釋》與目加田誠新釋《唐詩選》則重在評說《唐詩選》所錄詩作，屬於第二類。其次，四家選本的內容涉及到中日選本比較（如篠崎小竹《唐詩遺》及其底本《唐詩別裁集》初刻本）、詩體觀（如森槐南《唐詩選評釋》）、說詩風格（如目加田誠新釋《唐詩選》）、詩人形象（如吉川幸次郎新選）等多個面向，將其納入研究對象，當能使得本論文的研究角度更爲豐富。此外，《唐詩遺》雖然「有選無評」，但可以參考底本《唐詩別裁集》的詩評進行理解；而《新唐詩選》及其《續篇》本身即是「選評兼之」；至於森槐南以及目加田誠均是評說《唐詩選》選目爲主，即以「評」爲重。換言之，以上諸本既各有側重，同時又均有說詩內容可供參考，有利於深入觀察、比對。

二、研究方法

在釐清了選擇研究對象的綜合考量之後，以下將進一步說明本論文之研究方法。

首先，筆者以詩歌選本爲研究對象，涉及大量的選錄數據，因此本論文多有採用「**統計法**」，亦即將選本總目錄入電腦，進行量化分析，輔以圖表彙整、文字解釋，以便掌握各家選本的內容架構。文中涉及的統計涵蓋了分體選詩統計、四唐選詩統計、前十大詩家統計、不同選本的交集篇目統計、某類題材的選錄統計等多個角度。例如，在探討篠崎小竹《唐詩遺》時，筆者透過檢索電子目錄中的「奉和」、「應制」、「賜」、「宴」等詩題關鍵字，從而統計出《唐詩遺》所錄「律體臺閣」約佔律詩 12%之篇幅，遠低於李攀龍《唐詩選》三成以上之比重，由此具體得見二選之差異。當涉及多部選本時，如探研《唐詩遺》及其補遺對象《唐詩選》、底本《唐詩別裁集》初刻本，筆者則是在統計的基礎上，藉助表格彙整數據，進行交叉對比，藉此清楚呈現三選的異同之處。

再者，選本除了「選」詩以外，卷前、卷後多載有〈序〉、〈發凡〉、〈跋〉等，選本中亦附有說詩內容，因此筆者亦使用「**文獻解讀法**」，透過細讀、分析、歸納，考察諸家之選詩緣由、說詩要點，以及藉由選本傳遞的詩學理念，從而對選本建立微觀兼及宏觀層面的認識。加之量化分析亦有出錯的可能性，需要結合說詩內容進行解讀。例如，吉川幸次郎《新唐詩選》與《新唐詩選續篇》收入李白（701～762）詩作凡 29 首、白居易（772～846）16 首，杜甫（712～770）和韓愈（768～824）各錄取 15 首，從數量上看，新選似乎首推李白，實則不然。吉川氏在說解環節指出，杜甫乃其最爲推崇的詩家。因此，有必要綜合運用「統計法」和「文獻解讀法」，盡量避免被數字所誤。

此外需要強調的是，本論文雖然分章逐一探討各家選評情況，然而並非平面整理各部唐詩選本的資料，而是運用「**比較法**」。筆者所作比較包括：不同選本的編選體例、不同選本的選詩傾向、不同選家的說詩風格、同一詩家在不同選本的地位、同一詩作在不同選本的選評情況等等，由此可以突顯諸家選本之異同，使得本論文之研究更爲立體、更具深度。例如，就目加田誠新釋之《唐詩選》與森槐南《唐詩選評釋》、簡野道明（かんの どうめい，1865～1938）《唐詩選詳說》等諸家說詩內容進行比較，更可清楚得見「平易」

（目加田誠）與「艱深」之別。此外，在討論《新唐詩選》及其《續篇》之時，對比「舊選」即李攀龍《唐詩選》，可見吉川氏之「新」在於以「詩人」爲核心之編選理念、沖淡舊選的雄渾色彩等處。

結合不同的選本進行「比較」研究，除了可以突顯差異之處，還能起到互爲參考的作用。以篠崎小竹《唐詩遺》爲例，此選與李攀龍《唐詩選》、沈德潛《唐詩別裁集》的編次體例相同（分體選詩，各體大致依照四唐進行選錄），固然有利於量化統計，然而，《唐詩遺》及《唐詩選》均「有選無評」，若要進一步理解篠崎氏在各種詩體上如何對李選進行拾遺補闕，則需借助《別裁集》的詩評內容再作分析。從另一個角度來看，考察篠崎小竹的《唐詩遺》，亦是深入了解《唐詩選》和《唐詩別裁集》的過程。透過篠崎氏「提高中、晚唐比重，相應下調初、盛唐比重」的拾遺之舉，不難體會李、沈二氏的編選理念之別，即李選主張「詩必盛唐」，而沈選則是以「備一代之詩，取其宏博」爲追求。大而言之，以日人選本爲觀察基點，對於具體掌握中國選本之特色，實際上亦有莫大助益。

要而言之，本論文綜合運用「統計法」、「文獻解讀法」、「比較法」，結合中日兩國相關詩選、詩話等資料，以「圖表 1」所列與李攀龍《唐詩選》相關的日本唐詩選本爲中心，進行分章考察。

第四節　章節安排與預期貢獻

在進入本論文的正式討論之前，先就各章之論述要點進行說明，並概述預期可達到之貢獻。

一、章節安排

第一章〈緒論〉：本章旨在交待論文之研究動機，提出從李攀龍《唐詩選》切入以考察日本相關唐詩選本之論文選題。接著綜述目前學界相關的研究成果，突顯本議題之探討空間。其後進一步界定論文的研究對象，說明本文之研究方法。最後介紹具體的章節安排，以及對學界的預期貢獻。

第二章〈篠崎小竹《唐詩遺》探研〉：本章首先探討篠崎氏等人對李攀龍《唐詩選》及其底本即沈德潛《唐詩別裁集》初刻本的評價，了解《唐詩遺》的編選事由，並且一窺三家「唐宋詩觀」之異同。再者，透過數據統計以及與李、沈二選的比較，宏觀把握《唐詩遺》的內容架構。復次，結合《唐詩遺》的底本《別裁集》的詩評內容，從「詩體」的角度切入，進一步觀察篠崎小竹如何補《唐詩選》之遺。最後將聚焦於杜甫的選錄實況，呈現《唐詩遺》的「崇杜」傾向。

第三章〈森槐南《唐詩選評釋》探研〉：本章擬先透過卷前之〈序〉文與〈發凡〉，分析森槐南對李攀龍《唐詩選》的評價，了解森氏以此書爲底本進行評釋的緣由。再者，比照具體的說詩內容，以五言古詩、七言古詩、絕句、七言律詩爲中心，逐一考察森氏對李選卷前〈唐詩選序〉的回應。最後，歸納《唐詩選評釋》之說詩要點，由此理解森氏如何引導初學入門。

第四章〈目加田誠新釋《唐詩選》探研〉：本章首先探討目加田誠對於李攀龍《唐詩選》及卷前〈唐詩選序〉之評價。再者，由於目加田氏自言以「平易」之形式說解《唐詩選》，因此本章接著簡析其強調「平易」之緣由，並結合前人所撰《唐詩選》評註本進行比較，突顯新釋本之「平易」特色。最後，筆者擬將主眼置於目加田氏「重情」之說詩旨趣展開論述。

第五章〈吉川幸次郎《新唐詩選》與《新唐詩選續篇》探研〉：本章擬先介紹吉川氏《新唐詩選》及其《續篇》的選詩概況和說詩概況。接著進一步整理、細讀具體選目與說詩內容，勾勒吉川幸次郎於新選中塑造的杜甫、李白、王維、白居易、韓愈形象。最後，透過與「舊選」即李攀龍《唐詩選》之比較，從選詩體例、選詩傾向兩個角度，具體呈現吉川氏選本之「新」意。

第六章〈結論〉：本章概述全文之研究心得，同時亦提出值得延伸探討之議題，作爲日後研究之前進方向。

二、預期貢獻

透過如上之分章考察，本論文可達到的預期貢獻有以下數點：

其一，筆者透過「選本」的角度，考察上述四家學者對李攀龍《唐詩選》的討論與回應，藉以理解李選之長短得失，呈現四家選本之選評實況、異同樣貌。所產出的研究成果應能讓學界對於這些選本形成更爲立體的認識，填補現有研究之不足。

其二，選本乃是學者詩學主張的載體。例如篠崎小竹、吉川幸次郎在新選中寄寓的四唐詩觀，森槐南藉由《唐詩選評釋》傳遞的詩體觀，目加田誠新釋《唐詩選》所彰顯之「重情」。透過詳審的個案分析，本論文可引導讀者掌握諸家學者的詩學理論、詩學旨趣。

其三，在爬梳各家選評情況時，本論文亦同步考察日人對唐代各期詩歌的評價異同，以及從詩人、詩體等角度所進行的討論。例如篠崎小竹和吉川幸次郎在新編選本時對盛唐詩之重視，又或上述四家學者對於杜甫七言律詩的肯定。凡此，應有利於學界梳理日本的唐詩接受現象。

其四，本論文所研究的唐詩選本對於了解日本古今的唐詩教育、教材特色具有重要意義，對於了解不同時代的選本發展有所助益，亦可爲當今出版業者編選古典詩歌之初學本提供參考和鏡鑒。

其五，筆者在解讀日本文獻的同時，實際上亦結合中國尤其是明清二代的選本、詩話等材料展開探討。除了李攀龍《唐詩選》、沈德潛《唐詩別裁集》，又有胡應麟（1551～1620）《詩藪》、唐汝詢（1565～1659）《唐詩選》、乾隆（1711～1799）《御選唐宋詩醇》、趙翼（1727～1814）《甌北詩話》等。藉由本研究之推進，當有助於加強學界對於明清詩學在日本的流傳與影響之了解。

其六，李攀龍《唐詩選》在日流行甚廣，版本眾多，除本論文重點討論的四家之外，還可結合其他選本進行比較研究。如千葉芸閣（ちば　うんかく，1727～1792）《唐詩選掌故》、戶崎淡園（とさき　たんえん，1724～1806）《箋註唐詩選》、大典顯常《唐詩集註》與《唐詩解頤》、久保天隨（くぼ　てんずい，1875～1934）《唐詩選新釋》、簡野道明《唐詩選詳說》等。本論文之成果可爲其提供研究基礎，從中激盪出更多元的議題，吸引中、外學者進一步探索此有待開拓的領域。

第二章　篠崎小竹《唐詩遺》探研

前　言

篠崎小竹（しのざき　しょうちく，1781～1851），本姓加藤氏，名弼，字承弼，通稱常左衛門，小竹爲其號，又號畏堂、南豐、聶江、退翁、些翁。其養父篠崎三島（しのざき　さんとう，1737～1813）是大阪最早的漢詩結社「混沌社」的著名成員。〔註 1〕三島同時亦是一位儒者，四十歲始下帷講學，生徒多集。〔註 2〕篠崎小竹於九歲時進入三島家塾梅花書屋，承其家學，專修蘐園古文辭學。約二十四歲時，小竹已不滿足於此，轉而耽讀《朱子文集》、《朱子語類》等。時值異學之禁，學政一新，篠崎氏進入江戶昌平黌，師從古賀精里（こが　せいり，1750～1817），承朱子學統。未及半歲，考慮到養父年邁，篠崎小竹請辭歸坂，接替三島教授塾中子弟，由此名聲四揚。〔註 3〕據史學家木崎愛吉（きざき　あいきち，1866～1944）統計所見，小

〔註 1〕〔日〕加藤周一主編：《世界大百科事典》第 12 冊（東京：平凡社，1991 年），頁 474。

〔註 2〕〔日〕岡本撫山：〈篠崎三島〉，《浪華人物誌》（東京：風俗繪卷圖畫刊行會，1920 年，日本國立國會圖書館藏本），卷 1，頁 85。

〔註 3〕篠崎小竹生平參見〔日〕豬口篤志編：〈義貞投劍圖．作者〉，《日本漢詩》上冊，頁 286。又，所謂「異學之禁」乃指：德川幕府有感朱子學的官學權威動搖，遂於寬政 2 年（1790）頒令實行「異學之禁」，將朱子學以外的堀川、蘐園、折衷等諸學派稱爲「異學」並取締之。〔日〕渡邊年應：〈林家へ被仰渡御書付〉，《復古思想と寬政異學の禁——封建秩序の崩壞過程に於ける葛藤——》，收錄於《國民精神文化研究》第 30 冊（東京：國民精神文化研究所，1937 年，日本國立國會圖書館藏本），頁 77～79。

竹門生約達一千五百位之多。〔註4〕除此以外，篠崎小竹還是江戶時代名噪海內的漢詩人、書法家。關於其詩文成就，《續先哲百家傳》有載：「天才秀拔，語自靈妙，每出一篇，人爭傳誦」。〔註5〕至於書法藝術，則有「學元明諸家而溯唐，晚年自出機軸，流麗雅健，兼而有之」〔註6〕之評。在著書方面，除了編有詩歌選本《唐詩遺》，篠崎小竹留下的多爲詩文集，詩集如《小竹齋詩鈔》、《小竹齋甲午稿》、《小竹齋吟稿》等，文集如《南豐集》、《小竹先生草稿》、《小竹乙未文稿》、《小竹齋文稿》等，可謂創作頗豐。在其歿後，門人私謚曰「貞和先生」，稱此「可以盡君之性行」。〔註7〕後人更將其譽爲「幕末大阪首屈一指的名士」以及「幕末浪華學界泰斗」。〔註8〕由此可見篠崎小竹在幕末學壇的重要地位。

本章所欲探討的《唐詩遺》原乃刻於梅花書屋的家塾教材。〔註9〕筆者所見版本爲日本早稻田大學圖書館藏本，書前即註明此乃「梅花屋藏板」。根據篠崎小竹〈書《唐詩選》後〉一文的撰寫時間「文化乙丑春正月」，〔註10〕以及《唐詩遺》卷前〈題言〉的撰寫時間「文化乙丑之歲夏四月初吉」，〔註11〕可推測《唐詩遺》約成書於文化2年（1805）。據日本學者所見，此選另有文化5年（1808）之文林軒、嵩山房合刊本。〔註12〕篠崎氏稱言，此書是以沈德潛、陳培脈（？～？）選評之《唐詩別裁集》初刻本〔註13〕爲底本進行編

〔註4〕〔日〕木崎愛吉：〈教育事業〉，《篠崎小竹》（大阪：玉樹安造，1924年，日本國立國會圖書館藏本），頁31。

〔註5〕〔日〕干河岸貫一編：〈篠崎小竹〉，《續先哲百家傳》（大阪：青木嵩山堂，1910年，日本國立國會圖書館藏本），頁16。

〔註6〕〔日〕干河岸貫一編：〈篠崎小竹〉，《續先哲百家傳》，頁16。

〔註7〕〔日〕木崎愛吉：〈篠崎小竹先生墓碑文〉（寫眞版），《篠崎小竹》，卷前，無頁碼。

〔註8〕〔日〕加藤周一主編：《世界大百科事典》第12冊，頁474。〔日〕山口房五郎：〈序言〉，〔日〕木崎愛吉：《篠崎小竹》，卷前，無頁碼。

〔註9〕篠崎小竹〈書《唐詩遺》後〉載：「雕之于塾，以班吾黨學詩者。」詳見氏著：《南豊集》（自筆寫本，日本大阪府立圖書館藏本），無頁碼。

〔註10〕〔日〕篠崎小竹：〈書《唐詩遺》後〉，《南豊集》，無頁碼。

〔註11〕〔日〕篠崎小竹：〈題言〉，《唐詩遺》（梅花屋藏板，日本早稻田大學圖書館藏本），卷前，頁4a。

〔註12〕〔日〕有木大輔：〈嵩山房小林新兵衛による『唐詩訓解』排斥〉，《唐詩選版本研究》，頁113。

〔註13〕筆者所用版本爲〔清〕沈德潛、〔清〕陳培脈合選：《唐詩別裁集》（康熙56年初刻本，中國國家圖書館善本特藏部藏本）。以下腳註簡稱「沈德潛：《唐詩別裁集》」。又，此選另有「重訂本」，筆者所見爲北京中華書局1975年出

選，藉此拾李攀龍《唐詩選》之遺（詳見下文）。日本漢學家松下忠（まつした ただし，1908～1994）在其著書中即曾提及：「小竹對古文辭的批判始於文化二年（1805）二十五歲編《唐詩遺》之時」。〔註 14〕此選顯然寓有修正爲古文辭派所推崇的《唐詩選》之意。由於松下氏的論文主要針對篠崎小竹的「詩文創作」進行析論，並未專門考察小竹所編之「唐詩選本」，因此，《唐詩遺》可謂仍有頗大的探討空間。

本章第一節擬先探討篠崎小竹等人對《唐詩選》與《唐詩別裁集》的評價，藉此了解《唐詩遺》的編選事由，同時一窺篠崎氏與李攀龍、沈德潛的「唐宋詩觀」之異同。第二節則是概介《唐詩遺》的體例內容，並透過相關數據的整理以及與李、沈二選的比對，從相對宏觀的角度初步掌握此選的架構。第三節將結合底本《唐詩別裁集》的相關詩評內容，從「分體選詩」的角度進一步觀察篠崎小竹如何拾《唐詩選》之遺。第四節擬將主眼置於杜甫（712～770）的選錄情況，具體呈現《唐詩遺》之「崇杜」傾向。

第一節　篠崎小竹對《唐詩選》與《唐詩別裁集》之評價

《唐詩遺》卷前附有篠崎三島所書之〈序〉言以及篠崎小竹所書之〈題言〉，卷後則附有牟禮葛陂（むれ かつぱ，～1816～）所撰〈跋〉文一篇。此外，小竹《南豐集》所載〈書《唐詩選》後〉一文亦有提及此選之成書始末。本節擬先聚焦於此，探討篠崎小竹等人對李攀龍《唐詩選》與沈德潛（1673～1769）《唐詩別裁集》二選之評價，了解《唐詩遺》的編選事由，並簡析三家「唐宋詩觀」之異同。

一、對李攀龍《唐詩選》之評價

編選《唐詩遺》的發起人乃是篠崎三島，三島在卷前〈序〉文如是評價《唐詩選》之得失：

版之乾隆 28 年教忠堂重訂本影印本。除特別註明「重訂本」之處以外，本文所據均爲「初刻本」，爲免辭繁，下文不作贅註。

〔註 14〕〔日〕松下忠原著，范建明譯：〈第三期詩壇〉，《江戶時代的詩風詩論：兼論明清三大詩論及其影響》（北京：學苑出版社，2008 年），中篇，頁 548。此書原題爲《江戸時代の詩風及び詩論の研究》（東京：東京教育大學，文學部博士學位論文，1962 年 03 月）。

滄溟之選，善則善矣，僅僅乎四百餘篇，未可謂盡也。而律體臺閣居半，東方韻士山野布褐，不可資以爲教。〔註 15〕

由三島的古文辭家學背景可知，以上引文所言「滄溟之選」應是指服部南郭考訂之《唐詩選》。如第一章〈緒論〉所述，李攀龍於卷前〈唐詩選序〉有「盡唐詩」的自許之詞，服部氏亦謂「唐詩莫善於滄溟選」，然而篠崎三島雖然肯定李選之「善」，但也指出此選僅錄四百餘首，尚未將唐詩佳作盡收集中。同時，針對《唐詩選》所錄入的律詩，三島亦批評其中多爲描寫廟堂氣象、宮廷應酬等「臺閣」之作，對於尋常生活中的日本學詩者而言，裨益不大。〔註 16〕

關於篠崎三島對《唐詩選》的負評，篠崎小竹在〈書《唐詩選》後〉一文中有進一步之說明：

（家君）常恨濟南之選，**剋核太至**，或寡益于初學。〔註 17〕

比照小竹〈題言〉第一則以及牟禮葛陂〈跋〉文所云：

濟南之選，當時弇州既有違言，況其他乎？然微婉和莊，不失爲正軌，學者範而馳驅，借莫絕塵之超，亦免畫虎之患。**第慘礉少恩，簡髮數米，方隅有闕，變化不足，是余所以有斯舉也。**謂之「遺」者，李之遺，而非唐之遺也。〔註 18〕

擇玉崑岡，不能盡其美者，玉之夥也。擇馬冀北，不能盡其良者，馬之眾也。唐詩有選，不亦然乎？于鱗**力嚴其範**，非夜光不采，非

〔註 15〕〔日〕篠崎三島：〈序〉，載〔日〕篠崎小竹：《唐詩遺》，卷前，無頁碼。

〔註 16〕關於篠崎三島所批《唐詩選》「律體臺閣居半」的選錄傾向，本章第三節將再作探討，是故此處僅略述之。

〔註 17〕〔日〕篠崎小竹：〈書《唐詩遺》後〉，《南豊集》，無頁碼。

〔註 18〕〔日〕篠崎小竹：〈題言〉，《唐詩遺》，卷前，頁 1a。篠崎氏所云「弇州既有違言」，或指王世貞在《藝苑卮言》中援引李攀龍〈唐詩選序〉並臧否之，其曰：「李于鱗評詩，少見筆札，獨〈選唐詩序〉曰：『唐無五言古詩，陳子昂以其古詩爲古詩，弗取也。七言古詩，唯杜子美不失初唐氣格，而縱橫有之。太白縱橫，往往強弩之末，間雜長語，英雄欺人耳。』此段褒貶有至意。又云：『太白五七言絕句，實唐三百年一人。蓋以不用意得之，即太白亦不自知其所至，而工者顧失焉。五言律、排律，諸家概多佳句。七言律體，諸家所難，王維李頎頗臻其妙，即子美篇什雖眾，隤焉自放矣。』余謂七言絕句，王江陵（寧）與太白爭勝毫釐，俱是神品，而于鱗不及之。王維李頎雖極風雅之致，而調不甚響。子美固不無利鈍，終是上國武庫，此公地位乃爾，獻吉當於何處生活。其微意所鍾，余蓋知之，不欲盡言也。」詳見氏著，收錄於丁福保輯：《歷代詩話續編》中冊（北京：中華書局，1983 年），卷 4，頁 1005。

千里不納，即謂盡唐，而不得無復遺漏焉？〔註19〕

筆者認爲，篠崎小竹等人所言「剋核太至」、「慘礉少恩，簡髮數米」以及「力嚴其範」，應是針對服部南郭視《唐詩選》爲「嚴師友」之論而發。服部氏於《唐詩選》卷前〈附言〉曾曰：「人或謂滄溟選過刻，然予則謂後世諸家紛然，邪路旁徑，往往蓁塞。故取路之法，明爲之標，而後不容田夫欺……滄溟之刻，安知非嚴師友哉？」〔註20〕然而，篠崎氏等人雖然肯定《唐詩選》有「微婉和莊，不失爲正軌」、「非夜光不采，非千里不納」的優點，另一方面卻亦指出李氏之「過刻」導致了《唐詩選》有遺珠棄璧之憾。必須多加注意的是，篠崎小竹點出《唐詩選》有著「方隅有閾，變化不足」之弊，並且強調「是余所以有斯舉也」，提醒初學者此乃編選《唐詩遺》的主要緣故。

要而言之，相較於古文辭派對《唐詩選》的極力標舉，篠崎小竹等人對李選則是褒貶兼之。就《唐詩遺》所欲修正之處來看，除了三島具體指出的「律體臺閣居半」以外，李選「方隅有閾，變化不足」之失應是小竹編選《唐詩遺》之時著力施以對策之關鍵所在。

二、對沈德潛《唐詩別裁集》之評價

《唐詩遺》之底本《唐詩別裁集》乃由清人沈德潛與其友陳培脈於康熙56年（1717）合選而成，凡10卷，選詩1643首。此選卷前序文明言：「既審其宗旨，復觀其體裁，徐諷其音節，未嘗立異，不求苟同，大約去淫濫以歸雅正。」〔註21〕由此可知，《別裁集》是以「雅正」爲旨歸，以「審宗旨、觀體裁、諷音節」爲選詩步驟。乾隆28年（1763），沈氏重新刊訂該集，凡20卷，選詩1940首。〔註22〕卷前〈重訂唐詩別裁集序〉除了重申「扶掖雅正」之旨以外，又補充言明此選意欲呈現唐詩的「鯨魚碧海、巨刃摩天之觀」，

〔註19〕〔日〕牟禮葛陂：〈跋〉，載〔日〕篠崎小竹：《唐詩遺》，卷後，無頁碼。

〔註20〕〔明〕李攀龍編選，〔日〕服部南郭考訂：〈附言〉，《唐詩選》，卷前，頁1b～2a。

〔註21〕〔清〕沈德潛：〈唐詩別裁集序〉，《唐詩別裁集》，卷前，頁2a。

〔註22〕卷前〈重訂唐詩別裁集序〉頁2a稱「得詩一千九百二十八章」，但據筆者統計所見，應爲1940首。又，《唐詩別裁集》初刻本與重訂本的選詩差異以及修訂緣由，可參考范建明：〈關於《唐詩別裁集》的修訂及其理由——「重訂本」與「初刻本」的比較〉，載《逢甲人文社會學報》第25期（2012年12月），頁57～74。

以濟王士禛（1634～1711）《唐賢三昧集》偏好「不著一字，盡得風流」、「羚羊掛角，無跡可尋」的詩作之不足。〔註 23〕至於此選的海外傳播情況，清水茂（しみず しげる，1925～2008）指出，《唐詩別裁集》早在享保 16 年（1731）即已傳至日本。〔註 24〕換言之，《別裁集》在重訂之前即已進入日本讀者的視野。

關於《唐詩別裁集》與前人選本的優劣高下，篠崎三島在〈序〉文中有如下簡要之評：

> 其它《品彙》、《正聲》、《三體》之類，咸失汎容。獨沈歸愚之選，幾乎公正。故命弼也，就《別裁》中而選其可者，而復得五百餘篇，名曰《唐詩遺》，即滄溟所遺，而格調不下滄溟選，猶風雅有正變也。〔註 25〕

三島認爲，明人高棅（1350～1423）所編之《唐詩品彙》與其精選本《唐詩正聲》，〔註 26〕以及南宋周弼所編之《三體唐詩》選詩不精，皆有「汎容」之失。相形之下，沈德潛所選的《唐詩別裁集》則可謂「公正」，因此命篠崎小竹以此爲底本編就《唐詩遺》，以拾「滄溟所遺」。

若要進一步探討篠崎氏父子選擇以《唐詩別裁集》初刻本爲底本之緣

〔註 23〕〔清〕沈德潛：〈重訂唐詩別裁序〉，《唐詩別裁集》（重訂本），卷前，頁 1a、2a。關於《唐詩別裁集》的選詩基調，張健指出：「《唐詩別裁集》正是本杜、韓語以定詩的。《唐詩別裁集》刻成於康熙五十六年（1717），但原序中沒有明說此意。這大概是因爲王士禛剛剛去世，其影響正大，沈德潛當時尚困於場屋，聲名未成，覺得自己力量不夠，不願在理論上與之立異。而到乾隆二十八年（1763），在〈重訂唐詩別裁集〉中，沈德潛便揭明此旨……這表明《唐詩別裁》的基調是『鯨魚碧海』『巨刃摩天』之境，而又有意兼容《唐賢三昧集》的詩境。」詳見氏著：〈傳統詩學體系的再修正與總結：沈德潛的詩學〉，《清代詩學研究》（北京：北京大學出版社，1999 年），頁 565。

〔註 24〕〔日〕清水茂原著，蔡毅譯：〈清詩在日本〉，《清水茂漢學論集》（北京：中華書局，2003 年），頁 507。

〔註 25〕〔日〕篠崎三島：〈序〉，載〔日〕篠崎小竹：《唐詩遺》，卷前，無頁碼。

〔註 26〕明人黃鎬曰：「（高棅）才思超邁，雅好唐詩，留心二十餘年，廣搜博採，遂得眾體具備而無棄璧遺珠之嘆。於是分編定目，以初唐爲正始，盛唐爲正宗、大家、名家、羽翼，中唐爲接武，晚唐爲正變，異人爲旁流，總爲《唐詩品彙》。而又慮其篇目浩繁，得其門者或寡，復窮精闡微，超神入化，採取唐人所作，得聲律純正者，凡九百二十九首，分爲二十二卷，名曰《唐詩正聲》。」由此可知，《唐詩正聲》乃是以《唐詩品彙》爲底本精選而成。詳見〔明〕黃鎬：〈唐詩正聲序〉，載〔明〕高棅：《唐詩正聲》（日本享保 14 年帝城書坊藏版，日本國立公文書館藏本），卷前，頁 1b～2a。

由，筆者認爲正可通過沈德潛的三個評選層次進行理解。試觀《唐詩遺》卷前〈題言〉所云：

> 《別裁》辨宗旨，審體裁，如新出一機杼，然取舍大較左祖濟南。何也？蓋其復古之志，務芟淫濫，不好新異也。後歸愚重訂，增入三百餘首，其鯨魚碧海、巨刃摩天之觀，非寡益於學者，要既隨第二義，此篇欲純專從原集。〔註27〕

篠崎小竹認爲，沈氏所言「既審其宗旨，復觀其體裁」的取捨標準看似自出機杼、自成一家，但是，從「復古」的角度來看，《唐詩別裁集》大致上是祖述李攀龍的。由此，篠崎氏亦延伸論及不採用「重訂本」之緣由。從以上引文可知，篠崎小竹並未關注到沈氏在「初刻本」中隱而不言的「鯨魚碧海、巨刃摩天之觀」，反而將其視作重訂之時增入的「第二義」，已有別於原集本旨。這也再次說明，篠崎氏重視的是《別裁集》的「復古之志」，並將其視作「第一義」，亦正因如此，卷前〈題言〉特別強調此乃李、沈二家的相似之處。

至於沈德潛所言「徐諷其音節」，篠崎小竹則是從「吾邦」亦即「日本學詩者」的角度進行考量，其曰：

> 吾邦於詩，體製可論，氣格可辨，情可盡而辭可脩矣。至于聲調，則雖爲名家，或不得不更隔一靴。第強言之，亦唯虞芮聚訟，無官聽斷，安所準則。詩主聲調，錙銖一繆，權衡皆差，即有編集，頭會箕聚，豈曰能選？故余一意取材《別裁》，不復《別裁》。〔註28〕

篠崎氏指出：日人在詩作的體製、氣格、情志、修辭方面均可體度領悟，在「聲調」方面卻即便是名家亦如隔靴搔癢，難得要領，遑論後進初學。而日人所處的學詩環境往往又缺乏可供參考、評斷之「準則」。與之相對的是，聲調之於詩歌卻又是極其關鍵之處，即便是細微差異亦不容忽略。〔註29〕

〔註27〕〔日〕篠崎小竹：〈題言〉，《唐詩遺》，卷前，頁1b～2a。

〔註28〕〔日〕篠崎小竹：〈題言〉，《唐詩遺》，卷前，頁1a～1b。

〔註29〕關於篠崎小竹對「聲調」之重視與否，松下忠根據其詩文中所言「不拘聲律與方幅」以及「爲詩有道。勿討氣格，勿論聲律，不戚戚于拙，不汲汲於巧。偶然沖喉而出，不必索諸腸」，是以推論：「小竹明確主張作詩不必討論氣格聲律，不必汲汲戚戚於詩的工拙。可以說，這樣的主張從二十三四歲開始一直是貫串終生的。」但是從《唐詩遺》卷前「詩主聲調」之說以及此書的編選時間（篠崎氏約二十五歲）來看，顯然並不盡如松下氏之論。詳參氏著，范建明譯：〈第三期詩壇〉，《江戶時代的詩風詩論：兼論明清三大詩論及其影

《唐詩別裁集》對於音節的關注，〔註 30〕正好為日本學詩者習得詩之聲調提供了參考準則，同時亦可謂是對《唐詩遺》的編選提供了前提保障。

要而言之，篠崎氏父子認為，較前人選本而言，沈德潛《唐詩別裁集》的選評可謂公正合理。同時，沈氏審宗旨、觀體裁之舉體現出與李攀龍相似的復古追求。加之重視音節的選詩標準對於不諳聲調的日人而言亦有所助益。因此，篠崎小竹選擇以《唐詩別裁集》初刻本為底本編選《唐詩遺》，以補《唐詩選》之闕。

三、李、沈二家與篠崎小竹「唐宋詩觀」之異同

探討篠崎小竹對李、沈二選的評價，必須補充一提的是，本章涉及的三部選本的選錄對象固然均為「唐詩」，然而諸位選家對於唐詩成就的定位或者說諸家寓於選本中的「唐宋詩觀」卻不盡相同。

首先就李攀龍《唐詩選》來看。學界對前、後七子的宗唐詩學論之已詳，〔註 31〕李選卷前〈唐詩選序〉雖然並未申明「宗唐」之旨，但此選實寓有推尊唐音尤其是「詩必盛唐」之主張。此外，前人研究亦已指出，服部南郭考訂《唐詩選》的眞正意義在於強調學習明代宗唐詩學的重要性，〔註 32〕可謂是秉承了前後七子之衣鉢。相似的是，沈德潛在《唐詩別裁集》卷前序言曾曰：

響》，中篇，頁 550。〔日〕篠崎小竹：〈含師見和疊韻〉，《小竹齋詩鈔》（日本昭和 12 年梅邨寫本，日本早稻田大學圖書館藏本），卷 2，無頁碼。〔日〕篠崎小竹：〈送僧泰量師歸阿波序〉，《南豐集》，無頁碼。

〔註 30〕關於「徐諷其音節」，大陸學者賀嚴指出，沈德潛關注詩歌之音節，但未拘泥於此。其曰：「歸愚注重詩歌的聲韻音律，但詩至唐，入樂之能畢竟已喪失，歸愚也較為通達，在音節一方面對唐人之詩並不過分苛求。」又云：「他們（元代楊士弘、明代高棅）開啓了明代格調派對詩歌聲律的重視，在格調派那裡，聲調音節成為詩歌首要的質素。雖然他們也講性情，但是從屬於聲律之工的。而作為格調詩學的繼承者，沈德潛卻並未拘泥於此論，他首重的是詩歌的雅正之情，聲律音節位在其後，並要受其統率。」詳參氏著：〈沈德潛的《唐詩別裁集》與其格調詩學〉，《清代唐詩選本研究》（北京：人民出版社，2007 年），頁 171～174。

〔註 31〕前後七子的詩論可參考查清華：〈弘治至嘉靖中葉：格調論唐詩學的興盛與低落〉、〈嘉靖中葉至隆慶：格調論唐詩學的復興與改良〉，《明代唐詩接受史》，頁 68～171。

〔註 32〕顧春芳：〈重新考訂李攀龍《唐詩選》的意義〉，載《人文学論集》第 35 集（2017 年 03 月），頁 37～49。

德潛於束髮後，即喜鈔唐人詩集，時競尚宋、元，適相咲也。迄今幾三十年，風氣駸上，學者知唐爲正軌矣。〔註 33〕

卷前〈凡例〉第一則再度強調：

詩至有唐，菁華極盛，體製大備。學者每從唐人詩入，以宋、元流於卑靡，而漢京暨當塗、典午諸家，未必概能領略，從博涉後，上探其原可也。覽唐詩全秩，芟夷煩蝟，裒成是編，爲學詩者發軔之助焉。〔註 34〕

在以上引文當中，沈氏回顧自身之學詩歷程，自言早年在尊尚宋元的風氣中逆流而行，喜鈔唐詩。其後又標舉唐詩「菁華極盛，體製大備」之成就，反觀宋、元二代，則皆有「卑靡」之流弊。從聲言「唐爲正軌」，到編選《唐詩別裁集》作爲「學詩者發軔之助」的實際行動，沈氏對唐詩的推重之意頗爲明確。〔註 35〕

相形之下，篠崎小竹的唐宋詩觀卻未若李、沈二家般分明。誠然，〈書《唐詩遺》後〉一文曾提及「家君教詩，主於唐矣」，〔註 36〕指出篠崎三島主張以唐詩立教，誠可視爲對古文辭派詩學主張之傳承。然而，篠崎小竹本人於《唐詩遺》卷前〈題言〉第七則卻如是自述己見：

近體之詩，以唐爲教，如兵家祖孫吳，書家宗二王，亦示人以規矩耳。至其高妙，後世將無淮陰、武鄉乎？將無永興、文敏乎？故在善學者，則唐宋元明，亦由樝梨橘柚，味雖相反，各可於口。然黿羹鴞炙，口有同嗜。昌歜羊棗，味非其正。如其定論，更俟後日。〔註 37〕

引文指出，近體詩當以唐人創作爲典範，但是後世亦不乏可與之媲美的高妙之作。篠崎氏將宋、元、明三代之詩與唐詩相提並論，認爲各代詩歌正如各色鮮果，味道不同但又皆是可口之物。證其〈高橋倉山見訪次韻其詩〉所云：「詩有妙境子知否，唐宋何曾有等差。」〔註 38〕因此，善於取法前人的學

〔註 33〕〔清〕沈德潛：〈唐詩別裁集序〉，《唐詩別裁集》，卷前，頁 2a。

〔註 34〕〔清〕沈德潛：〈凡例〉，《唐詩別裁集》，卷前，頁 1a。

〔註 35〕在此補充說明：沈德潛雖然推重唐音並且指出宋調之不足，但實際上亦不廢宋詩。相關論述可參考陳岸峰：〈別裁僞體歸雅正：論沈德潛編選的六種選本〉，《沈德潛詩學研究》（濟南：齊魯書社，2011 年），頁 130～134。

〔註 36〕〔日〕篠崎小竹：〈書《唐詩遺》後〉，《南豊集》，無頁碼。

〔註 37〕〔日〕篠崎小竹：〈題言〉，《唐詩遺》，卷前，頁 3b～4a。

〔註 38〕〔日〕篠崎小竹：〈高橋倉山見訪次韻其詩〉，《小竹齋詩鈔》，卷 2，無頁碼。

詩者，無論從哪一朝代的詩歌入手，均能學有所得。然而，以上觀點並非既定之論。篠崎氏隨後又補充道，眾人既有相同之嗜好，但亦有各自偏愛之詩，其自身對於各代詩歌的高下之判，尚有待日後再作定論。

換言之，篠崎小竹《唐詩遺》雖然是圍繞《唐詩選》、《唐詩別裁集》這兩部「尊唐」選本而進行編選，以期通過「唐詩選本」的形式引導初學入門，然而實際上《唐詩遺》並未寓有「獨尊唐音」的主張，這一點與李攀龍、沈德潛二家明顯有別。

第二節　《唐詩遺》之內容架構

在了解了《唐詩遺》的編選事由之後，本節擬先簡介《唐詩遺》的體例內容，然後透過「分體選詩」、「四唐輕重」、「詩家排名」三方面的數據整理、統計，從相對宏觀的角度了解《唐詩遺》的架構。同時，結合李攀龍《唐詩選》及沈德潛《唐詩別裁集》的選錄情況進行觀察，當更能突顯《唐詩遺》的選錄概況。

一、體系概介

篠崎小竹《唐詩遺》選錄 139 位詩家，合計 519 首。此選一依李攀龍《唐詩選》之分卷編次，即卷 1 至卷 7 依次爲：五古、七古、五律、五排、七律、五絕、七絕。沈德潛《唐詩別裁集》亦是依照詩體分卷，其中卷 1、卷 2 爲五古，卷 3、卷 4 爲七古，卷 5、卷 6 爲五律，卷 7 至卷 10 分別爲七律、五排、五絕、七絕。再者，三選在各種體裁下，大體按照初、盛、中、晚唐進行選錄。《唐詩遺》與李、沈二選稍有不同之處在於，篠崎氏認爲六言詩「瀟灑閑暢，語微旨遠，亦足以粧點山林之趣。要之，不可多作，不可絕無」，加之比照「《詩刪》嚴刻，尚存十餘首於明」，因此另外從高棅《唐詩品彙》中摘錄 15 首六言詩，附於五絕卷末，「以示體製」。〔註 39〕

〔註 39〕〔日〕篠崎小竹：〈題言〉，《唐詩遺》，卷前，頁 2b～3a。李攀龍《古今詩刪》卷 34 頁 18b～20b 附明人六言詩凡 11 首，分別是：高啓〈瓊姬墓〉及〈楊氏山莊〉、韓奕〈雜興〉、王恭〈題小景〉、徐從禮〈題水墨小景二圖〉二首、張楷〈送鄭二之茅山〉、孫一元〈田家〉、楊愼〈送客〉、王世貞〈濟南道中〉及〈于鱗郡齋〉。《唐詩遺》卷 6 頁 14b～15b 附六言八句 4 首，分別是：劉長卿〈苕溪酬梁耿別後見寄〉、韓翃〈送陳明府赴淮南〉、盧綸〈送萬臣〉、周賀〈送李億東歸〉；頁 15b～17b 附六言四句 11 首，分別是：王維

再者，篠崎小竹明言「此選務簡」，因此對於「一分增減，即害脩短」的一題數首之作多有「割愛」，另一方面，對於「首首異趣」者，則「擇而取之」。〔註 40〕正因如此，《唐詩遺》有部分詩作題下附有「○出李選」之標註，具體篇目如下表所示。如高適（706～765）五古〈宋中〉十首，此選收錄 2 首，首句分別爲「朝臨孟諸上」、「梁苑白日暮」，而題下又註「一出李選」，表示《唐詩選》已錄入 1 首，即「梁王昔全盛」。篠崎氏所作題下註，應有提醒讀者合而觀之的用意。

【圖表 2】篠崎小竹《唐詩遺》題下註「○出李選」之篇目統計表〔註 41〕

詩體	詩人	篇　目	《唐詩選》	《唐詩遺》
五古	高適	〈宋中〉十首 一出李選	梁王昔全盛	朝臨孟諸上 梁苑白日暮
七律	杜甫	〈秋興〉八首 四出李選	玉露凋傷楓樹林 千家山郭靜朝暉 蓬萊宮闕對南山 昆明池水漢時功	夔府孤城落日斜 聞道長安似弈棋 瞿塘峽口水煙低 昆吾御宿自逶迤
五絕	盧綸	〈塞下曲〉六首 一出李選	月黑雁飛高	林暗草驚風
七絕	王昌齡	〈芙蓉樓送辛漸〉二首 一出李選	寒雨連江夜入吳	丹陽城南秋海陰
		〈長信秋詞〉五首 一出李選	眞成薄命久尋思	奉帚平明金殿開
		〈從軍行〉四首 三出李選	烽火城西百尺樓 青海長雲暗雪山 秦時明月漢時關	大漠風塵日色昏

〈田園樂〉五首、劉長卿〈尋張逸人山居〉、皇甫冉〈送鄭二之茅山〉及〈問李二司直所居雲山〉、顧況〈歸山〉、王建〈宮中三臺〉、劉禹錫〈答樂天臨都驛見贈〉。篠崎小竹所錄以上詩作可見於〔明〕高棅：《唐詩品彙》（上海：上海古籍出版社，1988 年，據上海辭書出版社圖書館藏汪宗尼本影印），卷 45，頁 6b～11a。

〔註 40〕〔日〕篠崎小竹：〈題言〉，《唐詩遺》，卷前，頁 2b。

〔註 41〕此表格所整理的雖然都是一題數首之作，但僅針對題下註「○出李選」者，並非囊括《唐詩遺》所錄全部一題數首之作。

	賈至	〈巴陵與李十二裴九泛洞庭〉 三首 一出李選	楓岸紛紛落葉多	江上相逢皆舊遊
	盧弼	〈邊庭四時怨〉四首 二出李選	八月霜飛柳遍黃 朔風吹雪透刀瘢	春風昨夜到榆關 盧龍塞外草初肥

此外，雖然《唐詩遺》與《唐詩選》一樣「只選不評」，但是篠崎小竹在關鍵詩句有附加「旁點」以示強調。卷前〈題言〉有言：「旁點一從《別裁》，副墨新付贅疣，且爲初學揭示相法，如其天機，得精忘粗，人可自活看，不必拘拘按圖矣。」〔註 42〕參考下圖所舉岑參（715～770）〈澧頭送蔣侯〉〔註 43〕之例：

【圖表 3】篠崎小竹《唐詩遺》承襲沈德潛《唐詩別裁集》之「旁點」範例

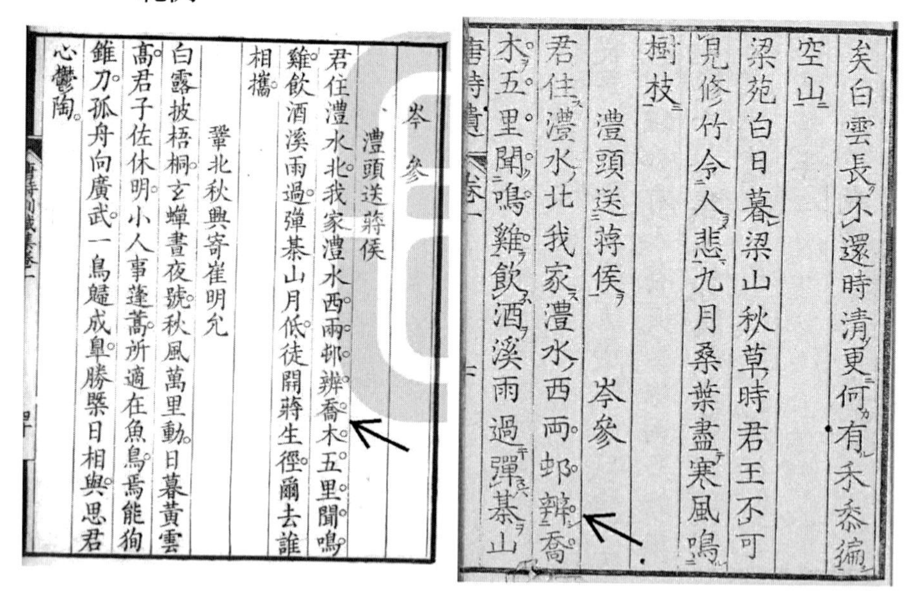

唐詩別裁集卷一

岑參

澧頭送蔣侯

君住澧水北我家澧水西兩邨辨喬木五里聞鳴雞飲酒溪雨過彈棊山月低徒開蔣生徑爾去誰相攜

鞏北秋興寄崔明允

白露披梧桐玄蟬晝夜號秋風萬里動日暮黃雲高君子佐休明小人事蓬蒿所適在魚鳥焉能狗錐刀孤舟向廣武一鳥歸成皋勝槩日相與思君心鬱陶

唐詩遺 卷一

矣白雲長不還時清更何有禾黍徧空山

梁苑白日暮梁山秋草時君王不可見修竹令人悲九月桑葉盡寒風鳴樹枝

澧頭送蔣侯　岑參

君住澧水北我家澧水西兩邨辨喬木五里聞鳴雞飲酒溪雨過彈棊山

可見，「旁點」乃承襲沈德潛《唐詩別裁集》而來，以此「揭示相法」，供初學者靈活參考。同時，《唐詩遺》詩作附有讀音順序符號「返點」（返り点），以及相關助詞、送假名（送り仮名），均以片假名（片仮名）標示，供日人訓讀使用。

〔註 42〕〔日〕篠崎小竹：〈題言〉，《唐詩遺》，卷前，頁 4a。

〔註 43〕詳參〔清〕沈德潛：《唐詩別裁集》，卷 1，頁 40a。〔日〕篠崎小竹：《唐詩遺》，卷 1，頁 7a。

在大致了解了《唐詩遺》的體例內容以後，筆者擬透過相關的數據統計，進一步呈現《唐詩遺》的選詩概況。進入下文討論前必須說明的是：據筆者整理、對比三部選本的目錄所見，《唐詩遺》除了 15 首六言詩出自《唐詩品彙》以外，其餘 504 首詩作全部出自《唐詩別裁集》。同時，《唐詩遺》與《唐詩選》並無交集篇目。從這個角度來看，《唐詩遺》確實是以沈選爲底本進行揀選，藉此拾李選之遺。然則在《別裁集》當中，除卻已見於《唐詩選》的交集篇目，是否仍有足夠多的詩作樣本留任篠崎小竹「精選」？爲便進一步闡明此問題，先將相關數據整理如下：

【圖表 4】李攀龍《唐詩選》與沈德潛《唐詩別裁集》之分體選詩交集統計

	五古	七古	五律	五排	七律	五絕	七絕	合計
沈德潛《別裁集》	345	227	368	121	208	151	223	1643
李、沈二選交集篇數	14	24	57	32	56	37	94	314
《唐詩遺》可選樣本	331	203	311	89	152	114	129	1329
可選樣本佔沈選比例	96%	89%	85%	74%	73%	75%	58%	81%

【圖表 5】李攀龍《唐詩選》與沈德潛《唐詩別裁集》之四唐選詩交集統計〔註 44〕

	初唐	盛唐	中唐	晚唐	其他	合計
《唐詩別裁集》	187	817	471	127	41	1643
	11%	50%	29%	8%	2%	≈100%
李、沈二選交集篇數	53	194	50	7	10	314
《唐詩遺》可選樣本	134	623	421	120	31	1329
	10%	47%	32%	9%	2%	100%

如「圖表 4」所示，《唐詩選》與《唐詩別裁集》的「交集詩作」爲 314 首，二選的「非交集詩作」亦即「《唐詩遺》可選樣本」尚有 1329 首之多，約佔《別裁集》總量 1643 首的 81%。細分至各種詩體來看，基本上亦尚有七

〔註 44〕此表數據主要參照〔明〕高棅〈詩人爵里詳節〉整理，詳見氏編：《唐詩品彙》，卷前，頁 1a～55b。下文涉及四唐分期的數據統計亦以此爲據，爲免辭繁，不作贅註。

成到九成的可選樣本。即便是比例偏低的七言絕句，〔註 45〕亦有接近六成的詩作可供刪選。再者，若考慮到除六言詩 15 首外，《唐詩遺》最後共錄 504 首，僅佔可選樣本 1329 首的 38%，可知篠崎小竹是在相對自由的空間裡面，對《唐詩別裁集》進行「精選」，以此編成《唐詩遺》，而非隨意取捨。此外，根據「圖表 5」可知，即便剔除掉李、沈二選的交集詩作，四唐分期下的可選樣本亦能大致保持與《別裁集》原選相似的比重。因此，下文進行比較時，爲免數據紛雜，僅以《別裁集》原選數據爲參考，如此亦能更直觀地呈現《唐詩遺》與李、沈二選之異同。

二、分體選詩

如前文所述，《唐詩遺》與李、沈二選均依照詩體分卷，考慮到李、沈二選皆不選錄六言詩，因此下表僅將此體數據移至七絕之後，聊備參考。

【圖表 6】李攀龍《唐詩選》、沈德潛《唐詩別裁集》與篠崎小竹《唐詩遺》之分體選詩比較

選　本	五古	七古	五律	五排	七律	五絕	七絕	六言	合計
《唐詩選》	14	32	67	40	73	74	165	／	465
	3%	7%	14%	9%	16%	16%	35%	／	100%
《別裁集》	345	227	368	121	208	151	223	／	1643
	21%	14%	22%	7%	13%	10%	14%	／	≈100%
《唐詩遺》	45	38	112	35	112	70	92	15	519
	9%	7%	22%	7%	22%	13%	18%	3%	≈100%

先就《唐詩遺》及其補遺對象《唐詩選》來看。《唐詩選》所錄古詩比重僅佔全集的 10%，尤其是五古僅佔 3 個百分點，明顯偏低。《唐詩遺》五古 9%的比重雖然已經有所上升，但總體而言，古詩的入選率 16%仍是遠低於近體詩。《唐詩選》卷前〈附言〉曾曰「近體詩盡於唐」，〔註 46〕前文亦已援引篠崎小竹〈題言〉所言「近體之詩，以唐爲教」，可見二選均更爲強

〔註 45〕《唐詩選》選錄七言絕句 165 首，約佔全集選詩總量 465 首的 35%。因此，相較其他詩體而言，李選七絕與《唐詩別裁集》的重合度偏高亦是合理現象。從篠崎小竹的角度來看，可以挑選的七絕樣本自然顯得較少。

〔註 46〕〔明〕李攀龍編選，〔日〕服部南郭考訂：〈附言〉，《唐詩選》，卷前，頁 1a。

調唐人的近體創作。〔註 47〕就具體選錄情況而言，二選的律、絕比例又有所不同。《唐詩選》所錄絕句比重高達全集的 51%，其中又猶好選錄七絕，比重高達 35%；反觀律體的入選率約為 39%，相對較少。對此，《唐詩遺》調整為：律詩佔全集之五成，而絕句下降至三成。此舉應有與李選之律、絕入選比重形成互補的用意。

再觀《唐詩遺》與其底本《唐詩別裁集》的異同。《別裁集》所錄七古比重為 14%，五古更是高達 21%。而篠崎小竹所錄五古、七古卻均不到 10 個百分點，可見《唐詩遺》雖然是以《別裁集》為底本，但對古體詩的關注度確實有別。相形之下，篠崎氏所錄七律、五絕、七絕諸體的比重均較沈選有所上升。結合上文之觀察可知，《唐詩遺》雖然在各體入選量上有所增減，使其比重較「極重七絕、極輕五古」的《唐詩選》更為均衡，但是整體上未能突破李選「輕古體、重近體」的基調。

三、四唐輕重

先將三部選本的四唐分期入選篇數及其所佔比重整理如下，以便作進一步的比較分析。

【圖表 7】李攀龍《唐詩選》、沈德潛《唐詩別裁集》與篠崎小竹《唐詩遺》之四唐選詩比較

選　本	初唐	盛唐	中唐	晚唐	其他	合計
《唐詩選》	84	265	82	16	18	465
	18%	57%	18%	3%	4%	100%
《別裁集》	187	817	471	127	41	1643
	11%	50%	29%	8%	2%	≈100%
《唐詩遺》	47	205	183	68	16	519
	9%	39%	35%	13%	3%	≈100%

〔註 47〕大陸學者查清華即曾為文指出：「以前後『七子』為代表的格調派詩學是明代宗唐詩學的主流，其核心觀念是從漢魏和唐人詩歌的體格聲調切入，以窺其興象風神，進而把握古人的性情。更確切地說，古詩以漢魏為典範，近體以盛唐諸大家為模擬對象，歌行體則兼及初唐。」換言之，前後七子所持「詩必盛唐」之論實際上主要是針對「近體」而言。詳見氏著：〈明代宗唐詩學的主流與別派〉，《明代唐詩接受史》，頁 14。

上表顯示，李、沈二選所錄盛唐詩均達五成之篇幅，李選甚至接近六成，可視為「詩必盛唐」的具體展現。而篠崎小竹選錄盛唐詩 205 首，佔全集 39% 的比重，為四唐之最，可見三部選本有著「同尊盛唐」之傾向。再者，《唐詩遺》與其底本《唐詩別裁集》均以中唐詩為第二強，而且均上升至三成左右之比重，有別於李攀龍以盛唐詩為絕對中心之選詩策略。值得注意的是，相較於《別裁集》選錄盛唐、中唐詩的比重分別為 50%、29%，《唐詩遺》則為 39%、35%，二期比重可謂相當接近，可見篠崎氏甚至比沈選更為關注中唐詩。此外，《唐詩遺》選錄晚唐詩 68 首，比重上升至 13%。此舉顯然是由於《唐詩選》輕視晚唐，入選率甚至低至 3 個百分點。最後，篠崎小竹選錄初唐詩之比重降低到 9%，但從《唐詩遺》全集的結構來看，尤其是比對李選之失衡，筆者認為篠崎氏並非忽視此期之詩作。結合下文「圖表 8」的內容，可推測此乃出於《唐詩選》對盛唐兼以初唐詩家多有偏愛之故，《唐詩遺》因而降低初唐之比例。

總體而言，《唐詩遺》在推尊盛唐的主導理念下，兼顧中唐、晚唐，不遺初唐。透過如上選錄之舉，一方面可概知篠崎小竹對《唐詩選》「方隅有閾，變化不足」之弊的匡正。另一方面，亦可理解為對底本《唐詩別裁集》「備一代之詩，取其宏博」〔註 48〕的承襲。

四、詩家排名

學者蔡瑜指出，選本中「大體是被選錄作品愈多的詩人，愈為編選者所好尚」。〔註 49〕下表即以錄取篇數多寡為序，分列三部選本的前十名單：

【圖表 8】李攀龍《唐詩選》、沈德潛《唐詩別裁集》與篠崎小竹《唐詩遺》之前十詩家比較〔註 50〕

選本	一	二	三	四	五	六	七	八	九	十
《唐詩選》	盛唐	盛唐	盛唐	盛唐	盛唐	盛唐	盛唐	初唐	初唐	初唐
	杜甫 51	李白 33	王維 31	岑參 28	王昌齡 21	高適 18	李頎 12	宋之問 9	沈佺期 9	張說 9

〔註 48〕〔清〕沈德潛：〈唐詩別裁集序〉，《唐詩別裁集》，卷前，頁 1a。

〔註 49〕蔡瑜：〈緒論〉，《高棅詩學研究》（臺北：國立臺灣大學出版委員會，1990 年），頁 18。

〔註 50〕為便觀察，同時進入《唐詩別裁集》與《唐詩遺》前十名單之詩家以下劃線標示，三選榜單的盛唐詩家以陰影標示。

《別裁集》	盛唐	盛唐	盛唐	中唐	中唐	盛唐	中唐	盛唐	中唐	盛唐
	杜甫 241	李白 139	王維 102	韋應物 68	劉長卿 58	岑參 56	韓愈 41	孟浩然 37	柳宗元 35	李頎 32
《唐詩遺》	盛唐	盛唐	中唐	盛唐	盛唐	盛唐	晚唐	中唐	中唐	中唐
	杜甫 63	王維 35	劉長卿 23	李白 21	孟浩然 15	岑參 13	李商隱 13	柳宗元 12	劉禹錫 12	韋應物 錢起 11

先就《唐詩遺》與其底本《唐詩別裁集》來看。二選前十詩家雖然具體排名有所出入，但是同時進入二選榜單者共有 8 位之多。至於獨見於《唐詩遺》榜單的李商隱（813～858？），實際上在《別裁集》排名第十一，乃名次最高的晚唐詩人。而錢起（710～782）在沈選爲第十四名，劉禹錫（772～842）爲第十七名，僅就中唐詩家來看，二家相繼次於柳宗元（773～819）之後，可見名次不低。若考慮到《唐詩遺》是以沈選爲底本進行編選的，加之對沈選又有「公正」之評，實不難理解二選詩家排名之相似。〔註 51〕

再結合三部選本進行比較。《唐詩遺》與李、沈二選的前十名均以盛唐詩家爲主導。然而仔細觀之，可發現不容忽視之差異。在《唐詩選》的前十名中，前七名均爲盛唐詩人，其餘 3 席則由初唐詩人分佔。相形之下，《唐詩別裁集》與《唐詩遺》除了分別有 6 位、5 位盛唐詩家上榜以外，二選分別另有 4 名、5 名中唐詩人進入前十強。而在《唐詩遺》中，更有 1 位晚唐詩家即李商隱上榜，誠可濟《唐詩選》以盛唐、初唐詩家爲重之偏。此外，李、沈二選均是以杜甫、李白（701～762）、王維（701～761）三位盛唐大詩人爲前三甲，而在《唐詩遺》中，篠崎小竹提高了劉長卿（709～780）的名次，使其得以憑藉比李白多入選 2 首的微小優勢，〔註 52〕爲中唐詩人在前

〔註 51〕在此補充說明韓愈、李頎在《唐詩別裁集》、《唐詩遺》二選中排名落差之原因。在《別裁集》中，韓愈七古入選 29 首，佔其總入選量 41 首的 71%；李頎七古入選 16 首，佔其總入選量 32 首的 50%。可見，七言古詩是韓、李二家擅長的詩體。然而由於古體詩並非《唐詩遺》的選錄重點，因此二家均未進入前十榜單。相似之情況可比照韋應物。韋氏之優勢在於五言古詩，《別裁集》錄其五古 46 首，佔總入選量 68 首的 68%。同樣由於篠崎小竹選錄古詩偏少，因此韋應物雖然進入《唐詩遺》前十名，但是排名已較《別裁集》後退。

〔註 52〕【圖表 9】篠崎小竹《唐詩遺》分體選錄李白、劉長卿詩作篇數統計表

詩　人	五古	七古	五律	五排	七律	五絕	六言	七絕	合計
李　白	3	4	5	2	1	3	/	3	21
劉長卿	3	1	5	1	8	1	2	2	23

本文的考察重點並非《唐詩遺》中每一位詩家的具體選錄情況，因此未就李

三甲中爭得一席之地。換言之，從「詩家排名」的角度亦再次印證了上文所述《唐詩遺》對中唐、晚唐的關注。

第三節　《唐詩遺》之分體「拾遺」

在大致了解了《唐詩遺》的內容架構之後，筆者擬承接上文，從「分體選詩」的角度進一步觀察篠崎小竹具體如何拾「滄溟之遺」，藉此修正李選「方隅有閾，變化不足」之失。由於《唐詩遺》具有「輕古體、重近體」之選詩傾向，因此筆者擬先簡析古體詩的拾遺情況，再轉入近體部分作進一步之探討。此外，由於《唐詩遺》承襲《唐詩選》「有選無評」的體例，因此下文擬結合底本《唐詩別裁集》的詩評內容，以理解篠崎氏的選詩緣由。

一、古　體

《唐詩選》分別僅錄五古 14 首、七古 32 首，《唐詩遺》在此基礎上有所提高入選量，至於對四唐比重的分配調整可透過下表進行理解。

【圖表 10】李攀龍《唐詩選》與篠崎小竹《唐詩遺》之古詩選錄比較

選　本	詩體	初唐	盛唐	中唐	晚唐	其他	合計
《唐詩選》	五古	3	9	2	0	0	14
		21%	64%	14%	0%	0%	≈100%
	七古	8	23	0	0	1	32
		25%	72%	0%	0%	3%	≈100%
《唐詩遺》	五古	4	28	13	0	0	45
		8%↓	62%↓	29%↑	0%	0%	≈100%
	七古	3	24	9	1	1	38
		8%↓	63%↓	24%↑	3%↑	3%	≈100%

《唐詩選》選錄古詩尤爲集中於初、盛唐，其中又以盛唐約七成之比重最爲突出。《唐詩遺》則是降低了此二期的入選率，轉而提高中唐的比重。其中五古部分從李選的 14%上升至 29 個百分點；中唐七古則是從李選的掛零上

白、劉長卿二家進行專門的比較探討。而筆者之所以稱劉氏較李白多錄的 2 首爲「微小優勢」，一方面固然是就數量而言，另一方面，除去附錄的 2 首六言詩，二家入選量實際上均爲 21 首，更不用說在「輕古體、重近體」等因素的影響下，李白的優勢是否已經得到充分體現。

升至 24 個百分點，在晚唐部分亦尚補入 1 首。由此可見，篠崎小竹有意兼收中唐而後的古詩。

值得注意的是，中唐古詩的入選率雖然有所上升，但與盛唐相比還是顯得偏低。所以然者，應與中唐而後古詩衰頽的態勢有關。沈德潛於《唐詩別裁集》五古卷中即曾指出：「中唐詩漸秀漸近，前人渾厚不復見矣。」〔註 53〕於七古又云：「錢、劉以降，漸趨薄弱」，〔註 54〕「中唐古詩，寥寥可數，故文房以後、昌黎以前，存十餘首，以志崖略。」〔註 55〕沈氏批評中唐以降古風薄弱，佳作不多，是以所錄寥寥。針對晚唐七古，沈氏更是直言「穠麗柔媚，近詩餘矣」。〔註 56〕比照《唐詩遺》的選錄情況，中唐五古收入李端（743～782）如「明遠（鮑照）賦意，能以數言該括」〔註 57〕的〈蕪城〉、韓愈（768～824）「音節氣味得之漢人樂府」〔註 58〕的〈瀧吏〉等 7 家 13 首。中唐七古錄入韓愈「無意求工，乃臻古奧」〔註 59〕的〈汴州亂〉等 6 家 9 首。晚唐部分則如沈選般僅存七古 1 首，爲李商隱「爾時有此手筆，何啻鳳凰芝艸、景星卿雲」〔註 60〕的〈韓碑〉，更可謂是戔戔之數。

由此具體得見，李攀龍《唐詩選》對中、晚唐古詩多有偏廢，然而由於此二期的古詩表現欠佳，因此《唐詩遺》亦未大量增補，而是擇優選入少量古風尚存的篇目，以見中、晚唐詩人所作之努力。

二、近　體

（一）律　詩

從前文的討論可知，近體詩是篠崎小竹《唐詩選》選錄的重點，而近體當中又以律詩爲要。以下先透過表格內容，大致了解《唐詩遺》在律體的選錄上如何補《唐詩選》之闕。

〔註 53〕語見劉長卿〈龍門雜詠〉二首眉批。〔清〕沈德潛：《唐詩別裁集》，卷 2，頁 27a。

〔註 54〕〔清〕沈德潛：〈凡例〉，《唐詩別裁集》，卷前，頁 3b。

〔註 55〕語見劉長卿〈銅雀臺〉眉批。〔清〕沈德潛：《唐詩別裁集》，卷 4，頁 28b。

〔註 56〕語見李商隱〈韓碑〉眉批。〔清〕沈德潛：《唐詩別裁集》，卷 4，頁 47a。

〔註 57〕〔清〕沈德潛：《唐詩別裁集》，卷 2，頁 40b。

〔註 58〕〔清〕沈德潛：《唐詩別裁集》，卷 2，頁 44a。

〔註 59〕〔清〕沈德潛：《唐詩別裁集》，卷 4，頁 33b。

〔註 60〕〔清〕沈德潛：《唐詩別裁集》，卷 4，頁 47a。

【圖表 11】李攀龍《唐詩選》與篠崎小竹《唐詩遺》之律詩選錄比較

選　本	詩體	初唐	盛唐	中唐	晚唐	其他	合計
《唐詩選》	五律	17	47	2	1	0	67
		25%	70%	3%	1%	0%	≈100%
	五排	20	18	2	0	0	40
		50%	45%	5%	0%	0%	100%
	七律	16	48	9	0	0	73
		22%	66%	12%	0%	0%	100%
《唐詩遺》	五律	16	55	28	8	5	112
		14%↓	49%↓	25%↑	7%↑	4%	≈100%
	五排	9	15	9	2	0	35
		26%↓	43%↓	26%↑	6%↑	0%	≈100%
	七律	4	40	39	28	1	112
		4%↓	36%↓	35%↑	25%↑	1%	≈100%

上表顯示，《唐詩選》所錄五律、七律均以盛唐爲主導，初唐次之，五排則稍以初唐多於盛唐。總體來看，初、盛唐比重共佔九成以上之多，反觀中、晚唐入選量卻極低，甚至出現掛零的情況。相形之下，《唐詩遺》雖然也是以盛唐爲最，然而比重下調，初唐亦然。至於中、晚唐入選率則呈現出上升之勢。

關於中、晚唐律詩，沈德潛在《唐詩別裁集》中曾就此二期與前人創作之差異進行比較。沈氏指出，「中晚五律亦多佳製」，然而由於「蒼莽之氣不存」，因此「難與前人分道」。〔註 61〕五言長律則是「大曆以後，邊幅既狹，氣味亦薄」，降至晚唐更是「自鄶無譏矣」。〔註 62〕至於七律則可以以劉長卿爲參考坐標，此時的創作「工絕亦秀絕，然前此渾厚兀奡之氣不存」，降至韓翃（～754～）、皇甫冉（716～769）之世則又更爲不振。〔註 63〕總體而言即是：「中唐詩近收斂，選言取勝，元氣不完，體格卑而聲調亦降矣。」〔註 64〕由此看來，在有限的選本容量內，《唐詩選》少錄、不錄此二期的律體亦有一

〔註 61〕語見賈島〈贈王將軍〉眉批。〔清〕沈德潛：《唐詩別裁集》，卷 6，頁 32b。
〔註 62〕語見劉長卿〈棲霞寺東峰尋南齊明徵君故居〉、李商隱〈戲贈張書記〉眉批。〔清〕沈德潛：《唐詩別裁集》，卷 8，頁 31b、37b。
〔註 63〕語見劉長卿〈過賈誼宅〉眉批。〔清〕沈德潛：《唐詩別裁集》，卷 7，頁 22a。
〔註 64〕語見劉長卿〈穆陵關北逢人歸漁陽〉眉批。〔清〕沈德潛：《唐詩別裁集》，卷 6，頁 14a～14b。

定道理。然而初學者又該如何理解篠崎小竹的拾遺之舉呢？

首先從《唐詩遺》所錄以下篇目觀之，比照底本《別裁集》之評：

五言律詩

劉長卿〈新年作〉眉批：**巧句別於盛唐**，正在此種。（卷 6，頁 17b）

劉方平〈秋夜泛舟〉眉批：**巧句**。（卷 6，頁 26b）

五言長律

杜荀鶴〈御溝新柳〉眉批：穩極**秀極**。（卷 8，頁 38b）

七言律詩

皇甫冉〈春思〉眉批：「盧家少婦」之亞，惟「笑獨眠」句不無涉于**纖巧**，難於沈作爭席耳。（卷 7，頁 26b）

李嘉祐〈自蘇臺至望亭驛人家盡空純味增思悵然有作因寄從弟紓〉眉批：寫亂後景象，江燕句**尤工**。（卷 7，頁 27b～28a）

相較盛唐而言，中、晚唐律詩固然有「元氣不完」等「缺點」，但是工絕秀絕、趨於纖巧亦不失為區別於前人創作的「特點」。更何況，如沈德潛所云「風會使然，豈作者莫能自主耶」，〔註 65〕透過《唐詩遺》以上所錄亦可察見，相較李攀龍的「慘礉少恩」而言，篠崎小竹的選詩態度更為包容。

再者，中、晚唐律體雖然處於日漸衰頹的大勢當中，但又何嘗沒有不落工巧習氣的作品呢？參考沈德潛的詩評內容，以理解《唐詩遺》所錄如下諸作的審美要旨：

五言律詩

劉長卿〈尋南溪常道士〉眉批：**右丞一派**。（卷 6，頁 17a）

皇甫冉〈歸渡洛水〉眉批：寫渡水晚景，**自然入妙**。（卷 6，頁 22b）

韓愈〈祖席〉眉批：大曆以後，無人解此用筆矣。昌黎高超邁俗，五言近體中運以古風筆力，**龍跳虎臥，英氣逼人**。（卷 6，頁 30b）

張籍〈夜到漁家〉眉批：自在，**不煩造作**。（卷 6，頁 31a）

張祜〈登廣武原〉眉批：**有氣魄，有筆力**。（卷 6，頁 31b）

王貞白〈題嚴陵釣臺〉眉批：正以不著斷語為高，**筆力亦復遒勁**。

〔註 65〕語見劉長卿〈過賈誼宅〉眉批。〔清〕沈德潛：《唐詩別裁集》，卷 7，頁 22a。

（卷 6，頁 38a～38b）

五言長律

錢起〈省試湘靈鼓瑟〉眉批：唐詩試帖無出其右者，**神來之候**，功力不與。（卷 8，頁 30b）

徐嶷〈送日本使還〉眉批：**猶有盛唐家數**。（卷 8，頁 35a）

韓愈〈送鄭尚書赴南海〉眉批：**有高健之氣**，稍振卑習。（卷 8，頁 37a）

七言律詩

韓翃〈送冷朝陽還上元〉眉批：勝人處在**不刻劃**。（卷 7，頁 28b）

盧綸〈長安春晚〉眉批：夷猶綽約，**風致天成**。（卷 7，頁 29a）

劉禹錫〈西塞山懷古〉眉批：起手如**黃鵠高舉**，見天地方圓。（卷 7，頁 32b）

李商隱〈籌筆驛〉眉批：瓣香在老杜，故能**神完氣足**，邊幅不窘。（卷 7，頁 38b）

薛逢〈送靈州田尚書〉眉批：**音節俱響**。（卷 7，頁 43b）

以上入選諸作，一部分主要展現出中、晚唐律詩不事雕琢、不求工巧的一面，如評曰「自然入妙」、「不煩造作」、「神來之候」、「風致天成」云云；一部分則甚至展現出猶有盛唐體段的一面，如評曰「龍跳虎臥，英氣逼人」、「筆力亦復遒勁」、「有高健之氣」、「音節俱響」云云。觀其具體篇目，如劉禹錫五律〈尋南溪常道士〉乃上承王維之清音，徐嶷（？～？）五排〈送日本使還〉亦獲致「猶有盛唐家數」之佳評，李商隱七律〈籌筆驛〉則被視爲祖述杜甫之作。換言之，即使學詩者像李攀龍《唐詩選》一樣偏愛盛唐之音，但並不意味著只能從盛唐詩中求之，中、晚唐詩家筆下亦不乏衝破時風時流甚至習得盛唐遺風的律詩。因此，爲免李選極重初、盛唐之憾，《唐詩遺》亦收入數量頗多的中、晚唐律詩，以供初學習誦賞玩。

除以上所論，從篠崎三島對《唐詩選》所發「律體臺閣居半」的批評切入，亦可了解《唐詩遺》在律詩選錄上所作的調整。所謂「臺閣」，主要應是指應制、酬贈等詩作，多具偉麗典雅的藝術風格。若以相關關鍵字檢索李攀龍《唐詩選》的律詩選目，可發現：有「奉和」字眼者計 14 首，「奉」字者計 5 首，「和」字者計 10 首，「應制」計 7 首，「朝」計 4 首，「賜」計 2 首，「宴」計 2 首，「贈」計 8 首，「酬」計 2 首。〔註 66〕以上所列凡 54 首，比重高達李選 180 首律詩的 30%。若將宋之問（656？～712）〈扈從登封途中作〉、岑參〈寄左省杜拾遺〉、蘇味道（648～705）〈在廣聞崔馬二御史並登相臺〉、蘇頲（670～727）〈同餞楊將軍兼原州都督御史中丞〉、杜甫〈江陵望幸〉、沈佺期（656？～715？）〈龍池篇〉、崔曙（？～739）〈九日登仙臺呈劉明府〉等篇目一併納入統計，比重顯然不止三成，正可印證三島所批「律體臺閣居半」。

反觀篠崎小竹《唐詩遺》所選錄的律詩，詩題中有「奉和」字眼者計 5 首，「奉」計 3 首，「和」計 2 首，「應制」計 3 首，「宴」計 2 首，「贈」計 7 首，「酬」計 4 首，題下註「試帖」者計 4 首。以上合計 30 首，共佔全選 259 首律詩約 12%的篇幅。換言之，相較於李攀龍《唐詩選》三成以上的比例，奉和、應制之類對日本「山野布褐」的學詩者而言助益較少的詩作，在《唐詩遺》中明顯減少。

綜上所見，由於李攀龍《唐詩選》所錄律詩極其偏重初、盛唐，篠崎小竹《唐詩遺》轉而對中、晚唐傾注了較多的關注，藉此展現有別於前人創作的工秀纖巧之特色。同時亦提醒初學者，中、晚唐律詩雖然日益不振，但亦不乏上追前人的自然渾成、神氣充實之作。此外補充的是，李選「臺閣」之偏對一般的日本學詩者而言裨益不大，因此《唐詩遺》相應降低了應制、酬贈等律詩的入選量，選家之用心亦可由此體會。

（二）絕　句

如上文所述，李攀龍所錄 239 首絕句在《唐詩選》中佔了五成以上之篇幅，因此篠崎小竹《唐詩遺》相應降低了絕句的入選比重，相比律體而言可謂注力較少。以下先透過「表 12」進一步了解《唐詩遺》所作調整：

〔註 66〕以上數據乃筆者將《唐詩選》全本目錄鍵入電腦後進行檢索、統計所得，所列篇數均已扣除前列關鍵字的篇數，如統計詩題有「奉」字者，即扣除「奉和」之篇數；統計「和」字者，即扣除「奉和」、「奉」之篇數，以此類推。下文《唐詩遺》相關統計同此，不作贅註。

【圖表 12】李攀龍《唐詩選》與篠崎小竹《唐詩遺》之絕句選錄比較

選　本	詩體	初唐	盛唐	中唐	晚唐	其他	合計
《唐詩選》	五絕	10	35	22	2	5	74
		14%	47%	30%	3%	7%	≈100%
	七絕	10	85	45	13	12	165
		6%	52%	27%	8%	7%	100%
《唐詩遺》	五絕	10	23	28	5	4	70
		14%	33%↓	40%↑	7%↑	6%	100%
	七絕	1	15	47	24	5	92
		1%↓	16%↓	51%↑	26%↑	5%	≈100%

由上可見，《唐詩選》選錄絕句以盛唐爲重，同時對中唐亦有所兼顧。反觀《唐詩遺》則是以中唐爲最，同時增加晚唐的入選量。但是，從變化幅度來看，篠崎氏對五絕、七絕的調整方式明顯有別。

先從五言絕句觀之。篠崎小竹《唐詩遺》所錄初唐五絕的比重，與李攀龍《唐詩選》持平，盛唐則下調了 14 個百分點，中、晚唐分別相應增加了 10 個、4 個百分點。此中固然有削弱盛唐比重的用意，但是與《唐詩選》不至於形成反差，尤其是相比稍後討論的七言絕句而言。下表所整理的詩家排名情況正能印證之：

【圖表 13】李攀龍《唐詩選》與篠崎小竹《唐詩遺》之五言絕句前列詩家比較〔註 67〕

《唐詩選》	盛唐	盛唐	中唐	盛唐	盛唐	盛唐	中唐
	李白 5	王維 5	韋應物 4	孟浩然 3	儲光羲 3	杜甫　岑參　王昌齡 高適　崔國輔　裴迪 2	劉長卿 錢起 2
《唐詩遺》	盛唐	中唐	盛唐	中唐	初唐	盛唐	中唐
	王維 5	王涯 4	李白 3	柳宗元 3	王勃 2	杜甫　王昌齡 崔國輔 2	劉禹錫　皇甫冉 劉方平 2

《唐詩選》最爲重視盛唐詩家，尤其是李白、王維，同時亦對以韋應物（739～791）爲代表的中唐五絕有所展現。而篠崎小竹則是在推舉盛唐王、李的基

〔註 67〕李攀龍《唐詩選》另有一位詩家入選 2 首五言絕句，但因是「無名氏」，所以並未列入此表。

礎上，通過選錄王涯（？～835）、柳宗元等中唐詩人，甚至是增入初唐王勃（650～676），以沖淡李選偏重盛唐的色彩。但是總體來看，上表亦正反映出《唐詩遺》「以盛唐、中唐爲主，不遺初唐、晚唐」的傾向，與「圖表 12」李選五絕的四唐格局較爲接近。換言之，《唐詩選》對五絕的選錄應是篠崎小竹認爲較爲合理的區塊，下文討論的七言絕句則更能見出補遺的意圖。

如上文「圖表 12」所示，《唐詩選》所錄盛唐七絕比重超五成之多，次之者爲中唐 27%。相形之下，《唐詩遺》的盛唐比重僅佔 16%，中唐反而增至 51%之篇幅，晚唐亦從李選 8%上升至 26 個百分點，拾遺的著力點相當明確。爲進一步了解篠崎氏的選錄策略，茲整理二選的七絕前列詩家如下：

【圖表 14】李攀龍《唐詩選》與篠崎小竹《唐詩遺》之七言絕句前列詩家比較

<table>
<tr><td rowspan="2">《唐詩選》</td><td>盛唐</td><td>盛唐</td><td>盛唐</td><td>盛唐</td><td>盛唐</td><td>盛唐</td><td>中唐</td></tr>
<tr><td>李白
17</td><td>王昌齡
16</td><td>岑參
12</td><td>賈至
6</td><td>王維
杜甫 5</td><td>高適
常建 4</td><td>李益　劉禹錫
張仲素 4</td></tr>
<tr><td rowspan="2">《唐詩遺》</td><td>晚唐</td><td>盛唐</td><td>中唐</td><td>盛唐</td><td colspan="2">中唐</td><td>晚唐</td></tr>
<tr><td>杜牧
6</td><td>王昌齡
4</td><td>劉禹錫
李益 4</td><td>李白
王維 3</td><td colspan="2">韋應物　柳宗元
白居易　韓翃 3</td><td>李商隱
溫庭筠 3</td></tr>
</table>

比照沈德潛在《唐詩別裁集》中標舉的唐人七絕代表：

> 開元之時，龍標、供奉，允稱「神品」。此外，高、岑起激壯之音，右丞多凄惋之調，以至「蒲桃美酒」之詞，「黃河遠上」之曲，皆擅場也。後李庶子、劉賓客、杜司勳、李樊南、鄭都官諸家，托興幽微，克稱嗣響。〔註 68〕

在《唐詩遺》當中，亦見李選首推的盛唐詩人李白、王昌齡（698～756）等上榜，然而篠崎小竹更爲注重的是廣泛地提高中、晚唐詩家的入選量。《唐詩遺》除上表所列入選 3 首及以上者而外，七絕入選 2 首的詩人如劉長卿、錢起、許渾（788～860）、趙嘏（～844～）等，均屬中、晚唐，未見另外兩期的詩家。而篠崎氏尤爲突顯的正是沈氏推重的「嗣響」者李益（746～829）、劉禹錫、杜牧（803～852）、李商隱諸家的地位。其中，李益、劉禹錫被稱爲中唐七絕之首，可上追有「神品」之譽的李白、王昌齡，因此兩家分別入

〔註 68〕〔清〕沈德潛：〈凡例〉，《唐詩別裁集》，卷前，頁 5a。

選 4 首，〔註 69〕排名較《唐詩選》而言亦上升至第二位。再者，李選一字不錄的晚唐詩家杜牧，更是憑藉「遠韻深情」的詩筆而被《唐詩遺》選入 6 首，〔註 70〕位列七絕榜首，推重之意由此可覘。

至於《唐詩遺》具體所錄的中、晚唐篇目，除了劉禹錫〈石頭城〉、杜牧「尤爲神到」之「絕唱」〈泊秦淮〉、〔註 71〕鄭谷（849～911）「從言外領取」的〈淮上與友人別〉〔註 72〕此類李選遺漏的代表作〔註 73〕以外，又有如下詩例，試參沈德潛所作評賞要點：

> 李益〈上汝州郡樓〉眉批：意思曲折。（卷 10，頁 18a）
>
> 司空曙〈峽口送友人〉眉批：極平常語，自覺含情無限。（卷 10，頁 19b）
>
> 李涉〈宿武關〉眉批：永夜不寢意，説來偏曲。（卷 10，頁 20a）
>
> 雍陶〈和孫明府懷舊山〉眉批：動歸思而放鷴，不關合中關合。（卷 10，頁 30a）

如雍陶（～834～）〈和孫明府懷舊山〉一絕，詩人羈旅異地，望月思鄉，放鷴歸林之舉看似「不關合」，實際上是物我同情，更見詩人歸思之濃。其他篇

〔註 69〕李益〈夜上受降城聞笛〉眉批：「七言絕句，中唐以李庶子、劉賓客爲最。音節、神韻可追逐龍標、供奉。」〔清〕沈德潛：《唐詩別裁集》，卷 10，頁 16b～17a。又，《唐詩遺》所錄李益 4 首七言絕句分別爲：〈邊思〉、〈春夜聞笛〉、〈度破訥沙〉、〈上汝州郡樓〉；所錄劉禹錫 4 首七言絕句分別爲：〈石頭城〉、〈烏衣巷〉、〈聽舊宮人穆氏唱歌〉、〈楊柳枝詞〉。

〔註 70〕杜牧〈過華清宮〉眉批：「牧之絕句，遠韻深情，〈秦淮〉一章尤爲神到。」〔清〕沈德潛：《唐詩別裁集》，卷 10，頁 29a。又，《唐詩遺》所錄杜牧 6 首七言絕句分別爲：〈登樂遊原〉、〈江南春〉、〈醉後題僧院〉、〈泊秦淮〉、〈寄揚州韓綽判官〉、〈邊上聞笳〉。

〔註 71〕沈德潛總評杜牧絕句時，指出「〈秦淮〉一章尤爲神到」。此外，〈泊秦淮〉眉批又見「絕唱」之評。詳見氏編：《唐詩別裁集》，卷 10，頁 29a、29b。

〔註 72〕鄭谷〈淮上與友人別〉眉批：「落句不言離情，卻從言外領取，與韋左司〈聞雁〉詩同一法也。」〔清〕沈德潛：《唐詩別裁集》，卷 10，頁 34b。

〔註 73〕沈德潛曾指出：「李于鱗推王昌齡『秦時明月漢時關』爲壓卷。王元美推王翰『葡萄美酒夜光杯』爲壓卷。王新城尚書則云，必求壓卷，王維之『渭城』、李白之『白帝』、王昌齡之『奉帚』、王之渙之『黃河遠上』，其庶幾乎，終唐之世，絕句亦無出四章之右者矣。愚謂李益之『回樂峰前』、劉禹錫之『山圍故國』、杜牧之『煙籠寒水』、鄭谷之『揚子江頭』，氣象稍殊，亦堪接武。」因此，筆者認爲可將李益〈夜上受降城聞笛〉（按：李攀龍《唐詩選》已錄）、劉禹錫〈石頭城〉、杜牧〈泊秦淮〉、鄭谷〈淮上與友人別〉視爲中、晚唐名家七絕代表作。詳見氏編：《唐詩別裁集》，卷 10，頁 8a～8b。

目或評曰「曲折」、「偏曲」，或評曰「極平常語」中「含情無限」，共同傳達出深曲不露而又餘韻不盡的妙詣。亦即是藉由《唐詩遺》所錄中、晚唐篇目，學詩者亦能體會「言微旨遠、語淺情深」〔註74〕的七絕特質。

要而言之，《唐詩遺》「以盛唐、中唐爲主，不遺初唐、晚唐」的五絕格局與李攀龍《唐詩選》較爲相似，拾遺的重點應落在七絕一體。篠崎小竹主要通過提高以杜牧、劉禹錫等爲代表的中、晚唐詩人的入選率，兼由名家代表作及其他詩家作品，呈現出語淺情遙、予人神遠的藝術追求，藉此啓發初學者，七絕取法之徑可從李選首推的盛唐一期延伸至中、晚唐之域。

第四節　《唐詩遺》之「崇杜」傾向

《唐詩遺》所錄詩家繁多，其中最爲矚目者當屬杜甫。篠崎小竹在卷前〈題言〉僅拈出杜甫一家，並大加讚詞，〈書《唐詩選》後〉一文亦是如此。觀其所言：

> 杜少陵上包風雅，下胎宋明，譬如御府，大自禮典武備，小及遊戲玩弄，莫不悉盡美善。乃初盛之華麗俊壯，既爲燥髮之河南。中晚之沖澹怪偉，亦爲胸中之雲夢。封域之內，沃野千里。古人所謂樂歲之米，多取而不爲虐，識者審諸。〔註75〕
>
> 唐之稱盛，無少陵氏，斯焉取斯。〔註76〕

篠崎氏將杜甫視爲唐詩之所以隆盛的關鍵人物，盛讚杜詩一方面上承風雅傳統，另一方面，對後世詩人亦多有啓發和影響。終其一生之創作，題材多樣、風格多變，開拓出盡善盡美、無所不包的廣闊境界。爲彰顯杜甫的詩歌成就，篠崎小竹自言，《唐詩遺》將對杜詩進行廣採博收。下文即聚焦於杜甫的選錄情況，一窺此選的「崇杜」〔註77〕傾向。

〔註74〕沈德潛如是總結七絕之審美要旨：「七言絕句，貴言微旨遠，語淺情深，如清廟之瑟，一倡而三歎，有遺音者矣。」詳見氏編：〈凡例〉，《唐詩別裁集》，卷前，5a。

〔註75〕〔日〕篠崎小竹：〈題言〉，《唐詩遺》，卷前，頁3a～3b。

〔註76〕〔日〕篠崎小竹：〈書《唐詩遺》後〉，《南豐集》，無頁碼。

〔註77〕與《唐詩遺》所呈現之「崇杜」傾向不同的是，松下忠透過篠崎小竹「詩文集中所引用到的詩人」，總結出篠崎氏「最推重的詩人是陶潛、韓愈、蘇軾，其次是李白、杜甫，還有明末清初的徐枋、清代的袁枚和張問陶。按照引用的頻度排列，則是蘇軾、韓愈、陶潛。」換言之，松下氏認爲，從「詩文創

先從詩家的入選總量來看。比照上文「圖表 8」的數據，本章涉及的三部選本均以杜甫的入選量爲最。在《唐詩選》中，杜甫憑藉 51 首的入選篇數，與第二名李白 33 首拉開了 1.5 倍之差距。而在《唐詩遺》當中，杜甫 63 首較第二名王維 35 首而言，更是進一步拉開至 1.8 倍之差距，領先優勢較李選更爲明顯。至於在「以李、杜爲宗」〔註 78〕的《唐詩別裁集》中，杜甫 241 首正與李白 139 首形成「數一數二」的選錄格局。反觀《唐詩遺》，李白卻僅以 21 篇的入選量位居第四位，遠低於榜首杜甫 63 篇。由此可見，在《唐詩遺》當中，其底本「以李、杜爲宗」的編選理念已被「崇尚杜詩」取而代之。

再從杜甫入選篇目的題材、風格觀之。《唐詩遺》所收杜詩，浪漫奔放者有寄託人生理想抱負的〈畫鷹〉，莊嚴典重者有痛感風塵未靖的憂國之作〈謁先主廟〉，「慷慨蘊藉」〔註 79〕者有諷刺朝廷將帥平庸無爲的議論時事之作〈諸將〉五首，「怪怪奇奇，不顧俗眼」〔註 80〕者有題畫詩〈奉先劉少府新畫山水障歌〉，雅緻清麗者有描寫夜景夜宴、賓主之樂的〈夜宴左氏莊〉，平易眞切者有描寫故友重逢、敘談舊誼的〈贈衛八處士〉，清新自然者有刻畫江村生活

作」來看，在唐代詩人當中，篠崎小竹首推韓愈，次之者乃是李白、杜甫二家。詳見氏著，范建明譯：〈第三期詩壇〉，《江户時代的詩風詩論：兼論明清三大詩論及其影響》，中篇，頁 547。

〔註 78〕沈德潛於卷前〈凡例〉曾指出前人選本對李、杜成就認識不足，因而強調《別裁集》是以二家爲宗，其曰：「唐人選唐詩，多不及李、杜。蜀韋縠《才調集》，收李不收杜。宋姚鉉《唐文粹》，只收老杜〈莫相疑行〉、〈花卿歌〉等十篇，眞不可解也。元楊伯謙《唐音》，群推善本，亦不收李、杜。明高廷禮《正聲》，收李、杜浸廣，而未極其盛。是集以李、杜爲宗，玄圃夜光，五湖原泉，彙集卷內，別於諸家選本。」詳見氏編：〈凡例〉，《唐詩別裁集》，卷前，2a。又，雖然沈氏聲稱《別裁集》「以李、杜爲宗」，但是學界對於此選是「李杜並尊」還是「崇尚杜詩」有不同意見，如陳美朱〈《唐宋詩醇》與《唐詩別裁集》之「李杜並稱」比較〉一文認爲「崇尚杜詩」乃此選之核心。參見氏著：《明清唐詩選本之杜詩選評比較》（臺北：學生書局，2015 年），頁 121～162。張俐盈〈得其深遠宕逸之神——沈德潛《唐詩別裁集》李白詩歌選評研究〉則指出，李白詩歌中「含蓄蘊藉」（深遠）與「天才奇特」（宕逸）的兩個特質，使之成爲沈德潛建構詩學理論的典範。詳見氏著，載《漢學研究》第 32 卷第 4 期（2014 年 12 月），頁 229～258。

〔註 79〕〈諸將〉五首眉批：「五章議論時事，慷慨蘊藉，而于每篇結語丁寧反覆，所謂言者無罪而聞之者足以戒。」〔清〕沈德潛：《唐詩別裁集》，卷 7，頁 14a～14b。

〔註 80〕〈奉先劉少府新畫山水障歌〉眉批：「驚風雨，泣鬼神，寫來怪怪奇奇，不顧俗眼。」〔清〕沈德潛：《唐詩別裁集》，卷 4，頁 7b。

的〈南鄰〉。除此而外，無論是〈孤雁〉、〈促織〉此類詠物小題，還是從打魚小事說到「功名富貴」、「干戈兵革」，足以顯示杜甫「洪鐘無纖響」的〈觀打魚歌〉、〈又觀打魚〉，〔註 81〕篠崎小竹均收入集中。由此當可概知，篠崎氏在《唐詩遺》中力求展現細大不捐、萬殊多變的杜詩風貌。

除了以上所論之外，由於《唐詩遺》依照「詩體」進行分卷編次，因此，筆者認爲透過分體選詩的詩家排行情況，應能更爲直觀、具體地了解篠崎小竹如何展現杜詩的「封域之內，沃野千里」。爲便進一步的觀察與探討，先彙整相關選錄情況列表如下：

【圖表 15】篠崎小竹《唐詩遺》分體選詩第一與第二者

詩體	五古	七古	五律	五排	七律	五絕	七絕
選詩量第一者	李白　王維　儲光羲 杜甫　劉長卿　韋應物 3 首	杜甫 8 首	杜甫 17 首	杜甫 王維 錢起 3 首	杜甫 29 首	王維 5 首	杜牧 6 首
選詩量第二者	陳子昂　孟浩然　常建 高適　岑參　元結　孟郊　柳宗元 2 首	李白 韓愈 4 首	王維 孟浩然 9 首	張九齡 李白 裴度 2 首	劉長卿 8 首	王涯 4 首	王昌齡 李益 劉禹錫 4 首

如上表所示，在《唐詩遺》當中，雖然五古、五排出現了杜甫與其他詩家並列第一的選錄現象，但在上述兩體之外，其他七古、五律、七律的榜首位置均由杜甫獨家包攬。亦即是除絕句以外，諸體入選量最高者均爲杜甫。不可諱言，杜甫在底本《唐詩別裁集》的入選量本來就遠逾諸家，〔註 82〕因此

〔註 81〕〈觀打魚歌〉眉批：「功名富貴何獨不然？」〈又觀打魚〉眉批：「前首爲老饕戒耳，此更說到干戈兵革。洪鐘無纖響，信然。」〔清〕沈德潛：《唐詩別裁集》，卷 4，頁 15a～15b。

〔註 82〕【圖表 16】沈德潛《唐詩別裁集》分體選詩第一與第二者

詩體	五古	七古	五律	七律	五排	五絕	七絕
選詩量第一者	杜甫 51 首	杜甫 62 首	杜甫 58 首	杜甫 43 首	杜甫 20 首	王維 12 首	李白 20 首
選詩量第二者	韋應物 46 首	李白 38 首	王維 32 首	李商隱 16 首	王維 10 首	李白 7 首	王昌齡 15 首

杜甫在五古、七古、五律、七律、五排諸體均排名第一。總體來看，杜甫較第二名的入選量有較大優勢，遑論與其他詩人之間的差距。

《唐詩遺》出現如上的選錄情況亦非令人意外的結果。然而，不可忽視的是，在「此篇務簡」的編選理念下，杜甫於《唐詩遺》的入選量依然與第二名保持著相當大的差距。

姑且不論多位詩家並列第一的五言古詩、五言長律兩體，先從七言古詩的選錄情況觀之。《唐詩遺》錄取杜甫七古 8 首，乃第二名李白、韓愈 4 首的 2 倍之多，遑論與其他詩家之間的高下之分。可見，雖然七言古詩並非《唐詩遺》的選錄重點，但篠崎小竹亦著意拉開杜甫與其他詩家的入選量。

至於五言律詩一體，沈德潛已曾指出唐人諸家各有所長，其中又以杜甫最爲出眾：

> 神龍之世，陳、杜、沈、宋如渾金璞玉，不須追琢，自饒明貴。開、寶以來，李太白之穠麗，王摩詰、孟浩然之自得，分道揚鑣，並推極勝。杜少陵獨開生面，寓縱橫顛倒于整密中，故應超然拔萃。〔註 83〕

從《唐詩遺》的選錄情況來看，篠崎小竹錄取杜甫五言律詩 17 首，相形之下，榜眼之王維、孟浩然（689？～740）雖有「自得」、「極勝」之評，但二人入選量僅爲 9 首，與杜甫形成了的 1.9 倍之落差。換言之，《唐詩遺》對於沈氏讚曰「超然拔萃」的杜甫五律成就甚爲認可。

諸體當中尤爲值得注意的是七言律詩的選錄情況。在《唐詩別裁集》中，沈德潛曾標舉杜甫的七律創作有「不可及者四」，其成就不僅在王維、李頎二家之上，更可謂是諸家冠冕：

> 少陵胸次閎闊，議論開闢，一時盡掩諸家。〔註 84〕
>
> 杜七言律有不可及者四，學之博也，才之大也，氣之盛也，格之變也。五色藻繢，八音和鳴，後人不易髣髴。○王維、李頎，品格最高，復饒遠韻，爲律詩正宗，然遇〈秋興〉、〈諸將〉及〈詠懷古跡〉等篇，不免瞠乎其後。〔註 85〕

比照《唐詩遺》的具體選錄情況，篠崎小竹選錄杜甫七律 29 首，高達第二名劉長卿 8 首的 3.6 倍之多，其餘諸家更是難以望其項背。如此落差是如何形成的呢？筆者比對三部選本的目錄，發現《唐詩別裁集》錄取杜甫七律 43

〔註 83〕〔清〕沈德潛：〈凡例〉，《唐詩別裁集》，卷前，頁 4a。

〔註 84〕〔清〕沈德潛：〈凡例〉，《唐詩別裁集》，卷前，頁 4b。

〔註 85〕〈題張氏隱居〉眉批處總評杜甫的七言律詩成就。〔清〕沈德潛：《唐詩別裁集》，卷 7，頁 7a～7b。

首，與《唐詩選》交集者爲 14 首，換言之，非交集詩作 29 首全被《唐詩遺》選入集中。此中更包括連章詩〈秋興〉八首（題下註「四出李選」，《唐詩遺》實際僅錄 4 首）、〈詠懷古跡〉五首、〈諸將〉五首。三組詩作凡 14 首，共佔杜甫七律入選量的 48%之多。依照「務簡」的編選理念，《唐詩遺》或可僅補錄〈秋興〉八首，以之爲杜甫七律連章的範例。但是篠崎氏不厭其「繁」，三組全收，由此更見《唐詩遺》對李攀龍〈唐詩選序〉所言「七言律體，諸家所難，王維、李頎頗臻其妙，即子美篇什雖眾，憒焉自放矣」〔註 86〕的反駁，亦即是突顯杜甫七律的典範意義，而將王、李二家視爲「瞠乎其後」者。

討論《唐詩遺》對杜甫七律成就的推重，另一點需要注意的是李商隱的選錄情況。在《唐詩別裁集》中，沈德潛明確提及得杜甫七律之「餘響」〔註 87〕者乃李商隱一家。而在論及李氏七律的去取標準時，沈氏亦在在強調其著眼所在的乃是李詩之「骨幹聳拔，眞氣流行，得老杜一體」。〔註 88〕值得玩味的是，沈德潛特別加以批註「師承杜甫」的 3 首詩作，《唐詩遺》全部納入集中。舉其評語，以證不誣：

〈杜工部蜀中離席〉眉批：應是擬杜。（卷 7，頁 38a）

〈籌筆驛〉眉批：瓣香在老杜，故能神完氣足，邊幅不窘。（卷 7，頁 38b）

〈安定城樓〉眉批：善學老杜。（卷 7，頁 40a）

除了以上所錄七律，在李商隱的五律部分，《別裁集》錄其 4 首，〔註 89〕《唐詩遺》於此僅摘錄 1 首，正是詩題即明示「擬杜」的〈河清與趙氏昆季燕集擬杜工部〉。筆者認爲，以上選詩情況並非僅是「巧合」，篠崎小竹應是藉由選錄李商隱的律詩，以強調杜甫的律體成就。

〔註 86〕〔明〕李攀龍編選，〔日〕服部南郭考訂：〈唐詩選序〉，《唐詩選》，卷前，頁 2a～3b。

〔註 87〕沈德潛曰：「少陵胸次閎闊，議論開闢，一時盡掩諸家。而義山詠史，其餘響也。」詳見氏編：〈凡例〉，《唐詩別裁集》，卷前，頁 4b。

〔註 88〕李商隱〈隨師東〉、〈曲江〉眉批：「〈碧城〉、〈一片〉、〈無題〉等作，塗澤太過，如叢綵爲花，絕少生韻。鈔中所存俱骨幹聳拔，眞氣流行，得老杜一體者。〇衛風之〈碩人〉、離騷之〈招魂〉，何嘗不艷？予之汰〈碧城〉等作，以眞意不存，非關穠麗也。」〔清〕沈德潛：《唐詩別裁集》，卷 7，頁 39b～40a。

〔註 89〕《唐詩別裁集》所錄李商隱 4 首五言律詩分別爲：〈河清與趙氏昆季燕集擬杜工部〉、〈蟬〉、〈令狐舍人說昨夜西掖翫月因戲贈〉、〈落花〉。

必須補充一提的是，與以上諸體相比，絕句並非杜詩之至處。沈德潛在論及「唐人詩無論大家、名家，不能諸體兼善」之時即曰：「如少陵絕句，少唱歎之音」。〔註 90〕在總評杜甫絕句時，沈氏又再次指出：

> 少陵絕句，直抒胸臆，自是大家氣度，然以爲正聲則非也。宋人不善學者往往流于粗率。〇楊廉夫謂學杜須從絕句入手，眞欺人語。〔註 91〕

由此不難理解杜甫爲何未能進入《唐詩遺》五絕、七絕的詩家排行前列。然而就具體選詩量看來，篠崎小竹除了錄入「含意未伸，有案無斷」〔註 92〕的七絕〈江南逢李龜年〉之外，尚錄入杜甫五絕 2 首，即〈歸雁〉、〈八陣圖〉。換言之，《唐詩遺》和《別裁集》一樣，並未完全黜落杜甫的絕句。〔註 93〕就其中沈氏一家之選而論，陳美朱曾爲文指出：沈德潛以杜甫爲「大家」的看法，應與《唐詩品彙》獨列杜甫一人爲「大家」相近，亦即寓有高棅所言「盡得古人之體勢而兼昔人之所獨尊」的特色，爲了展現杜甫能「盡得古人之體勢」的特質，因此將其並非擅長的絕句也納入選本。〔註 94〕筆者認爲，篠崎小竹在《唐詩遺》中保留杜甫絕句 3 首，個中緣由應與其底本有相通之處。

實際上，即便適量降低杜詩入選篇數，杜甫亦尚能在《唐詩遺》中獨佔鰲頭。然而，藉由以上的選錄情況當可清楚得見，卷前〈題言〉雖然強調《唐詩遺》選詩「務簡」，但是對待杜詩的態度卻並非如此。無論是從杜詩的入選總量，還是從詩作的題材、風格來看，抑或是具體到各種體裁的選錄實況，均可明證篠崎小竹在杜詩的選錄上堅持採取「多取而不爲虐」的策略，力求突顯杜詩兼容並蓄的廣闊境界以及遙遙領先的優越地位，由此正可窺見寓於《唐詩遺》中的「崇杜」傾向。

〔註 90〕沈德潛：〈凡例〉，《唐詩別裁集》，卷前，頁 6a。

〔註 91〕語見〈江南逢李龜年〉眉批。〔清〕沈德潛：《唐詩別裁集》，卷 10，頁 9a。

〔註 92〕語見〈江南逢李龜年〉後評。〔清〕沈德潛：《唐詩別裁集》，卷 10，頁 9a。

〔註 93〕沈德潛《唐詩別裁集》選錄杜甫五絕 4 首：〈復愁〉、〈歸雁〉、〈武侯廟〉、〈八陣圖〉；七絕 3 首：〈贈花卿〉、〈書堂飲既夜復邀李尚書下馬月下賦〉、〈江南逢李龜年〉。

〔註 94〕陳美朱：〈《唐詩歸》與《唐詩別裁集》之杜詩選評比較〉，《明清唐詩選本之杜詩選評比較》，頁 57。

結　語

篠崎小竹《唐詩遺》是針對李攀龍《唐詩選》之弊而進行編選的初學選本，其底本為沈德潛、陳培脈合選之《唐詩別裁集》初刻本。本章第一節首先透過篠崎氏等人對李、沈二選的評價，了解《唐詩遺》的編選事由。相較於古文辭派的極致推崇，篠崎氏等人認為《唐詩選》並非盡善盡美的選本。除了「律體臺閣居半」以外，李選整體上存在著「方隅有閾，變化不足」之失，篠崎小竹強調此乃編選《唐詩遺》之要因所在。至於選擇以《別裁集》為底本的緣由，一者乃是此選有著與李選相似的復古追求，再者則是沈氏對聲調音節的關注對日人而言有所助益。總體來看，沈選公正合理，故而獲得篠崎氏父子之青睞。此外補充一提的是，《唐詩遺》雖然是「唐詩選本」，但實際上並未寓有「推尊唐音」的觀念，這是與李、沈二家明顯有別之處。

在第二節中，筆者主要介紹了《唐詩遺》的體例內容、選錄概況，以便讀者初步掌握此選的架構。《唐詩遺》整體上依照《唐詩選》進行分體編排，同時附錄六言詩以作補充。再者，篠崎小竹聲明此選秉持「務簡」之理念，對一題多首之作多有刪汰，另一方面則是沿襲《別裁集》，增入「旁點」以強調詩作重點，供後進參考學習。至於選詩概況，從「分體選詩」的角度來看，《唐詩遺》所作調整固然使得各體入選量較《唐詩選》更為均衡，但整體上未能突破李選「輕古體、重近體」的基調。而「四唐輕重」、「詩家排名」兩個角度的選錄情況，則均顯現出《唐詩遺》「推尊盛唐，兼顧中唐、晚唐，不遺初唐」的傾向，與沈選之「宏博」較為相似。由此亦可察見，篠崎小竹有意突破《唐詩選》以盛唐為絕對中心的狹隘詩觀。

第三節承接上文，從「分體選詩」的角度切入，結合《唐詩別裁集》的詩評內容，進一步探討《唐詩遺》如何拾「滄溟之遺」。首先，篠崎小竹補充呈現了李選忽略的中、晚唐古詩，但是由於此二期創作欠佳，因此《唐詩遺》亦僅擇優收入少量古風尚存的篇目，以見詩家所作之努力。再者，在律詩部分，李選著重初、盛唐二期，《唐詩遺》則兼顧到中、晚唐工秀纖巧的特色，同時選入自然渾成、神氣充實之作，以見日益不振的頹勢當中亦有上追前人的一面。此外補充的是，由於李選所錄頗多的「律體臺閣」對尋常生活中的日本學詩者助益不大，因此篠崎氏亦相應降低了此類律詩的入選量。至於絕句部分，《唐詩遺》所錄五絕「以盛唐、中唐為主，不遺初唐、晚唐」的整體格局與《唐詩選》較為相似。在七絕的選錄上，篠崎氏則是提高以杜牧、劉禹錫等爲代表的中、晚唐詩人的地位，兼收李選遺漏的名家代表作及其他詩人的作品，以此啓發初學者，除《唐詩選》首推的盛唐一期而外，習誦此二期之作亦可體會「言微旨遠、語淺情深」的七絕特質。沈德潛在《別裁集》中曾曰：「有唐一代詩，凡流傳至今者，自大家名家而外，即旁蹊曲徑，亦各有精神面目，流行其間，不得謂正變盛衰不同，而變者衰者可盡廢也。」〔註 95〕大體而言，《唐詩遺》對李選「方隅有閾，變化不足」所作的調和與修正，可呼應沈氏此說。

在第四節中，筆者將主眼置於杜甫的選錄情況進行考察，藉以一探《唐詩遺》的「崇杜」傾向。篠崎小竹在《唐詩遺》中選入的杜甫詩作數量爲諸家之最，同時力求展現杜詩題材、風格的多樣性。此外，從「分體選詩」的角度來看，篠崎氏在標舉杜甫較爲擅長的古詩、律體成就之餘，還兼容較爲薄弱的絕句創作，誠可證其所言「多取而不爲虐」。「此選務簡」與「多取」杜詩之間的反差，正正突顯了杜甫在《唐詩遺》中的核心地位。

〔註95〕〔清〕沈德潛：〈唐詩別裁集序〉，《唐詩別裁集》，卷前，頁 1a。

第三章　森槐南《唐詩選評釋》探研

前　言

森槐南（もり　かいなん，1863～1911），本名公泰，字大來，通稱泰二郎，槐南爲其號，又號秋波禪侶、菊如澹人、說詩軒主人。其父森春濤（もり　しゅんとう，1818～1889）爲明治時代前期的漢詩壇盟主，〔註 1〕對當時詩運之重振貢獻甚大。〔註 2〕森槐南繼承家學，於父親歿後執漢詩壇牛耳，〔註 3〕並有超越其成就之勢。德富蘇峰（とくとみ　そほう，1863～1957）《第一人物隨錄》即曰：「若春濤翁可稱名家，則（槐南）君實可謂是大家」。〔註 4〕入谷仙介（いりたに　せんすけ，1933～2003）則是盛讚森槐南的漢詩表現力具登峰造極之績。〔註 5〕值得一提的是，除了享有「明治漢詩研究界的泰斗」〔註 6〕之譽，森氏還精通詞曲、小說，〔註 7〕於中國文學研究可

〔註 1〕〔日〕三浦葉：〈明治の漢詩〉，《明治漢文學史》（東京：汲古書院，1998 年），頁 26。

〔註 2〕〔日〕三浦葉：〈明治の漢詩〉，《明治漢文學史》，頁 34。

〔註 3〕〔日〕森槐南原著，〔日〕松岡秀明校訂：〈解說〉，《杜詩講義》第 4 冊（東京：平凡社，1993 年），卷後，頁 334。

〔註 4〕〔日〕德富蘇峰：〈森槐南君逝く〉，《第一人物隨錄》（東京：民友社，1926 年，日本國立國會圖書館藏本），頁 154。

〔註 5〕〔日〕入谷仙介：〈表現者の極北——森槐南——〉，《近代文学としての明治漢詩》（東京：研文出版，1989 年），頁 21。

〔註 6〕〔日〕竹林貫一：《漢学者伝記集成》，轉引自王人恩：〈日本森槐南《補春天》傳奇考論〉，載《西北師大學報（社會科學版）》第 40 卷第 3 期（2003 年 05 月），頁 62。

〔註 7〕〔日〕森槐南原著，〔日〕豐田穰校訂：〈森槐南傳〉，《唐詩選評釋》（東京：富山房，1938～1939 年，日本國立國會圖書館藏本），卷前，頁 14。按：本

謂自成一家。〔註 8〕森槐南著作頗豐，除生前出版物以外，在其身後另有多部由其學生以及其他學者整理出版的著作。與詩學相關者，除了漢詩集《浩蕩詩程》、《槐南集》等，還著有以漢文參訂之《古詩平仄論》，以及以日文書寫的《唐詩選評釋》、《作詩法講話》、《杜詩講義》、《李詩講義》、《韓詩講義》、《李義山詩講義》、《中國詩學概說》等。

本章所欲探討的《唐詩選評釋》初刊本 4 冊，於明治 25 年至 29 年間（1892～1896）逐次發行。森槐南自言，此書乃是「爲今日初學示詩之津梁」〔註 9〕而撰，亦即是「初學本」之定位。然而，森氏並未明確表示其所評釋的《唐詩選》爲何版本。據筆者整理所見，《唐詩選評釋》的分卷、篇目與服部南郭考訂之《唐詩選》一致，即卷 1 至卷 7 依次爲：五古、七古、五律、五排、七律、五絕、七絕，〔註 10〕凡 465 首。體例爲先引詩作，諸篇評說文字皆置於詩後。觀其評釋，涉及詩人事跡、詩作背景、立意、章法、用典、藝術表現等眾多面向，此外還參考中日兩國相關詩學材料，或揚或抑，抒發己見，內容可謂豐富詳盡。據神田喜一郎（かんだ きいちろう，1897～1984）所稱，此書其後幾度重版，直至昭和時代仍聲價不衰。〔註 11〕此外，平野彥次郎、目加田誠等著名學者亦有出版《唐詩選》評註本，均把森槐南《唐詩選評釋》列入參考書目當中。其中，平野氏《唐詩選研究》參考江戶時代的

論文主要徵引版本爲江俠菴譯述：《唐詩選評釋》（臺北：河洛圖書出版社，1974 年）。唯涉及譯述本未收內容以及漏譯、誤譯情況時，另外標註引自初刊本（東京：新進堂，1892～1896 年，日本國立國會圖書館藏本）或校訂本。

〔註 8〕此乃神田喜一郎的評價。森槐南自明治 32 年（1899）起任教於東京帝國大學文科大學（今東京大學文學部）。對此，神田氏指出，森槐南本身和東京帝國大學沒有任何關係，加之森氏不具學歷，不過是一介漢詩人，能夠被當時具有絕對權威的官學中心聘用，可謂是破天荒之事，由此亦可推測森氏學問之高。〔日〕森槐南原著，〔日〕神田喜一郎編：〈序〉，《森槐南遺稿　中國詩學概說》（京都：臨川書店，1982 年），頁 1～2。又，當時森槐南主講的課程正包括中國詩學。參見李慶：〈文學研究的先驅〉，《日本漢學史》第 1 部（上海：上海人民出版社，2010 年），第三編〈在走向帝國主義的道路上——日本漢學的確定（1895～1918）〉，第九章〈1895～1918 年間日本漢學的代表人物（之三，社會上活躍的漢學研究者）〉，頁 458。

〔註 9〕〔日〕森槐南：〈發凡〉，《唐詩選評釋》（校訂本），卷前，頁 34。

〔註 10〕江俠菴譯述本將《唐詩選》卷 7 七言絕句分爲兩卷：自王勃〈蜀中九日〉至李白〈春夜（洛）城聞笛〉爲卷 7，王昌齡〈春宮曲〉以下爲卷 8。

〔註 11〕〔日〕森槐南原著，〔日〕神田喜一郎編：〈序〉，《森槐南遺稿　中國詩學概說》，頁 1。

註釋書爲主，明治以後僅採兩部，《唐詩選評釋》即爲其中之一。〔註12〕目加田氏則認爲，森氏此書說解高深，並非僅僅是入門讀物之水平，甚至將其激賞爲古來最佳的《唐詩選》評釋本。〔註13〕由此可見《唐詩選評釋》之重要地位及價値所在。

學界目前以《唐詩選評釋》爲主要探討對象的研究尚未得見，〔註14〕因此本章第一節擬先透過卷前序言，初步掌握森槐南對李攀龍《唐詩選》之評價，了解森氏以此爲底本進行評釋的緣由。第二節擬結合詩評內容，承接上文進一步考察森槐南對李氏〈唐詩選序〉的回應。第三節將具體呈現《唐詩選評釋》的說詩要點，藉此理解此書如何引導後進學習唐詩。

第一節　森槐南對李攀龍《唐詩選》之評價

《唐詩選評釋》卷前附有序文兩篇，其一爲森槐南友人矢土勝之（やづち　かつゆき，1849～1920）以漢文撰寫之〈序〉，其二則是森氏本人以日文撰寫之〈發凡〉。〔註15〕二文皆撰於明治壬辰（1892）十月，亦即此書初次刊

〔註12〕另一部爲簡野道明《唐詩選詳說》。詳參〔日〕平野彥次郎：〈例言〉，《唐詩選研究》，卷前，頁11。

〔註13〕〔日〕目加田誠評釋：〈唐詩選解題〉，《唐詩選》，卷前，頁6。

〔註14〕〔日〕合山林太郎〈森槐南を中心とする幕末・明治期日本漢文学の研究〉研究成果報告書（2013年06月07日）略有提及：在《唐詩選評釋》中，森槐南多有參照明人唐汝詢的解釋，同時引用王漁洋與沈德潛等清代詩人的註釋以加深理解。(「科学研究費助成事業データベース（KAKEN—研究課題をさがす）」網站 https://kaken.nii.ac.jp/ja/grant/KAKENHI-PROJECT-23720104/，於2019年01月27日檢索。) 但在其後出版的《幕末・明治期における日本漢詩文の研究》（大阪：和泉書院，2014年）中未見相關的詳細論述。管見所及，目前以森氏的中國詩學研究爲主要探討對象的論文有松岡秀明對於森氏《杜詩講義》之〈解說〉一文，此文結合相關詩例進行論述，指出森氏並非單純祖述前人之說，而是忠於己見以說解杜詩，如對於宋人牽強附會、以道學觀念說詩多有批評，並且並未從道德角度稱揚杜詩。詳參〈解說〉，《杜詩講義》第4冊，卷後，頁333～346。又，王琨撰有：〈森槐南《杜詩講義》的特色〉，載《東亞漢學研究》創刊號（2011年06月），頁322～332。然而，王氏所論與松岡氏之〈解說〉多有重複，詩例亦有雷同，缺乏新見。此外另有〔日〕長谷部剛：〈森槐南《古詩平仄論》及其實踐，並論槐南對龐德《國泰集》的影響——森槐南札記二則：以《古詩平仄論》及《國泰集》爲例〉，載《中國文學學報》第7期（2016年12月），頁169～181。

〔註15〕矢土勝之〈序〉僅見於初刊本。森槐南〈發凡〉見於初刊本、校訂本，唯譯述本未收。

行之時。筆者擬先以這兩篇序文爲主，探討森槐南對《唐詩選》的評價。

一、對《唐詩選》之批評

相較於古文辭派對《唐詩選》盡是溢美之詞，即所謂「唐詩莫善於滄溟選，又莫精於滄溟選」，森槐南對此選本則有批評之見。森氏的批評主要體現在兩個方面，一者乃是圍繞《唐詩選》的成書問題與流行現象，再者則是就《唐詩選》本身的體系內容而言。

在〈發凡〉中，森槐南首先回應了眾說紛紜的成書眞僞問題。關於同題李攀龍所編之《古今詩刪》與《唐詩選》的關係，森氏的看法如下：

> 于鱗編錄歷代之詩，於各代以各體分之，始於古逸，次以漢魏，由南北朝以及唐，唐以後直繼以明，多錄同時諸人之作，而宋、元一詩不及，命名曰《古今詩刪》……明末坊賈乃割右之《詩刪》中之唐詩，以爲單行本，附以唐汝詢《唐詩解》，又託名蔣一揆（葵）而加註解，別立名曰《唐詩選》，此即今之通行本。〔註16〕

森槐南持論與《四庫全書總目》相同，認爲清廷官方收錄的《古今詩刪》才是李攀龍原選，而《唐詩選》不過是書商從《古今詩刪》割裂而出的選本，並非眞正出於李氏手編。因此，對於古文辭派視《唐詩選》爲李選原本，並且推崇極致，以致此書在日本盛行不衰的現象，森氏甚感詫異：

> 吾國蘐園一派奉此書不啻拱璧，殆近家絃户誦。傳至近世，雖六如、詩佛、五山、山陽等極力排斥之，始從事詩學者猶無不先誦熟此書。而其不過《詩刪》中之一部，卻可謂幾全無知者，豈非怪事？〔註17〕

江戶時代中、後期的漢詩人釋六如（しゃく ろくにょ，1734～1801）、大窪詩佛（おおくぼ しぶつ，1767～1837）、菊池五山（きくち ござん，1769～1849）、賴山陽（らい さんよう，1780～1832）等人均將《唐詩選》斥爲「僞書」，但是《唐詩選》的流行並未因此受到實質性的衝擊，其要因之一乃是蘐園學派（即古文辭派）巨大的影響力。〔註18〕賴山陽即有詩曰：「濟南選法本澶漫，抉剔何須後手刊。金篦不醫徠翁眼，猶從五里霧中看。」〔註19〕服部

〔註16〕〔日〕森槐南：〈發凡〉，《唐詩選評釋》（校訂本），卷前，頁33。
〔註17〕〔日〕森槐南：〈發凡〉，《唐詩選評釋》（校訂本），卷前，頁33。
〔註18〕〔日〕目加田誠評釋：〈唐詩選解題〉，《唐詩選》，卷前，頁6。
〔註19〕〔日〕賴山陽：〈論詩絕句二十七首〉（其十三），《山陽遺稿》（日本明治12年刊本，日本國立公文書館藏本），詩卷2，頁15b。

南郭曾考訂《唐詩選》，其師荻生徂徠在〈跋〉中稱讚此舉恢復了李選原貌，驅散「五里霧」。賴山陽正是借荻生氏之語以反駁、揶揄之。〔註20〕森槐南在〈發凡〉中即引用此詩，譏刺引領《唐詩選》風潮的荻生、服部師徒誤導後學。〔註21〕

然而，值得注意的是，森槐南並未將李攀龍《唐詩選》視作「僞書」，觀其所云：「此書縱是坊賈割取而爲之別本，然作爲《古今詩刪》之一部分，即此乃于鱗之手成，不容置疑，不可謂之『僞選』。」〔註22〕一言以蔽之，森氏對於《唐詩選》的成書眞僞看法即是：「《唐詩選》非于鱗原本，亦于鱗之選。」〔註23〕

森槐南更爲實質性的批評乃是就選本的體系內容而發。卷前〈發凡〉即從前後七子的詩學理念說起：

> 先是北地李空同倡「不讀唐以後書」之說，海內靡然風從。至于鱗等七子之代，益堅守其說。同一唐代而又別爲初、盛、中、晚之三（四）期，初、盛爲正宗、大家，中、晚以下定爲附庸之旁流。宋、元二代皆棄不顧。所謂「詩刪」，蓋有「刪述」之意……于鱗門戶之見之僻謬已是世之定論，則此書所編錄之詩，限於其家數，亦固然無法得知唐詩風會變遷之由。〔註24〕

森槐南認爲，李攀龍作爲明代復古派的重要代表，其選《古今詩刪》是「宗唐風尚」尤其是「詩必盛唐」的詩學理念的具體展現。〔註25〕實際上，無論是從《古今詩刪》還是從《唐詩選》來看，初、盛唐詩作的入選比例均明顯高於中、晚唐。若單就「盛唐」部分來看，其於《古今詩刪》所佔比重高達

〔註20〕〔日〕竹村則行：〈袁枚論詩絕句與賴山陽論詩絕句〉，載《中國典籍與文化》1992年02期（1992年07月），頁118。

〔註21〕〔日〕森槐南：〈發凡〉，《唐詩選評釋》（校訂本），卷前，頁35。

〔註22〕〔日〕森槐南：〈發凡〉，《唐詩選評釋》（校訂本），卷前，頁34。又，矢土勝之亦云：「《唐詩選》鼂就滄溟《詩刪》摘錄其所選唐詩者，謂之『僞選』則過矣。」〔日〕矢土勝之：〈序〉，載〔日〕森槐南：《唐詩選評釋》（初刊本）上卷，卷前，無頁碼。

〔註23〕〔日〕森槐南：〈發凡〉，《唐詩選評釋》（校訂本），卷前，頁34。

〔註24〕〔日〕森槐南：〈發凡〉，《唐詩選評釋》（校訂本），卷前，頁33。

〔註25〕四庫館臣亦曾指出，明代前後七子的詩論宗旨集中顯示在李攀龍《古今詩刪》之中，甚至後來不少是非亦正由此而起：「蓋自李夢陽倡『不讀唐以後書』之說，前後七子率以此論相尚，攀龍是選猶是志也……然明季論詩之黨，判於七子，七子論詩之旨，不外此編。錄而存之，亦足以見風會變遷之故，是非蜂起之由，未可廢也。」〔明〕李攀龍：《古今詩刪》，卷前〈提要〉，頁1a～2b。

60%，《唐詩選》雖然有所下降，但亦有 57%之多，〔註 26〕對盛唐的推崇可謂旗幟鮮明。由此亦能理解森氏爲何批評李氏選詩有「門戶」〔註 27〕之弊，讀之不足以盡覽唐詩的發展演變。

此外，李攀龍在〈唐詩選序〉中對各種詩體在唐代之發展進行了點評，尤其是針對代表性詩家作出了相當明確的褒貶，最後更有自信自許之言：「乃茲集以盡唐詩，而唐詩盡於此」。森槐南對此卻嚴加指陳：

> 通行《唐詩選》之首有序文一篇，乃于鱗於《古今詩刪》唐詩之部首，綜論概略之緒言。此言悖謬，洵不足取。然七子之徒論詩之旨此外無他，後來是非蜂起之由亦全存於此。舉之於左而指摘其極盡乖戾之處，然亦非盡是無用之談。〔註 28〕

以上引文指出，《唐詩選》卷前所載〈唐詩選序〉亦即《古今詩刪》中的〈選唐詩序〉，此文多有「悖謬」、「乖戾」之論。具體而言，森氏認爲〈唐詩選序〉中僅有「五言律、排律，諸家槩多佳句」之語「能中肯綮」，至於對古詩、絕句、七律諸體的評述則有甚多不足取之處，〔註 29〕因此將其視爲「高言放論」、「瞞人之言」。〔註 30〕

要而言之，森槐南認爲，李攀龍拘執「詩必盛唐」的詩學理念，加之對唐代各種詩體的成就欠缺充分認識，「于鱗原本」即《古今詩刪》並不足以「盡唐詩」，遑論從中割裂而出的《唐詩選》。

〔註 26〕《古今詩刪》數據乃筆者統計、整理所得，《唐詩選》具體選錄情況參考本論文第二章第二節、第三節。

〔註 27〕森槐南對於明代復古派「門户之見」的不滿，還可以從《唐詩選評釋》對其他明清學者的評價來體會。例如，森氏指出王士禛有「清秀于鱗」之目，並謂時至王氏主盟詩壇的時代，「漸復以神韻代格調，有再揚分門守户之風之傾向。」再者，關於沈德潛，森氏則曰：「沈歸愚論詩雖極正，但拘於格調，其弊正與明代門户之見相近者。」以上兩則批評固然是針對王、沈二家而發，但是從「再揚」、「相近」二語可知，森氏的批評實際上離不開對復古派的詬病，同時指出，後世學者雖然所持詩論不同，但是未能眞正反思、匡正前人「門户」之弊。詳見〔日〕森槐南：〈發凡〉，《唐詩選評釋》（校訂本），卷前，頁 36；《唐詩選評釋》，卷 3，頁 210。

〔註 28〕〔日〕森槐南：〈發凡〉，《唐詩選評釋》（校訂本），卷前，頁 35～36。

〔註 29〕〔明〕李攀龍編選，〔日〕服部南郭考訂：〈唐詩選序〉，《唐詩選》，卷前，頁 2b。〔日〕森槐南：〈發凡〉，《唐詩選評釋》（校訂本），卷前，頁 36～38。森槐南對〈唐詩選序〉有詳細評述，本章第二節將進一步探討之，是故此處僅略述其要。

〔註 30〕〔日〕森槐南：〈發凡〉，《唐詩選評釋》（校訂本），卷前，頁 37、38。

二、以《唐詩選》爲評釋底本之緣由

如前文所述，《唐詩選》並非森槐南心目中的「理想選本」，因此，在〈發凡〉中森氏即有強調，之所以以《唐詩選》作爲評釋的底本，「決非欲於今日重燃于鱗七子之死灰，使徂徠、南郭之餘毒流於後世。」〔註 31〕至於最終選擇以這部備受爭議的選本作爲入門教材的要因，筆者認爲可以從「唐詩成就」與「選本比較」兩個角度進行理解。

首先，森氏肯定唐人的詩歌創作成就，認爲取徑於唐詩是初學者的理想選擇，即所謂「作詩者以從唐入手爲正則，此乃古今通論」。〔註32〕對此，矢土勝之〈序〉中即有所楬櫫，甚至將其視爲不二法門：

> 有唐三百年詩，諸體備而眾妙具焉……雖聲調氣象、文詞理致各有品格高下之別乎，名家擅場，馳騁當世，稱曰空前絕後。於是後之說詩者，舍此復從？友人森君槐南所以有斯著也。〔註 33〕

以上引文指出，有唐一代無論是古體詩，還是律、絕近體均已兼備兼善。與此同時，詩壇名家輩出，而且各具特色。舉例而言，初唐可見「王楊盧駱美麗」，盛唐則有「太白飄逸」、「子美沉鬱」，接而中唐又得「蘇州靜澹」、「隨州閑曠」，時至晚唐亦有「杜牧豪縱」、「義山隱僻」等等。〔註 34〕矢土氏並不諱言諸家各有「品格高下之別」，但是統而觀之，唐人成就可謂「空前絕後」，誠可供後世不同類型的學詩者進行多角度的取法學習。

森槐南轉而又從源流發展的角度發言：

> 若涉其淵源而治之，則《三百篇》、《離騷》而下，至漢魏六朝，先

〔註 31〕〔日〕森槐南：〈發凡〉，《唐詩選評釋》（校訂本），卷前，頁 35。

〔註 32〕〔日〕森槐南：〈發凡〉，《唐詩選評釋》（校訂本），卷前，頁 35。

〔註 33〕〔日〕矢土勝之：〈序〉，載〔日〕森槐南：《唐詩選評釋》（初刊本）上卷，卷前，無頁碼。

〔註 34〕卷前〈序〉所列舉代表性詩家有：「初唐則得虞魏典重，王楊盧駱美麗，劉希夷、上官儀婉媚，陳子昂、李巨山風雅，沈、宋比肩，蘇、張居前。盛唐則得太白飄逸，子美沉鬱，襄陽清峭，右丞精緻，光儀（義）眞率，昌齡聲雋，高適、岑參之悲壯，李頎、常建之超凡。中唐則得蘇州靜澹，隨州閑曠，錢、郎情瞻，皇甫沖秀。山林有秦公緒，臺閣有李從一。昌黎博大，河東古勁。張、王樂府，元、白敘事。李賀、盧仝鬼怪，孟郊、賈島饑寒。晚唐則得杜牧豪縱，飛卿綺靡，義山隱僻，用晦偶對，與夫劉滄、馬戴、李頻、羣玉。」詳見〔日〕矢土勝之：〈序〉，載〔日〕森槐南：《唐詩選評釋》（初刊本）上卷，卷前，無頁碼。又，此說應是承自〔明〕高棅：〈唐詩品彙總敘〉，《唐詩品彙》，卷前，頁 1a～2b。

> 窮極之，然後及唐，以此爲順序。然此乃爲特修一家專門之學而言之，若欲知詩之大概，惟唐則足矣。所以然者，至有唐一代，詩之各體始具備，且唐詩亦何嘗不是上溯風騷、漢魏之階梯？〔註35〕

誠然，志在成爲專長古典詩歌者，必須深入、全面地了解詩歌的發展演變過程。森氏即以《詩經》爲始勾勒詩歌源流，並強調需要遵循「《詩經》——《離騷》——漢魏六朝古詩——唐詩」的順序，習誦品味，窮盡其變。但是對於初學者而言，則可以選擇以「唐詩」爲學習重心。究其原因，一者，如前文所述，詩至唐代，各種體裁均已成熟定型；再者，森氏認爲唐詩乃遙接詩歌源頭的「階梯」，藉此沿流討源，即可大致領略歷代詩歌的精妙之處。

正是因爲對於唐人創作執持著極大的肯定，所以森槐南雖然對於李攀龍《唐詩選》不甚滿意，但同時亦抱有較爲通融的看法：「其詩仍乃唐人之詩，若特以於于鱗之手編次之故而謂不足讀，則又與俗之所謂『爲恨和尚，累及袈裟』同爲僻謬之見。」〔註36〕矢土氏亦云：「蔣一葵註本久行於世，而或亦謂坊賈托名。然托之與僞，固不關唐詩。苟有益於詩道，奉爲圭臬，何不可之有」，〔註37〕指出不應該糾結於成書問題而否定《唐詩選》的價值。當然，需要再次強調的是，以上肯定之辭並非就選本本身的「體系內容」而發，而是建立在對「唐詩成就」的認可之上。

至於《唐詩選》的優勢如何得到眞正意義上的體現？森槐南進一步聚焦到「選本」的角度進行比較：

> 吾國通行之詩本，爲鄉塾童蒙所習熟者凡三種，曰《三體詩》，曰《唐詩選》，曰《聯珠詩格》。是三書之是非優劣姑且置之，唯《三體詩》限於五、七律及七言絕句此三體，《聯珠詩格》僅局於七言絕句一體，而一選唐而不及所謂初、盛之代，一又多錄宋代。《唐詩選》通收各體於一部，又多登載李、杜前後大家、名家之詩，採錄初學必覩者雖不完全，然比較三書，乃不得不推本書居上位。是故，余爲今日初學示詩之津梁之際，求便於其平日習熟而尤易入者，終評釋此書也。〔註38〕

〔註35〕〔日〕森槐南：〈發凡〉，《唐詩選評釋》（校訂本），卷前，頁35。
〔註36〕〔日〕森槐南：〈發凡〉，《唐詩選評釋》（校訂本），卷前，頁33～34。
〔註37〕〔日〕矢土勝之：〈序〉，載〔日〕森槐南：《唐詩選評釋》（初刊本）上卷，卷前，無頁碼。
〔註38〕〔日〕森槐南：〈發凡〉，《唐詩選評釋》（校訂本），卷前，頁34。

由以上引文可知，森氏的選擇首先定位於最爲日本初學者所熟悉的三種通行本之上，即《三體詩》、《唐宋千家聯珠詩格》以及《唐詩選》。既以上述三部通行本爲範圍，森槐南再根據集中所錄「詩體」與「詩家」進行高下比較。從判別前提「是三書之是非優劣姑且置之」來看，森氏此舉不過是「劣中選優」。首先就「詩體」而言，《三體詩》如其書名所示，僅錄「三體」，即五言律詩、七言律詩和七言絕句，《聯珠詩格》更是僅錄七言絕句一體。再者，《三體詩》所錄詩家偏重中、晚唐，《聯珠詩格》則又多兼載宋代詩人作品。相較之下，《唐詩選》雖然亦有「採錄初學必覩者雖不完全」的不足之處，但是兼錄各種詩體的優點得到了充分突顯，加之選錄了李白、杜甫等標誌性詩人的作品，可謂兼具「廣度」與「深度」，能夠較爲全面、立體地展現唐詩風貌，爲初學提供更爲豐富的詩作範本。

要而言之，森槐南雖然不甚滿意《唐詩選》，但是在立足唐人詩歌成就的基礎上，加之《唐詩選》具有廣泛流行、兼收各體、多採名家的優勢，故而將其選爲評釋底本，以爲詩學入門之津梁。

第二節　《唐詩選評釋》對李攀龍〈唐詩選序〉之回應

如前所述，森槐南對李攀龍〈唐詩選序〉多有批評之見。另一方面，森氏與矢土勝之在序文中再再強調有唐一代諸體兼備，而之所以選擇以《唐詩選》爲初學教材，亦有出於「通收各體於一部」之考量。由此可見，「詩體」是森氏在教授唐詩時著眼關注之所在。值得思考的是，森槐南如何藉由評釋《唐詩選》，對〈唐詩選序〉進行回應，向初學者傳遞自身之詩體觀？由於森氏認同〈唐詩選序〉所言「五言律、排律諸家槩多佳句」，〔註 39〕因此以下就五言古詩、七言古詩、絕句以及七言律詩分述之。

〔註 39〕正如李攀龍所言「五言律、排律諸家槩多佳句」，檢視卷 3 五言律詩、卷 4 五言排律的評釋內容，可見森槐南對諸家多有肯定之辭。在此欲補充一提的是，在五言排律一體上，森氏認爲諸家之中尤以杜甫最爲出眾，其曰：「及杜少陵出，瑰奇鴻麗，視難爲易，履險如夷，一變故常之態，是實千古一人，前無古人，後無來者也。」然而，森氏同時亦指出杜甫的五排創作難免亦有美中不足之處，尤其是較爲長篇之作：「但求其精神氣力之尤騫騰而精悍者，則多在二十韻以下短篇，而自五十韻以至百韻者，終不能免頹唐之憾。」詳見〔日〕森槐南：《唐詩選評釋》，卷 4，頁 219、291。

一、五言古詩

李攀龍在〈唐詩選序〉起首即曰：「唐無五言古詩而有其古詩，陳子昂以其古詩爲古詩，弗取也。」〔註 40〕此說引起了詩壇眾多討論，明清諸人各執其詞。森槐南在〈發凡〉中亦有所回應：

> 五言古詩起於漢魏而止於六朝，唐決無五古。唐之五古自是唐之五古，而非漢魏六朝之五言古詩。如陳子昂，其〈感遇〉詩有逼魏阮嗣宗〈詠懷〉者，是以唐之五古爲漢魏五古，是故不取。此乃于鱗之意。〔註 41〕

森槐南認爲，李攀龍將五言古詩割裂爲「漢魏六朝五古」、「唐代五古」兩個系統，〔註 42〕李氏之所以對陳子昂（661～702）〈感遇〉棄而不錄，乃是因爲陳詩上追漢魏五古，並非唐人正宗。〔註 43〕其後，森氏進一步闡述其對詩歌發展演變的看法：

> 然依時代變遷而詩風代降乃一定之理，唐無漢魏五言古詩乃唐之所以爲唐，而於五言古詩即一矣。〔註 44〕

〔註 40〕〔明〕李攀龍編選，〔日〕服部南郭考訂：〈唐詩選序〉，《唐詩選》，卷前，頁 1a。

〔註 41〕〔日〕森槐南：〈發凡〉，《唐詩選評釋》（校訂本），卷前，頁 36。

〔註 42〕關於李攀龍是推尊「漢魏五古」，還是推尊「漢魏六朝五古」，學界有不同意見。例如，學者陳國球根據李夢陽、何景明、樊鵬，以及與李攀龍同時的吳國倫、宗臣均以漢魏古詩爲正宗，加以李攀龍創作古詩亦是追師《十九首》及建安詩，是以推斷同屬復古派的李攀龍也會以漢魏詩爲「正宗五言古詩」的基準。又云：「他（李攀龍）既然在唐代所無的『五言古詩』之前不冠以任何標籤，則他應該是說這是『正宗的五言古詩』，而唐代所有的『其古詩』是『正宗』以外而又自成體系的一個傳統，『正宗』與『非正宗』之間，應該有高下之分。」然而，大陸學者解國旺指出，李攀龍《古今詩刪》於漢魏古詩選錄不多，反而大量選取謝朓、陶淵明及謝靈運等六朝詩人之作，即未完全貫徹其「以漢魏古詩爲正宗」的理論主張，從選詩的實際情況來看是推尊漢魏六朝。詳見陳國球：〈李攀龍「唐無五言古詩而有其古詩」說的意義〉，《明代復古派的唐詩論研究》，頁 113。解國旺：〈論李攀龍《古今詩刪》的詩學取向〉，載《天中學刊》第 22 卷第 1 期（2007 年 02 月），頁 67。

〔註 43〕明人胡應麟亦指出，李攀龍認爲陳子昂〈感遇〉非唐人正宗，故不作錄取。其曰：「子昂〈感遇〉，盡削浮靡，一振古雅，唐初自是傑出。蓋魏、晉以後，惟此尚有步兵餘韻。雖不得與宋、齊諸子並論，然不可概以唐人。近世故加貶抑，似非篤論。第自三十八章外，餘自是陳、隋格調，與〈感遇〉如出二手。」詳見氏著，王國安校補：《詩藪》（上海：上海古籍出版社，1979 年），內篇卷 2，頁 37。

〔註 44〕〔日〕森槐南：〈發凡〉，《唐詩選評釋》（校訂本），卷前，頁 36。

由此看來，森槐南應是肯定詩歌體裁在各個時代的升降代變自有其意義與價值，因此即使「唐無漢魏五言古詩」，亦是自然之理，不容斥責。至於森氏如何評價唐代詩人的五古創作？筆者擬透過具體詩評，進一步考察森槐南對「唐無五言古詩而有其古詩」之回應。

以下先從李攀龍所云「陳子昂以其古詩爲古詩」論之。雖然《唐詩選》並未選錄陳子昂〈感遇〉名篇，但是森氏在評釋陳氏〈薊丘覽古〉以及張九齡（678～740）〈感遇〉時，均特地將其拈出，並且大加讚詞，提醒學詩者此爲「不可不讀之大著」：

> 陳子昂〈薊丘覽古〉（南登碣石館）：唐興文字，仍承齊梁徐庚之餘風，豔冶流麗之體，未能盡掃。子昂〈感遇〉三十六章出，始變而趨於雅，其功實偉。故王阮亭云：「奪魏晉之風骨，變梁陳之俳優，陳伯（玉）之力最大，張九齡繼之，李白亦繼之。」如〈薊丘覽古〉一篇不過其片鱗殘甲。于鱗所選則止於此，以此自稱嚴正，其掛一漏萬實令人齒冷。（卷1，頁5）〔註45〕
>
> 張九齡〈感遇〉（孤鴻海上來）：以時代，則九齡當在陳子昂之後。況九齡此詩，實擬子昂〈感遇〉之五古而作者乎……子昂〈感遇〉，實出於阮籍〈詠懷〉，開一代之風氣，論詩風升降者，不可不讀之大著也。（卷1，頁5）

以上詩評內容指出，唐初仍存浮靡綺豔之遺弊，而陳子昂〈感遇〉三十六章得阮籍（210～263）嗣響，一掃前朝積習，可謂唐人復古之先聲。森氏又引王士禛之說，指出張九齡、李白均是繼陳氏之後的復古名家，遠承漢魏風骨。其中，評張氏〈感遇〉詩，森槐南不僅指出此乃陳詩之擬作，並曰：「〈感遇〉十二首，皆其被斥後作，大抵詩人取比興之義，託意於草木魚蟲之微，而所以諷諭牛李者，無所不至」，〔註46〕肯定張詩亦是「淵源於魏晉比興寄託」〔註47〕之體。至於所謂「李白亦繼之」，除了肯定〈子夜吳歌〉等古題樂府

〔註45〕王士禛之說可參氏編，〔清〕聞人倓箋：〈王士禛撰古詩箋凡例〉，《古詩箋》（上海：上海古籍出版社，2010年），卷前，頁3。又，譯述本漏譯「于鱗所選則止於此，以此自稱嚴正，其掛一漏萬實令人齒冷」。參見〔日〕森槐南：《唐詩選評釋》（校訂本），卷1，頁7。

〔註46〕〔日〕森槐南：《唐詩選評釋》，卷1，頁3。

〔註47〕錢志熙：〈論初盛唐時期古體詩體制的發展〉，載《南開學報（哲學社會科學版）》2011年第5期（2011年09月），頁68。

創作「純然古樂府之神理」，〔註 48〕森槐南更爲推舉的應是落選的〈古風〉五十九首。其曰：「張九齡之〈感遇〉、李太白之〈古風〉，實循其（陳子昂〈感遇〉）軌轍而出。」〔註 49〕可見是將〈古風〉與陳、張〈感遇〉相提並論，以之爲祖述阮籍的復古佳作。

此外，對於王、孟、韋、柳等詩家，《唐詩選評釋》評曰：

> 王維〈送別〉：是學陶淵明一種淵深樸茂，純任自然爲宗，有其清腴之處。（卷 1，頁 14）
>
> 韋應物〈幽居〉：盛唐詩，祖述淵明者，前有王摩詰唱於前，孟浩然、儲光羲於中應之，而韋蘇州實爲殿後。蘇州之詩，冥心象外，清深雅麗，於陶沖和平澹之處，獨運其神思。（卷 1，頁 21）
>
> 柳宗元〈南磵中題〉：韋柳並稱，柳子厚學陶得其峻潔者也。（卷 1，頁 23）

以上引文雖然並未指涉特定詩體，但是森槐南將其置於五言古詩後評處，加之比對沈德潛對唐人五古的評述，即所謂「唐人祖述者，王右丞得其（陶淵明）清腴，孟山人得其閒遠，儲太祝得其真樸，韋蘇州得其沖和，柳柳州得其峻潔，氣體風神，悠然埃壒之外」，〔註 50〕可知森氏應有肯定諸家在五古一體上「學陶」而又各有所長之意。再觀個別詩評，例如點評王維〈送別〉「但去莫復問，白雲無盡時」二句，森氏謂其與陶淵明（365～427）「採菊東籬下，悠然見南山」同一超詣。〔註 51〕又，評析常建（708～765）〈西山〉

〔註 48〕〈子夜吳歌〉（長安一片月）後評：「顧其（李白）所長，尤在樂府。蓋其才思橫溢而無所發，輒借以騁其筆力。筆力篇幅之長短，音節之高下，無一與漢魏之古辭相合，而其神理則純然古樂府之神理也。」〔日〕森槐南：《唐詩選評釋》，卷 2，頁 6。此言應是參引沈德潛所言：「古樂府聲律，唐人已失，試看李太白所擬，篇幅之短長，音節之高下，無一與古人合者，然自是樂府神理，非古詩也。」詳見氏著：《說詩晬語》，收錄於丁福保輯，原中華書局上海編輯所校點：《清詩話》下冊（上海：上海古籍出版社，1978 年），卷上，第 45 則，頁 528～529。

〔註 49〕森槐南〈唐宋詩學〉有言：「如（陳子昂）〈感遇〉之五言古詩諸篇，一掃六朝俳儷之綺麗、聲病之拘迂，還諸於古，與阮籍〈詠懷〉、郭璞〈詠史〉諸篇直相上下。盛唐，張九齡之〈感遇〉、李太白之〈古風〉，實循其軌轍而出。」又云：「九齡之〈感遇〉神味超軼，與陳子昂方駕，與李太白驂乘。」詳見氏著，〔日〕神田喜一郎編：《森槐南遺稿　中國詩學概說》，頁 6、8。

〔註 50〕〔清〕沈德潛：〈凡例〉，《唐詩別裁集》（重訂本），卷前，頁 2a～2b。

〔註 51〕〔日〕森槐南：《唐詩選評釋》，卷 1，頁 14。

曰：「審其體制，則與謝靈運遊山覽勝諸作爲尤近，從而包含謝宣城、鮑明遠等清俊風味」，〔註52〕主張此詩得六朝山水詩人之遺風。至於評韋應物〈幽居〉則指出，此詩胚胎於謝靈運（385～433）的四句「乃此篇精彩之所在」。〔註53〕可見，森槐南在評釋《唐詩選》時實際上亦再再揭示唐人五古對六朝山水田園詩的承襲。

在肯定「復古」之餘，森槐南亦關注到了杜甫五古創作所展現的新樣貌。觀其評說〈後出塞〉「朝進東門營」：

> 少陵之詩，今無須喋辨。其五言古詩，則憲章漢魏，取材六朝，而獨闢境界。王世貞所謂「以意爲主，以獨造爲宗，以奇拔沉雄爲貴」，可謂中肯綮之言。前、後〈出塞〉，杜少陵慨天寶間之時局，在樂府辭中可稱爲高古沉摯、空前絕後之作。（卷1，頁10）〔註54〕

森槐南首先對杜甫五古作出總評，稱道其上接漢魏六朝之源，同時又有明人王世貞（1526～1590）所稱「奇拔沉雄」的特點，有別於「委婉悠圓」〔註55〕的五古傳統，可謂別開生面。誠如施補華（1835～1890）《峴傭說詩》所云：「少陵五言古千變萬化，盡有漢、魏以來之長而改其面目。」〔註56〕亦即若謂上述復古諸家爲「正宗」，則杜甫的五言古詩應屬「變體」，但是森槐南並未因此否定其價值。其中，引文提及的〈前出塞〉、〈後出塞〉正是由杜甫開創的五古連章詩。〔註57〕雖然《唐詩選》僅錄〈後出塞〉其二，森槐南在後評處卻指出：「〈前出塞〉凡九首、〈後出塞〉由五首組成，猶讀轉韻之詩，非盡讀之，則不能領略作者之命意」，〔註58〕並謂此乃「空前絕後之作」，以提

〔註52〕〔日〕森槐南：《唐詩選評釋》，卷1，頁15。

〔註53〕「『微雨夜來過，不知春草生。青山忽已曙，鳥雀繞舍鳴』四句，乃此篇精彩之所在也。大略胚胎於謝靈運『池塘生春草，園林變鳴禽』之十字，更鍛鍊其義理者。」〔日〕森槐南：《唐詩選評釋》，卷1，頁22。

〔註54〕王世貞之說見於氏著：《藝苑卮言》，收錄於丁福保輯：《歷代詩話續編》中冊，卷4，頁1005。

〔註55〕關於五言古詩的審美傳統，〔明〕許學夷在《詩源辯體》中有深入論述。詳見氏著，杜維沫校點：《詩源辯體》（北京：人民文學出版社，1987年），卷3，頁44～47。

〔註56〕〔清〕施補華：《峴傭說詩》，收錄於《清詩話》下冊，頁978。

〔註57〕關於五古連章詩之界定可參考莫礪鋒：〈論初盛唐的五言古詩〉，收錄於中國唐代文學學會等主編：《唐代文學研究》第3輯（桂林：廣西師範大學出版社，1992年），頁161。

〔註58〕〔日〕森槐南：《唐詩選評釋》，卷1，頁10。

醒學詩者需對杜甫此詩作整體觀，如此方能領悟詩人命意及其超絕之處。

要而言之，森槐南對李攀龍的回應即是「唐有五言古詩亦有其古詩」。森氏一方面認可唐人對漢魏、六朝五古的傳承；另一方面亦彰顯以杜甫爲代表的開創革新，並且稱譽其爲「空前絕後」之績，可謂是五古最高成就。杜治國在其博士論文中曾就明後期至清中期的「唐無五言古詩而有其古詩」之爭進行探討，綜論指出：沈德潛在標舉漢魏基準的同時，不僅肯定唐代的「正宗」五古，甚至認爲以杜甫爲代表的五古變體更勝過「正宗」五古，可謂是對此前詩壇正、反兩派的調和。〔註 59〕比照上文的探討，森槐南的回應與沈德潛的調和之見可謂相當接近。

二、七言古詩

明清詩壇圍繞初、盛唐七言古詩何爲正宗、何爲變調多有爭論，李攀龍〈唐詩選序〉亦可謂是由此展開，其曰：「七言古詩唯杜子美不失初唐氣格，而縱橫有之。太白縱橫，往往疆（彊）弩之末，間雜長語，英雄欺人耳。」〔註 60〕李氏將「初唐氣格」視爲正宗，將李、杜的七古視爲變體，並且寓以優、劣之分。對此，森槐南〈發凡〉有言：

> 初唐原乃七古之祖，李、杜二家由此變化而別成縱橫雄傑之作，此乃李、杜擅場千古之處。單以初唐氣格爲七古，而至以李、杜二家擅場之處爲病，奪理顛倒，未有甚於此者。〔註 61〕

森氏指出，初唐爲七言古詩之「祖」，李、杜二家由此「變化」而成，此言似

〔註 59〕杜文將圍繞「唐無五言古詩而有其古詩」進行討論的詩論家概分爲支持、反對、調和三派。在支持的方面，以明末的陸時雍、明末清初雲間、西泠派以及王夫之、王士禛爲代表。諸家在標舉漢魏五古傳統以及視唐代五古低於漢魏五古的大方向上是一致的。至於反對的方面，則以李攀龍同時代的于愼行、晚明公安派、明末竟陵派以及明末清初的錢謙益爲代表。諸家均是從反復古派的立場出發，從不同的角度對李攀龍之說予以批駁，簡要言之即是主張唐代五古和漢魏五古各有特色，不可以優劣分，因此反對獨尊漢魏基準。至於調和派則是以沈德潛爲代表。詳參杜治國：〈「唐無五言古詩而有其古詩」說的反響〉，《確立詩歌的正典——李攀龍詩論、選本及創作研究》，頁 441～444。此外，陳岸峰〈沈德潛對李攀龍的詩學理念的傳承與批評〉一文亦指出，沈德潛對李說的回應是唐有五言古詩亦有其古詩。詳見氏著：《沈德潛詩學研究》，頁 75～81。

〔註 60〕〔明〕李攀龍編選，〔日〕服部南郭考訂：〈唐詩選序〉，《唐詩選》，卷前，頁 1b～2a。

〔註 61〕〔日〕森槐南：〈發凡〉，《唐詩選評釋》（校訂本），卷前，頁 37。

有將李、杜七古視爲「變格」之意。再者，從批評李攀龍「奪理顛倒」之詞來看，森氏則有反以李、杜之「縱橫雄傑」高於「初唐氣格」之意。森槐南果以李、杜七古爲變、爲優？以下結合詩評內容進一步探討《唐詩選評釋》對李攀龍之回應。

首先就「初唐氣格」來看，森槐南在評釋初唐詩作時，明確提及「初唐七古特色」的詩評如下：

> 王勃〈滕王閣〉：前半是王在時之閣，後半是閣重修之閣，四句轉韻，分寫今昔。其節雖短，**餘韻嫋嫋不盡**，置於有唐七古之開卷，眞是不愧……此篇以四句爲轉韻，韻腳亦平仄相間，轉韻之正式也。而其音律，純然開後世律詩之蹊徑。「畫棟」一聯，夾置之律詩中，亦**宛轉可誦**，是所謂初唐之體也。（卷 2，頁 28～29）
>
> 盧照鄰〈長安古意〉：「啼花戲蝶千門側」，「啼花」二字，承前段（一羣嬌鳥共啼花）之語尾，以開下文。此謂之**蟬聯格**，初唐諸公之慣手段也。（卷 2，頁 33）
>
> 劉希夷〈公子行〉：字句**圓轉流暢**，**情文相生**，此等是初唐諸公所獨擅其美者。（卷 2，頁 43）
>
> 張若虛〈春江花月夜〉：然則如張若虛此作，**蟬聯宛轉**，**流暢圓美**，實在劉廷芝〈代（悲）白頭翁〉等作之上……專演繹題中五字之義，爲三十六句之長篇，其千回萬轉，變化無極而歸到於題面五字……在初唐文字，殆可謂第一位，當非誣言也。（卷 2，頁 96～100）

歸納以上引文，森氏所主張的初唐七古特色應是通過字句的回環複沓、上下蟬聯以及轉韻等創作手法，〔註 62〕以達到「宛轉可誦」、「流暢圓美」的效果，並將張若虛（660？～720？）〈春江花月夜〉視爲最具代表之作。觀其點評劉希夷（651～679）〈代悲白頭翁〉，雖未明言此乃初唐之體，實際上亦指出此詩有「宛宛轉轉，曲曲折折」〔註 63〕的特色。比照明清詩壇的論爭，標舉初

〔註 62〕張歷友云：「初唐或用八句一換韻，或用四句一換韻，然四句換韻其正也。此自從三百篇來，亦非始於唐人。若一韻到底，則盛唐以後駸多矣。四句換韻，更以四平、四仄相間爲正。平韻換平，仄韻換仄，必不叶也。」又，沈德潛云：「四語一轉，蟬聯而下，特初唐人一法，所謂『王楊盧駱當時體』也。」由此可見，森氏所言並非一家之見，七言古詩實有約定俗成的寫作法則。分見〔清〕王士禛等著：《師友詩傳錄》，收錄於《清詩話》上冊，第 13 則，頁 136。〔清〕沈德潛：《說詩晬語》，卷上，第 84 則，頁 535。

〔註 63〕〔日〕森槐南：《唐詩選評釋》，卷 2，頁 46。葛曉音亦指出，劉希夷〈代悲

唐七古爲正體的詩話家認爲其本色在於「轉韻流麗，動合風雅」，〔註 64〕森氏之見與此實有相通之處。

至於李白、杜甫的七古特色，森槐南曾引沈德潛《說詩晬語》所言「風雨分飛，魚龍百變」概括之。〔註 65〕李、杜二家何以獲致此評？筆者擬先從上引詩評提及的音律、轉韻切入，具體呈現杜甫七古有別於初唐七古之處。試觀森槐南二語：

> 〈短歌行贈王郎司直〉：此篇徹頭徹尾皆拗第五字，不但在押平韻處，即在後段押仄韻處，亦拗第五字，使無一律調，但末一句固不拗第五字，故拗第二字以取諧。此理前已屢述，就此等研究，會得此理，則能一洗初唐平弱而創造突兀矯健之聲調。（卷 2，頁 55）
>
> 〈高都護驄馬行〉：韻法前三解，皆四句轉韻。後二解，二句轉韻，蓋結尾更急促其調，所以副其雄姿猛氣之悍驁也。（卷 2，頁 58）

森氏指出，〈短歌行贈王郎司直〉主要通過「拗第五字」，免於古詩雜入律調，〔註 66〕由此營造出「突兀矯健」之調，收得「一洗初唐平弱」之效。至於評

白頭翁〉「以顛倒重複的字法配合句意的來回對照和層層遞進，而字法句式的循環又正反復地唱出了古今盛衰循環不已的無限感慨，這就使複沓重疊的字法擴大到章法的層疊回環，所以宛轉流暢之極。」詳見葛曉音：〈初盛唐七言歌行的發展——兼論歌行的形成及其與七古的分野〉，載《文化遺產》1997 年第 5 期（1997 年 09 月），頁 53。

〔註 64〕陳美朱：〈論明清詩話對唐七古的正變之爭〉，載《中國文化月刊》第 232 期（1999 年 07 月），頁 45。

〔註 65〕〔日〕森槐南：《唐詩選評釋》，卷 2，頁 96。〔清〕沈德潛：《說詩晬語》，卷上，第 88 則，頁 540。

〔註 66〕杜甫〈短歌行贈王郎司直〉：「王郎酒酣拔劍斫地歌莫哀！我能拔爾抑塞磊落之奇才。豫章翻風白日動，鯨魚跋浪滄溟開，且脫佩劍休徘徊。西得諸侯棹錦水，欲向何門趿珠履？仲宣樓頭春色深，青眼高歌望吾子，眼中之人吾老矣。」前九句的三字尾分別爲「平仄平」、「平平平」、「仄仄仄」、「平平平」、「平平平」、「仄仄仄」、「仄平仄」、「平仄平」、「仄平仄」，區別於律句原式「平仄」、「仄仄平」、「平仄仄」、「仄平平」。此外，末句爲「仄平平平平仄仄」，第二、第四字都是平聲，平仄並不交替。森槐南於五言古詩卷即已強調：「詩至李杜時代，古今之體已區分，則作古詩而押平韻者，力求不帶律調。」（按：最後一個分句的日文原文爲「律調を帯ばざらんことを力む」，江俠菴譯作「力避其不帶律調」，恐是誤譯。）於七言古詩卷，森氏又云：「至青蓮時代，漸漸忌古詩中有律調。」詳見氏著：《唐詩選評釋》，卷 1，頁 11；卷 2，頁 50。氏著：《唐詩選評釋》（校訂本）卷 1，頁 14。又，古體詩的平仄可參考王力：

〈高都護驄馬行〉則是從「轉韻」的角度指出，杜甫此詩從「四句一轉」換以結尾處「二句一轉」，〔註 67〕使其音調節奏快而短促，呈現出雄悍之勢。換個角度來看，森槐南在肯定初唐七古宛轉流動、具聲情之美的同時，實際上亦點明了音節平弱的不足，而杜甫正是憑藉強健雄勁的特質振揚其調。

此外，《唐詩選評釋》亦從章法的角度肯定杜甫的七古超忽多變，有別於初唐諸家慣用四語一轉、蟬聯語格的作法，文勢呈現出縱橫馳騁的氣魄。例如〈韋諷錄事宅觀曹將軍畫馬圖〉一篇，森槐南的評說是：「在起手，先以先帝照夜白之事敘入，所以爲末端之感慨，而成烘托。至中段始寫現時所見之九馬圖。其文法又錯綜而跌宕矣。」〔註 68〕又如評析〈丹青引贈曹將軍霸〉，森氏則謂此詩「文勢極開闔之妙」。〔註 69〕其他如〈短歌行贈王郎司直〉，森槐南引盧世㴶（1588～1653）之言，肯定此詩「突兀橫絕，跌宕悲涼」，同時強調「特其作法離奇，意態雄傑，實屬少陵特創之格」。〔註 70〕值得補充一提的是，《唐詩選評釋》指出，杜甫諸作中固然有如〈哀江頭〉此種「自然章法，學之所不能到者」，〔註 71〕但同時亦有可學之作，如〈高都護驄馬行〉。森氏評此詩云：「字字精悍，字句亦妥帖排奡，較其他諸歌行之變幻超忽、不可方物者，覺有規矩之可循」，〔註 72〕是以提醒學詩者七古創作可由此入手。

以下再觀森槐南對李白七言古詩的評價：

> 〈江上吟〉：太白七古，如大江無風，波濤自湧，白雲卷舒，從風變滅。此篇稍存初唐之風調，在太白未爲至詣。于鱗特選之者，以其帶初唐風調之故也。〈蜀道難〉爲太白空前絕後之作，于鱗不選之者，以其與初唐風調不合故也。（卷 2，頁 53）

《詩詞格律》（香港：中華書局，2002 年），頁 58～59。

〔註 67〕杜甫〈高都護驄馬行〉：安西都護胡青驄，聲價欻然來向東。（一東）此馬臨陣久無敵，與人一心成大功。（一東）功成惠養隨所致，飄飄遠自流沙至。（四寘）雄姿未受伏櫪恩，猛氣猶思戰場利。（四寘）腕促蹄高如踣鐵，交河幾蹴曾冰裂。（九屑）五花散作雲滿身，萬里方看汗流血。（九屑）長安壯兒不敢騎，走過掣電傾城知。（四支）青絲絡頭爲君老，何由卻出橫門道。（十九皓）

〔註 68〕〔日〕森槐南：《唐詩選評釋》，卷 2，頁 70。

〔註 69〕〔日〕森槐南：《唐詩選評釋》，卷 2，頁 76。

〔註 70〕〔日〕森槐南：《唐詩選評釋》，卷 2，頁 54。盧世㴶之言可見於〔清〕乾隆御定，冉苒校點：《唐宋詩醇》上冊（北京：中國三峽出版社，1997 年），卷 11，頁 215。

〔註 71〕〔日〕森槐南：《唐詩選評釋》，卷 2，頁 69。

〔註 72〕〔日〕森槐南：《唐詩選評釋》，卷 2，頁 56。

森氏此評承自沈德潛所云「太白想落天外，局自變生，大江無風，濤浪自湧，白雲卷舒，從風變滅，此殆天授，非人力也」，〔註73〕旨在肯定李白的七言古詩變幻莫測、縱逸豪宕。而森槐南推崇的傑作正是沈氏評曰「筆陣縱橫，如虯飛蠖動，起雷霆於指顧之間」〔註74〕的〈蜀道難〉，而非《唐詩選》所錄「帶初唐風調」的〈江上吟〉。需要注意的是，〈蜀道難〉正是李攀龍所批「間雜長語」之作。此詩除了雜用三字、四字、五字，又兼有八字、九字、十一字之長句。〔註75〕學者陳伯海如是分析此作特色：「借助於長短句型的交錯綜合與轉韻、平仄、雙聲、疊韻、疊字等音響的作用，來表達情感的起伏跌宕和轉換變化，取得『風雨分飛，魚龍百變』的藝術效果。」〔註76〕森槐南以〈蜀道難〉爲李白七古的代表作，一方面顯然與李攀龍所言「彊（彊）弩之末」、「英雄欺人」有針鋒相對之意；另一方面，合觀杜甫七古，可見「風雨分飛，魚龍百變」之言乃是肯定二家七古俱有縱橫恣肆、奔放多變的風格。

在爬梳初唐氣格以及李、杜七古特色的基礎上，筆者認爲可以森槐南以下所言作一小結：

> 張若虛〈春江花月夜〉：何景明有〈明月篇〉，雖稱彷初唐四杰，其實從本篇脫化者居多。初唐之調，雖不及杜少陵七古沉鬱頓挫，足

〔註73〕〔清〕沈德潛：《説詩晬語》，上卷，第89則，頁536。按：沈氏此説應是源自〔明〕陸時雍所云：「太白七古，想落意外，局自變生，眞所謂『驅走風雲，鞭撻海岳。』其殆天授，非人力也。」詳參氏著：《詩鏡總論》，收錄於丁福保輯：《歷代詩話續編》下冊，頁1414。

〔註74〕〔清〕沈德潛：〈蜀道難〉後評，《唐詩別裁集》（重訂本），卷6，頁2b。

〔註75〕李白〈蜀道難〉：「噫吁嚱危乎高哉！蜀道之難難於上青天！蠶叢及魚鳧，開國何茫然？爾來四萬八千歲，不與秦塞通人煙。西當太白有鳥道，可以横絕峨眉巓。地崩山摧壯士死，然後天梯石棧相鈎連。上有六龍回日之高標，下有衝波逆折之回川。黃鶴之飛尚不得過，猿猱欲度愁攀援。青泥何盤盤？百步九折縈巖巒。捫參歷井仰脅息，以手撫膺坐長嘆。問君西遊何時還？畏途巉巖不可攀。但見悲鳥號古木，雄飛雌從繞林間。又見子規啼夜月，愁空山。蜀道之難難於上青天，使人聽此凋朱顏。連峯去天不盈尺，枯松倒掛倚絕壁。飛湍瀑流爭喧豗，砯崖轉石萬壑雷。其險也若此，嗟爾遠道之人胡爲乎來哉？劍閣崢嶸而崔嵬，一夫當關，萬夫莫開。所守或匪親，化爲狼與豺。朝避猛虎，夕避長蛇，磨牙吮血，殺人如麻。錦城雖云樂，不如早還家。蜀道之難難於上青天，側身西望長咨嗟。」氏著：《李太白全集》（北京：中國書店，1996年），卷3，頁80～82。

〔註76〕陳伯海指出，除了〈蜀道難〉以外，李白〈遠別離〉、〈夢遊天姥吟留別〉諸章亦有此特色。詳見氏著：〈辨體論〉，《唐詩學引論》（上海：知識出版社，1988年），頁142。

爲百世準繩，然杜亦嘗重之，喻之以「不廢江河萬古流」，在明代夙稱道之，謂其得風人之義也。至謂初唐卻在杜之上者，則自何景明始。雖然，是因李空同專摹杜調，擬杜格，甚且撏撦割裂少陵之句，以爲詩道之復古。何景明對之而施對症之針灸而已，未以初唐爲七古正格也。及李于鱗輩出，始有以初唐掩李、杜之說，終目李、杜之開闔變化、縱橫自在爲變調，不可不取初唐爲七古之準繩焉。景明之說，亦學詩者所不可不知。（卷2，頁99～100）

森槐南指出，前人何景明（1483～1521）〈明月篇並序〉〔註77〕對初唐四杰的推崇是針對李夢陽（1472～1529）摹杜擬杜太過之弊而發，〔註78〕就其作品〈明月篇〉來看，實際上是效仿〈春江花月夜〉，而非四傑。學詩者需明了的是，何氏並無以初唐七古爲正格之意。至於視初唐七古工於李、杜之說，乃自李攀龍而起。森氏於〈發凡〉所言「初唐原乃七古之祖」並非同意〈唐詩選序〉以初唐七古爲正宗，而僅是從源流發展先後的角度言之。落實到具體評價上，森槐南認爲初唐七古固然有婉轉流麗之美，但是聲調尚弱，體制未備，亦即沈德潛所謂「風調可歌，氣格未上」。〔註79〕李、杜二家「開闔變化、縱橫自在」的「宏音鉅製」〔註80〕方足爲「七古之準繩」。可見《唐

〔註77〕何景明〈明月篇並序〉：「僕讀杜子七言詩歌，愛其陳事切實，布辭沉著。鄙心竊效之，以爲長篇聖於子美矣。既而，讀漢魏以來歌詩及唐初四傑者之所爲，而反復之，則知漢魏固承《三百篇》之後，流風猶可徵焉。而四子者，雖工富麗，去古遠甚，至其音節往往可歌。乃知子美辭固沉著，而調失流轉，雖成一家語，實則詩歌之變體也。夫詩本性情之發者也，其切而易見者，莫如夫婦之間。是以《三百篇》首乎〈雎鳩〉，六義首乎風。而漢魏作者，義關君臣、朋友，辭必託諸夫婦，以宣鬱而達情焉。其旨遠矣！由是觀之，子美之詩，博涉世故，出於夫婦者常少，致兼雅頌，而風人之義或缺，此其調反在四子之下與？暇日爲此篇，意調若髣髴四子，而才質猥弱，思致庸陋，故摛詞蕪紊，無復統飭。姑錄之，以俟審聲者裁割焉。」詳見氏著：《大復集》，收錄於《景印文淵閣四庫全書》集部第206冊（臺北：臺灣商務印書館，1983年，據國立故宮博物院藏本影印），卷14，頁14a～15b。

〔註78〕《明史》指出李、何之異：「夢陽主摹仿，景明則主創造。」詳見〔清〕張廷玉等奉敕修：〈何景明傳〉，《明史》，卷286，頁18a。

〔註79〕〔清〕沈德潛：〈凡例〉，《唐詩別裁集》（重訂本），卷前，頁2b。

〔註80〕語出〔清〕李因培所云：「（七言古詩）至初唐，王、駱以綺麗擅長，沈、宋猶沿餘習，及李、杜而宏音鉅製，足開萬古心胸。」詳見氏編：《唐詩觀瀾集》（清乾隆24年江蘇學署藏版，美國哈佛大學哈佛燕京圖書館藏本），卷5，頁1a。

詩選評釋》一易〈唐詩選序〉之說，主張以「風雨分飛，魚龍百變」的李、杜七古爲正宗。

三、五、七言絕句

李攀龍〈唐詩選序〉認爲，李白兼善五、七言絕句，足爲唐人冠冕，但間或亦有雕琢經營之失，即所謂：「至如五、七言絕句，實唐三百年一人，蓋以不用意得之，即太白亦不自知其所至，而工者顧失焉。」〔註81〕森槐南《唐詩選評釋》之見如下：

> 太白以不用意得之者，古今體皆然，那獨止於五、七言絕句？五、七言絕句固爲太白擅長處，然以此概太白，則太白亦莫能安享流傳至今之「詩仙」之稱。工者顧失，古來作者亦大抵如此，何限於太白？〔註82〕

森氏肯定李攀龍對李白絕句之推崇，但是同時亦指出李白其他詩體的成就亦皆「以不用意得之」，至於刻意求工，則非僅是李白一家之失。值得追問的倒是，在「絕句」一體上，森槐南如何詮釋「以不用意得之」？再者，另有哪些詩家的絕句創作亦如李白的「神品」〔註83〕般，需要學詩者多加關注、用心取法？

首先就絕句的審美標準來看，在《唐詩選評釋》中，森槐南曾指出以下之「絕句極則」：

> 王阮亭曰：「五言絕近樂府，七言絕近歌行，五言比七言爲難，五言最難者渾成故也。要之，皆須有一唱三歎之意乃佳。」所謂「一唱三歎」者，即情意深遠之妙詣也。所謂「難以渾成」者，正形其天籟之自然而不可湊泊也。絕句極則，洵不外此數語。（卷6，頁486）〔註84〕

〔註81〕〔明〕李攀龍編選，〔日〕服部南郭考訂：〈唐詩選序〉，《唐詩選》，卷前，頁2a～2b。

〔註82〕〔日〕森槐南：〈發凡〉，《唐詩選評釋》（校訂本），卷前，頁37。

〔註83〕〈靜夜思〉後評：「太白絕句之神品，眞是古今第一人。」〈清平調詞〉（其一）後評：「太白爲絕句之神品，古來眾口無異詞，茲不庸縷述。」分見〔日〕森槐南：《唐詩選評釋》，卷6，頁498；卷7，頁567。

〔註84〕王士禛之言見於氏著：《師友詩傳續錄》，收錄於《清詩話》上冊，第10則，頁150。

絕句貴語淺情深，中寓有微旨遠意，亦能一氣呵成，正面反面，互相開合，以宮商諧叶爲正宗，通五、七言，莫不皆然。（卷 7，頁 556）

森槐南引王士禛之言，指出五絕比七絕更難之處在於渾然無跡，但總體而言，五、七言絕句講究的皆是語淺情遙、餘韻無窮之妙詣，正融合了王氏的「神韻」詩學，追求「言有盡而意無窮」、「不著一字，盡得風流」的天然韻味。〔註 85〕

聚焦五言絕句觀之，《唐詩選評釋》認爲可與李白鼎足而立的乃是王維、韋應物兩家：

李太白之高妙而深婉，王摩詰之自然而清微，韋蘇州之古澹而幽遠，並入化機，各擅勝場。五絕之神變，至是發洩殆盡。故歷代有數詩家，其述作雖不啻汗牛，而五絕之可傳者，聊聊絕響，即偶有之，亦不能超軼三家之軌轍。（卷 6，頁 487～488）

森槐南指出，李、王、韋之五絕各具特色，同時俱入自然造化之境，非但是「唐代」典範，更是「歷代」詩家之中最爲出群超眾者。沈德潛《唐詩別裁集》主張格調，兼論神韻，〔註 86〕卷前〈凡例〉亦嘗曰：「五言絕句，右丞之自然，太白之高妙，蘇州之古澹，純是化機，不關人力……後人當於此問

〔註 85〕可參〈唐賢三昧集原序〉所載：「嚴滄浪論詩云：『盛唐諸人，唯在興趣。羚羊掛角，無跡可求。透徹玲瓏，不可湊泊。如空中之音，相中之色，水中之月，鏡中之像，言有盡而意無窮。』司空表聖論詩亦云：『妙在酸鹹之外。』」詳見〔清〕王士禛選，黃香石評，吳退庵、胡甘亭集註：《唐賢三昧集箋註》（臺北：廣文書局，1968 年），卷前，頁 1a。此外，四庫館臣亦曾指出：「士禛談詩，大抵源出嚴羽，以神韻爲宗……士禛等以清新俊逸之才，範水模山，批風抹月，倡天下以『不著一字，盡得風流』之說，天下遂翕然應之。」詳見〔清〕永瑢、〔清〕紀昀等撰：《欽定四庫全書總目》（集部一），收錄於《景印文淵閣四庫全書》總目第 4 冊（臺北：臺灣商務印書館，1983 年，據國立故宮博物院藏本影印），卷 173，頁 17b～18b。

〔註 86〕沈德潛〈重訂唐詩別裁集序〉有言：「新城王阮亭尚書選《唐賢三昧集》，取司空表聖『不著一字，盡得風流』，嚴滄浪『羚羊挂角，無跡可求』之意，蓋味在鹽酸外也。而於杜少陵所云『鯨魚碧海』、韓昌黎所云『巨刃摩天』者，或未之及。余因取杜、韓語意定《唐詩別裁》，而新城所取，亦兼及焉。」詳見氏編：《唐詩別裁集》（重訂本），卷前，頁 1a。學者張健指出：「沈德潛總結了儒家詩學的以倫理價值爲核心的理論，在此基礎上他又直接繼承了七子派的格調說和王士禛的神韻說，而對錢謙益、葉燮的詩學也有所吸收，確立了性情優先，兼容格調與神韻的新的詩學。」詳見氏著：〈傳統詩學體系的再修正與總結：沈德潛的詩學〉，《清代詩學研究》，頁 511。

津。」〔註87〕同樣是稱道三家風格相異，但共有純任天然、不假藻飾之妙，足爲後世楷模。

試舉《唐詩選評釋》之詩評印證其說不誣。先就李白五絕觀之，如〈獨坐敬亭山〉一篇，森槐南評曰：

> 「兩不厭」者，我與山也。獨坐神理，傳出於阿堵中，亦妙在不著一字。「眾鳥」、「孤雲」，並爲獨坐之所見，無心而情景相會，是曰天籟。（卷6，頁501～502）

無論是「不著一字」而傳出神理，或是「無心而情景相會」，著眼關注的均是此作非經力構而傳出神理、情韻之高妙，因此獲致「天籟」之佳評。而在析論〈怨情〉時，森氏認爲此作正犯「工者顧失」之弊，〔註88〕因此補錄〈玉階怨〉一篇，稱許此作「不露一點之色相，無一字之怨言，而隱然幽怨之意，溢滿於無字處」，〔註89〕更能彰顯李白詩筆深婉，具不盡之意於言外。至於王維五絕，森槐南頗爲重視「輞川唱和之詩」，並引王士禛之言以肯定之，即所謂「滄浪以禪喻詩，余深契其說，而五言尤近之，如王、裴輞川絕句，字字入禪」。〔註90〕具體詩作如〈鹿柴〉，森氏稱許此絕「不黏住題面，唯寫傍近之景致」，如「悠悠天鈞」，自然渾成，同時又蘊含獨絕之幽韻。〔註91〕輞川唱和諸作除《唐詩選》所選〈鹿柴〉和〈竹里館〉兩篇，森氏還補錄了〈木蘭柴〉、〈南垞〉、〈欒家瀨〉、〈辛夷塢〉、〈答裴迪作〉5首，以供學詩者「饜飫」，〔註92〕足見推崇之意。再觀對韋應物之評，森槐南首先強調韋氏具有可與王維雁行之分量，即所謂「其澄澹高妙，與王右丞雁行而無愧者，實唯有左司耳」。〔註93〕其後又讚賞韋詩〈秋夜寄丘二十二員外〉寄懷幽微深遠，下筆自如，無復機巧：

〔註87〕〔清〕沈德潛：〈凡例〉，《唐詩別裁集》（重訂本），卷前，頁4a。

〔註88〕〈怨情〉後評：「怨而不怒，婉而成章，風人之旨，如此章雖無間然，但末句欲盡曲折之能事，微露一線春光。」〔日〕森槐南：《唐詩選評釋》，卷6，頁499。

〔註89〕〔日〕森槐南：《唐詩選評釋》，卷6，頁499。

〔註90〕〔日〕森槐南：《唐詩選評釋》，卷6，頁508。〔清〕王士禛原著，張宗柟纂集，夏閎校點：《帶經堂詩話》（北京：人民文學出版社，1963年），卷3，「微喻類」第8則，頁83。

〔註91〕〔日〕森槐南：《唐詩選評釋》，卷6，頁507。

〔註92〕〔日〕森槐南：《唐詩選評釋》，卷6，頁509～510。

〔註93〕〔日〕森槐南：《唐詩選評釋》，卷6，頁534。

> 此篇永夜寄懷，有「山空松子落」一語，窅然以深，蕭然以遠，正白石道人所謂寫出幽微，如見清潭之底者也。從松子落而想幽人未眠，聞於耳而感於心，因而應於手，偶寫此事，無可詮解之所。（卷6，頁534）〔註94〕

由此具體得見，森槐南以李白兼及王維、韋應物二家之五言絕句爲貴，正是看重其作品與前述「自然而不可湊泊」、「一唱三歎」的絕句妙詣相呼應。

至若七言絕句，森槐南承襲古今評家之見，指出王昌齡可與李白之「神品」相媲美。〔註95〕至於李、王七絕之「神品」特質具體爲何？森氏雖曰「太白爲絕句之神品，古來眾口無異詞，茲不庸縷述」，〔註96〕但是在《唐詩選評釋》中實際上亦屢見以「神」字品評李詩之例：

> 〈聞王昌齡左遷龍標尉遙有此寄〉：（首句「楊花落盡子規啼」）是固暮春之實景，惟點染實景，而其人淪落天涯之恨，早已不堪，是爲神來自然之句。（卷7，頁589）
>
> 〈黃鶴樓送孟浩然之廣陵〉：一、二爲送別之正文，三、四爲別後之悵望，目力已極，而離思無盡，遙情遠韻，亦邈在天際。令人有神行畫表、意解絃外之妙。（卷7，頁590）
>
> 〈陪族叔刑部侍郎曄及中書舍人賈至遊洞庭湖〉：詩不著一愁字，而讀者只覺無量之愁恨，彌滿天地，能咀嚼到此，庶可謂會得神韻者歟。（卷7，頁595）

〈聞王昌齡左遷龍標尉遙有此寄〉不直言哀愁，而從暮春之楊花落盡、子規

〔註94〕譯述本漏譯「無可詮解之所」。參見〔日〕森槐南：《唐詩選評釋》（校訂本），卷6，頁230。

〔註95〕王昌齡〈春宮曲〉後評：「高廷禮謂七言絕句，太白比諸人爲高，王少伯次之。王弇州謂五、七言絕句，以李青蓮、王龍標最稱擅場，實爲有唐絕唱，又謂七言絕句王少伯與李太白爭勝於毫釐，俱是神品。李維楨曰，絕句之源，自樂府出，貴有風人之致，其聲可歌，其趣有意無意之間，令人無從捉摸，盛唐唯青蓮、龍標二家。焦弱侯曰，龍標、隴西，眞七絕之當家，足稱聯璧。楊升庵曰，唐人詩，其樂府本效古體，意反近卑近，絕句本屬近體，而意實高遠，欲求風雅之道，無如絕句，是唐人之所偏長獨至，後人力追，無嗣音者，擅長則王江寧，驂乘則李彰明，偏美則劉中山，遺響則杜樊川云云。盧世漼亦謂天生太白、少伯，以爲絕句主席。宋漫堂亦謂三唐之七絕，並堪不朽者，太白、龍標，絕倫超羣矣。古今評家，於龍標眾口一致，殆無異辭。」詳見〔日〕森槐南：《唐詩選評釋》，卷8，頁612。

〔註96〕〔日〕森槐南：《唐詩選評釋》，卷7，頁567。

啼鳴落筆，飄零之苦、遠別之傷反早已自景中搖曳生出，讀者聞之亦不堪其憂。後兩篇亦然，評曰「意解絃外之妙」，評曰「詩不著一愁字」，可見無限愁思，既深且遠，俱在言外。

比照王昌齡的七絕詩評，試舉如下三則：

> 〈出塞行〉：前程遼遠，四望蕭條，此時之胸中，茫茫交集者，百端何限，乃**不著一辭，淒涼獨絕**，所以爲**神品**者在此。（卷8，頁620）
>
> 〈西宮春怨〉：一、二題意已完，三、四則解釋此美人之**怨意於不言中**。（卷8，頁614）
>
> 〈送薛大赴安陸〉：三、四皆實際語，**不稍修飾，而神思邈焉自遠**，是近今之塗澤家所不能望者。（卷8，頁624）

《唐詩選評釋》明確稱許爲「神品」者乃〈出塞行〉一絕，此詩描寫邊庭曠野之景，詩人孑然獨行其中，正值秋天寥落之候，內心難免萬感交織。觀其所評「不著一辭，淒涼獨絕」，兼或〈西宮春怨〉的解釋怨意「於不言中」，或是〈送薛大赴安陸〉之「不稍修飾」而神思邈遠，均透顯出王詩得以與李白七絕並稱「神品」之關鍵所在，亦即二家創作深契於「不著一字，盡得風流」之說，誠乃前述「絕句極則」的絕佳範式。

要而言之，森槐南和合王士禎的神韻說，強調五、七言絕句均須有語淺情深、一唱三歎之韻味。除了如李攀龍〈唐詩選序〉般首推李白一家，森氏於五絕又特地並舉王維、韋應物，以之爲古今五絕典範，於七絕則以王昌齡同居神品之列。在點出諸家詩作的神妙至處之餘，森槐南甚至補錄佳作，以供初學者參考學習。

四、七言律詩

李攀龍〈唐詩選序〉曰：「七言律體，諸家所難，王維、李頎頗臻其妙，即子美篇什雖眾，憒焉自放矣。」〔註97〕此說倡言唐人七律首推王維、李頎（690～751）二家詩臻妙境，而杜甫雖然創作甚夥，卻有憒然自放之失，故應置於王、李之下。反觀森槐南〈發凡〉之見：

> 王維、李頎等七律以品格勝，以遠韻勝，固然無愧於正宗。然至少

〔註97〕〔明〕李攀龍編選，〔日〕服部南郭考訂：〈唐詩選序〉，《唐詩選》，卷前，頁2a～3b。

陵則以宏才卓識、盛氣大力遣之，如〈秋興〉八首、〈詠懷古跡〉五首、〈諸將〉五首，尤縱横出沒，氣脈動蕩而首尾渾成，直斥云「憒焉自放」，豈止夢中囈囈。〔註98〕

比照沈德潛《說詩晬語》所言：

王維、李頎、崔曙、張謂、高適、岑參諸人，品格既高，復饒遠韻，故爲正聲。老杜以宏才卓識，盛氣大力勝之。讀〈秋興〉八首、〈詠懷古跡〉五首、〈諸將〉五首，不廢議論，不棄藻績，籠蓋宇宙，鏗戛韻鈞；而横縱出沒中，復含醞藉微遠之致；目爲大成，非虛語也。明嘉、隆諸子，轉尊李頎。鍾、譚於杜律中轉斥〈秋興〉諸篇，而推「南極老人自有星」幾章，何啻囈囈！〔註99〕

〈發凡〉之見應是導源自沈說，森氏認同王維、李頎等詩家兼具「品格」與「遠韻」，可謂是七律正宗。相較而言，杜甫的七律特色則是以「宏才卓識，盛氣大力」爲詩，尤其體現在〈秋興〉八首等連章詩作之上，此亦即是與李攀龍之分歧所在。因此，下文擬先析論森氏對杜甫七律成就的具體定位，然後聚焦到《唐詩選》斷章選錄的〈秋興〉八首進行討論。

關於杜甫七律的整體成就，森槐南引用清人趙翼（1727～1814）《甌北詩話》之言，從詩體演進的角度，突顯杜甫推動之功：

趙雲菘論七言律體，謂自沈宋以及盛唐之初，七律之格式已定，更如一朝之令甲。當時風雅之士，無不爭就其範圍，然而尚多寫景，未及指事言情、引用典故之體。少陵以窮愁寂寞之身，藉詩度日，於是益盡其變，不惟寫景，並復言情，不惟言情，並復使典。七律蹊徑，至是益以大開。其後劉長卿、李義山、溫飛卿諸人，愈工雕琢，其才盡於五十六字中。而七律遂爲高下通行之具，如日用飲食而不可離。顧少陵七律，神力超邁，氣魄包籠，蒼莽歷落，開闔奔赴，欲細剖析而論之，則千言萬語而未能盡云，今所以特拈出雲菘此論，欲讀者明於詩體遞降之變，得其簡要故也。（卷5，頁417～418）〔註100〕

〔註98〕〔日〕森槐南：〈發凡〉，《唐詩選評釋》（校訂本），卷前，頁38。

〔註99〕〔清〕沈德潛：《說詩晬語》，卷上，第114則，頁540～541。此說亦見於〔清〕冒春榮：《葚原詩說》，收錄於郭紹虞編選，富壽蓀校點：《清詩話續編》（上海：上海古籍出版社，1983年），卷2，頁1596～1597。

〔註100〕趙翼之言見於氏著：《甌北詩話》，收錄於《清詩話續編》，卷12，頁1341～1342。

以上引文指出，七律體式成立之初「尚多寫景」。所謂「寫景」，主要是指「鋪揚景物、宣詡譏遊」〔註 101〕之作。葉嘉瑩亦曾爲文指出：「唐詩七律一體，雖然在初唐沈、宋的時候就已經成立了，然而在杜甫七律沒有出現之前，以內容來說，一般作品大都不過是酬應贈答之作。」〔註 102〕杜甫可謂是以一己之力，將七言律詩從「寫景」拓展至言情述懷、使典用事，供中、晚唐詩家宗法。而杜甫七律所達到的雄渾悲壯、閎闊奔放之境，亦非其他詩家所能望其項背。就具體作品而言，杜甫諸作中固然亦有「寫景」之作，如「善寫幽居之致，旨趣俱遠」的〈題張氏隱居〉、〔註 103〕「自然偉麗」的〈宣政殿退朝晚出左掖〉，〔註 104〕但是森槐南更爲強調其開闢之績、獨擅之處，例如評〈登樓〉詩，森氏引清人之言，稱道此作爲「鉅篇」：

> 古來評此詩者，曰「氣象雄偉，籠蓋宇宙，是杜詩之最上者」，曰「雄渾天成，籠罩一切」，曰「聲宏勢闊，自然之作也」，曰「律法甚細，隱衷極厚，非獨以雄渾高闊之象陵轢千古而已」。其所見雖有同有不同，參酌羣言，此詩爲如何之鉅篇，亦可知矣。（卷 5，頁 434）〔註 105〕

又如〈九日登高〉一篇，森氏謂其「氣象高渾」，並引乾隆之評贊曰「七律中稀有之作」。〔註 106〕概而言之，相較於李攀龍認爲王維、李頎二家更勝一籌，在森槐南的七言律詩體系中，杜甫不僅處於王、李之上，更是「包容廣大，奄有諸家之長」〔註 107〕的集大成者。

〔註 101〕〔明〕胡震亨曰：「自景龍始創七律，諸學士所製，大都鋪揚景物、宣詡譏遊，以富麗競工。」詳見氏著，周本淳校點：《唐音癸籤》（上海：上海古籍出版社，1981 年），卷 10，頁 93。

〔註 102〕葉嘉瑩：〈論杜甫七律之演進及其承先啓後之成就〉，《杜甫〈秋興八首〉集說》（臺北：桂冠圖書股份有限公司，1994 年），卷前，頁 28。

〔註 103〕〔日〕森槐南：《唐詩選評釋》，卷 5，頁 418。

〔註 104〕〔日〕森槐南：《唐詩選評釋》，卷 5，頁 421。

〔註 105〕所引四家語出〔清〕沈德潛：《唐詩別裁集》（重訂本），卷 13，頁 22b。〔清〕宋宗元：《網師園唐詩箋》（清乾隆 36 年尚絅堂藏版，美國哈佛大學哈佛燕京圖書館藏本），卷 11，頁 6b。〔清〕浦起龍原著，王志庚校點：《讀杜心解》（北京：中華書局，1977 年），卷四之一，頁 638。〔清〕乾隆御定，冉苒校點：《唐宋詩醇》上冊，卷 16，頁 344。

〔註 106〕〔日〕森槐南：《唐詩選評釋》，卷 5，頁 467。〔清〕乾隆御定，冉苒校點：《唐宋詩醇》上冊，卷 16，頁 335。

〔註 107〕語出杜甫〈宣政殿退朝晚出左掖〉後評：「此與賈舍人唱和及五律中〈春宿左掖〉等篇，殆是同時之作，在杜遭遇中稍居得意之時也。故其出語自然偉麗，至於最能彰顯杜甫七律成就之作，如前文所述，森槐南首推其連章詩。《唐詩選》棄選〈詠懷古跡〉五首、〈諸將〉五首，僅錄〈秋興〉四首，即其一「玉露凋傷楓樹林」、其三「千家山郭靜朝暉」、其五「蓬萊宮闕對南山」、其七「昆明池水漢時功」。與之形成鮮明對比的是，森槐南在《唐詩選評釋》中補錄了〈秋興〉所缺 4 首。在評釋方面則是先引乾隆（1711～1799）、黃生（1622～？）、沈德潛三家之言，盛讚此乃杜甫的七律代表作。〔註 108〕其後又「摘諸箋之精覈允當者，斷以吾臆」，詳加說解，以見〈秋興〉八首之「命意引脈、佈局謀篇」。〔註 109〕

以下先就「命意引脈」論之。森槐南在總解全題時即拈出第二首「望京華」三字「爲八詩之大主眼」，並引用清初俞瑒（？～？）之言，概述八詩大旨云：「曰巫峽，曰夔府，曰瞿塘，曰江樓、滄江、關塞，皆身之所處也。曰故國、故園，曰京華、長安、蓬萊、曲江、昆明、紫閣，皆心之所思也。」〔註 110〕而在分論八章時，森槐南亦注重勾勒杜甫的故國之思在八詩之間如何相連相通。如說解第一首，森氏指出「『故園心』三字隱隱注射到第四章之『故國平居有所思』」。評第二章則再次強調「每依南斗望京華」一句「實爲八章綱骨」。析論第四首，謂其承上正寫「望京華」，而末句之「有所思」則由以下四首分寫。至第八章，森氏則援引浦起龍（1679～1762）之言，指

與憂危沉鬱之篇不同，此亦屢屢論之。故舉此以見杜詩之包容廣大，奄有諸家之長則可。若多選此種，謂杜之長只在於此，則誕妄之甚者也。」〔日〕森槐南：《唐詩選評釋》，卷 5，頁 421。

〔註 108〕森槐南曰：「善哉乾隆之批〈秋興〉八首乎，『近體以七律爲難，唐代名家，人不數首，其量固有所止也。獨至杜甫，天授神詣，造絕窮微，卓然爲千古者之冠。如此八首，根源二雅，繼迹騷辯。思極深而不晦，情極哀而不傷，九曲回腸，三疊怨調。諷之足以感盪心靈，直使九天之雲下垂，四海之水皆立。其所自言，足以喻矣。況拳拳忠愛，發乎至情，有溢於語言文字之表者哉。』故黃生以爲『杜公七律，當以〈秋興〉爲裘領，乃公一生心神結聚之所作也。八首之中，難爲軒輊。』沈歸愚亦謂：『懷鄉戀闕，弔古傷今，杜老生平，具見於此。其才力之大，筆力之高，天風海濤，金鐘大鏞，莫能擬其所到。』」詳見氏著：《唐詩選評釋》，卷 5，頁 438。所引三家語出〔清〕乾隆御定，冉苒校點：《唐宋詩醇》上冊，卷 17，頁 369。〔清〕黃生：《杜詩說》（一木堂刊本，日本早稻田大學圖書館藏本），卷 8，頁 18b。〔清〕沈德潛：《唐詩別裁集》（重訂本），卷 14，頁 2b。

〔註 109〕〔日〕森槐南：《唐詩選評釋》，卷 5，頁 439。

〔註 110〕〔日〕森槐南：《唐詩選評釋》，卷 5，頁 439。俞瑒之言可見於〔清〕楊倫原著，原中華書局上海編輯所標點：〈秋興〉八首題下評，《杜詩鏡銓》下冊（上海：上海古籍出版社，1980 年），卷 13，頁 643。

出末句「白頭吟望苦低垂」既是結本章，亦是結八首，並點出「著一『望』字向於八首京華之想」。〔註 111〕宜乎《唐詩選評釋》要補全〈秋興〉全章了。

再從「佈局謀篇」觀之。森槐南如是分析〈秋興〉各章之間的應承之跡：其一以「白帝城」爲結，其二即以「夔府孤城」承上而起；其二以「夜景」結，其三即以「朝景」起；其三尾聯想至「五陵之同學」，其四即接手而寫「長安」；其四以「故國」結，其五即以「蓬萊宮闕」起，追溯開寶時之長安；其五以「滄江」、「青瑣」爲結，其六即以「瞿塘」、「曲江」緊束前章；其六以「自古帝王之長安」爲結，其七即以「昆明池」緊頂上章之末；其七歸結到身阻「鳥道」、跡比「漁翁」的自身，其八即以曾遊之「昆吾御宿」、「紫閣美陂」爲起。最後又借陳廷敬（1638～1712）、錢謙益（1582～1664）之言總結全章，再再強調八詩實爲前後貫串、首尾渾成之一體：

> 要之〈秋興〉八首，命意練句之妙自不必言，即以章法論，分之則如駭雞之犀，四面皆見，合之則如常山之蛇，首尾互應，蓋合子長、孟堅爲一手者也，陳說嚴論斷。謂其章法之妙，莫過於錢虞山所言，一事疊爲八章，章雖有八，重重鉤攝，有無量樓閣門户在等語，尤爲確切之論。（卷 5，頁 460）〔註 112〕

綜上可見，不同於《唐詩選》的斷章選錄，亦非僅僅基於「八詩俱佳」之選評立場，森槐南無論是在「補錄」還是「評釋」的環節，均將〈秋興〉八首視爲不容割裂的整體。誠可證其所言「其篇意次第、鉤鎖開闔，分之雖爲八首，實是一篇之大文字也，一首不可增減，半句不能移易。」〔註 113〕

關於杜甫〈秋興〉八首於唐詩選本中的歷時性選評演變，陳美朱研究指出：八詩在唐、宋、元之際尚未受到應有的重視與深入的詮釋；明人對杜甫連章七律的開創性成就亦並未予以高度肯定，對〈秋興〉八首的連章結構和情志內容也未有深入的理解；清代唐詩選本的主流趨勢則是八首全選，並著重闡發八詩連貫呼應的章法與情志。〔註 114〕比照以上的選評內容，森槐南

〔註 111〕以上四則即〈秋興〉八首其一、其二、其四、其八之説解內容分見〔日〕森槐南：《唐詩選評釋》，卷 5，頁 440、442、445、458。

〔註 112〕森槐南所引二語見於〔清〕陳廷敬：《杜律詩話》（日本正德 3 年白松堂刊本，日本早稻田大學圖書館藏本），下冊，頁 20a～20b。〔清〕錢謙益：《杜工部集箋註》，收錄於《四庫禁燬書叢刊》集部第 40 冊（北京：北京出版社，2000 年），卷 15，頁 2a。

〔註 113〕〔日〕森槐南：《唐詩選評釋》，卷 5，頁 438～439。

〔註 114〕陳美朱：〈明、清之唐詩選本對杜甫〈秋興〉八首選評比較〉，《明清唐詩選本

標舉〈秋興〉八首等連章詩爲杜甫七律甚至是唐人七律之最高典範，一方面顯然是對李攀龍〈唐詩選序〉的反對與修正，另一方面亦透顯出森氏對清代詩學風氣之接受。

第三節　《唐詩選評釋》之說詩要點

在探討森槐南如何藉由評釋詩作以回應李攀龍〈唐詩選序〉之後，筆者擬進一步爬梳、歸納《唐詩選評釋》的說詩要點。下文擬從「捕捉關鍵字句，說解詩意」、「勾勒章法結構，以示詩法」、「合觀互參，評析異同高下」三個角度分而述之，藉此了聊森氏如何引導初學者讀詩、寫詩。

一、捕捉關鍵字句，說解詩意

《唐詩選評釋》既然是教授初學之用，疏通集中所錄篇目之要旨，可謂是森槐南所作基本功夫。觀其說解，可發現其中多有緊扣關鍵字句以串講詩意大旨之例。下文透過相關詩作的詮釋內容，以掌握森氏的說詩要旨。

以某字、某詞爲通首眼目者，如說解陳子昂〈春夜別友人〉，森槐南以頷聯「思琴瑟」三字爲「全篇之大關鍵」。〔註 115〕而析論張敬忠（～707～）〈邊詞〉一絕，森氏則以起句之「遲」字爲通首綱領。〔註 116〕至於評王維〈酌酒與裴迪〉，則是主張首聯「人情翻覆」、尾聯「世事浮雲」爲一篇之主。〔註 117〕

此外，《唐詩選評釋》中亦常見以某句、某聯爲全詩關鍵所在。例如，論杜審言（648？～708）五言長律〈贈蘇味道〉，森槐南認爲全篇以「北地寒應苦，南城戍不歸」一聯貫之。〔註 118〕說解杜甫〈登樓〉則謂首句「花近高樓傷客心」函蓋全篇。〔註 119〕甚至是「無首無尾，所詠各人各事，絕無聯絡」的〈飲中八仙歌〉，森氏亦能抓住「自稱臣是酒中仙」一句以洞察詩人微意，即所謂「本篇敘太白處，特費四句，又提『自稱臣是酒中仙』』之句，特繫之於太白，當知作者微意所在，隱然置重於太白者。」〔註 120〕由此可見森氏之

之杜詩選評比較》（臺北：學生書局，2015 年），頁 197～233。

〔註 115〕〔日〕森槐南：《唐詩選評釋》，卷 3，頁 116。

〔註 116〕〔日〕森槐南：《唐詩選評釋》，卷 8，頁 745。

〔註 117〕〔日〕森槐南：《唐詩選評釋》，卷 5，頁 387。

〔註 118〕〔日〕森槐南：《唐詩選評釋》，卷 4，頁 245。

〔註 119〕〔日〕森槐南：《唐詩選評釋》，卷 5，頁 434。

〔註 120〕〔日〕森槐南：《唐詩選評釋》，卷 2，頁 63。

慧眼卓識。

至於詩作關鍵字句所在位置不同，作用亦略有區別。以發端爲通首主腦者，多有提綱挈領之效。觀其評釋祖詠（699～746？）〈蘇氏別業〉，視首聯六字爲根以梳理詩作脈絡並說解詩意：

> 以（首聯）「居幽處」、「生隱心」六字爲全詩之根。中二聯寫「幽處」，是別業之景；末二句是寫「隱心」，是到來之情。詩意甚明。（卷3，頁197）

其他如王昌齡七絕〈春宮曲〉，此詩起句爲「昨夜風開露井桃」，森槐南即曰「通篇是『昨夜』所見所聞之光景」，神理亦從「昨夜」二字勾攝而出。〔註121〕即便是長達476字的盧照鄰（630？～689？）〈長安古意〉，森氏亦提起冒頭一句「長安大道連狹斜」爲「全篇之大綱領」，據此將全詩概分爲兩大段進行解說，亦即起首至「娼婦盤龍金屈膝」皆寫「大道之盛況」，「御史府中烏夜啼」至結末爲另一大段，皆寫「狹邪（斜）之景」，其後並言：「其間又分無數之小段落，千廻萬轉，左旋右縈，仍繳歸到『長安大道連狹斜』之七字中。」〔註122〕透過以上評釋內容，初學當可具體掌握以發端爲全篇綱領之作。

關鍵字句除了見於詩篇起首以外，另有位於中段者，以爲通首前後之重要轉樞。例如說解宋之問〈早發始興江口至盧氏村作〉一篇，森氏以「南中雖可悅，北思日悠哉」爲轉接，謂其前句收攝上文無數景物，後句一轉而入於鄉國之感，並稱道「語格似散而非散，此轉接之尤見筆力者也」。〔註123〕又如岑參七律〈西掖省即事〉，森槐南著眼於第六句「薄暮垂鞭信馬歸」而析論之：

> 此詩前半四句是登朝之所見，所謂「即事」也，（第五句）「平明」句仍貼前半而述登朝之事。「薄暮」句突轉而及退朝之狀……「薄暮垂鞭信馬歸」一句，何等愁悶，上文無數偉麗光景，被此一句打消，殆如冷灰。熱中功名者若讀此，恐不啻一服清涼散耳。有此一句，則宦拙頭白之悲，淒然動人。一篇精神良在於此。（卷5，頁411～412）

可見是以「薄暮」句爲前後轉折的攸關之處兼及精神所在。再以李白〈靜夜

〔註121〕〔日〕森槐南：《唐詩選評釋》，卷8，頁613。
〔註122〕〔日〕森槐南：《唐詩選評釋》，卷2，頁32。
〔註123〕〔日〕森槐南：《唐詩選評釋》，卷4，頁259～260。

思〉爲例，此詩可謂中日讀者最爲熟悉的唐詩，〔註 124〕但森槐南並未因此而對「望月思鄉」的主旨泛泛而談。森氏反對大典顯常「以首二句正當愁思之頃」之說，批評其「印『愁思』二字於腦裏，然後逆意而解之」，接而指出轉句「舉頭望山月」五字才是本篇神妙所在，強調此詩「至此始入『思鄉』之念」，可謂深諳「以無情而言情則情出，自無意寫意則意眞」之訣。〔註 125〕

至於以末段爲全篇關鍵所在者，主要以之點醒一篇立意，或謂其乃一篇精神之所注。例如說解錢起（710～782）〈歸雁〉一絕，森槐南主張末句「不勝清怨」四字乃是一篇立意所在，以此關合「歸雁」之題。〔註 126〕評楊炯（650～693）五律〈從軍行〉亦言：「大抵前六句敘軍中之景狀，後二句（寧爲百夫長，勝作一書生）逗出作詩之本意。」〔註 127〕再者如魏徵（580～643）〈述懷〉末二句云「人生感意氣，功名誰復論」，森氏認爲：「古來君臣遇合，際會風雲，以昌興朝之基業者，畢竟不出『人生感意氣』五字，有此意氣，始能濟事」，其後並指出，此詩字字皆是血性中語，而其精神正注射於「人生感意氣」五字之中。〔註 128〕至於評說駱賓王（640～684）〈宿溫城望軍營〉，森槐南不僅以末二句「還應雪漢恥，持此報明君」爲本篇之精神，更以之爲詩人畢世之精神，故曰「『雪恥』二字置於篇末斷非苟作」。〔註 129〕

透過以上所舉諸例，可見森槐南善於捕捉詩中的關鍵字句，無論是醒目立於發端者，抑或是藏於中、後段之線索，均未草草放過。據之說解詩意大旨，亦可謂眉目清晰，思緒井然，有助於初學掌握其要。

〔註 124〕〔日〕森瀨壽三：〈李白「靜夜思」の構造〉，《唐詩新攷》，頁 44。

〔註 125〕「以首二句正當愁思之頃」之說見於《唐詩解頤》：「床前明月光，疑是地上霜」句下批：「正當愁思頃，不覺月出光。寫出盡愁人情況。」又，「以無情而言情則情出，自無意寫意則意眞」之說見於《湖樓筆談》：「『床前明月光』，初以爲地上之霜耳，乃舉頭而見明月，則低頭而思故鄉矣。此以見月色之感人者深也。蓋欲言其感人之深而但言如何相感，則雖深仍淺矣。以無情言情則情出，從無意寫意則意眞。知此者可以言詩乎。」詳見〔日〕森槐南：《唐詩選評釋》，卷 6，頁 498～499。〔日〕大典顯常：《唐詩解頤》（版本不明，日本早稻田大學圖書館藏本），卷 6，頁 2b。〔清〕俞樾：《湖樓筆談》，收錄於《續修四庫全書》子部第 1162 冊（上海：上海古籍出版社，2002 年，據清光緒 25 年刻春在堂全書本影印），卷 6，頁 8a～8b。

〔註 126〕〔日〕森槐南：《唐詩選評釋》，卷 8，頁 685～686。

〔註 127〕〔日〕森槐南：《唐詩選評釋》，卷 3，頁 112。

〔註 128〕〔日〕森槐南：《唐詩選評釋》，卷 1，頁 2。

〔註 129〕〔日〕森槐南：《唐詩選評釋》，卷 4，頁 228、230。

二、勾勒章法結構，以示詩法

勾勒詩作之章法結構，可謂是《唐詩選評釋》的另一說詩重點。無論是獨立成篇者，還是一題數首之作，森槐南對於其間的應接相承之跡均多有詳盡分析，並且提點初學者「宜細心尋究我所標舉，作詩之秘訣，都不外著意於此等處。」〔註 130〕可見森氏嘗試透過評釋詩作以推進創作技法教學的苦心。

試觀其評杜審言〈和晉陵陸丞早春遊望〉一篇：

> (首句)「獨有宦遊人」一句，突然而起，突然而止。中二聯皆由(次句)「物候新」三字領起。至云(第七句)「忽聞歌古調」，驟覺筆勢飛動，反觸第一句之機括，躍然迫出末句。(卷 3，頁 121)

森槐南通過「突然而起，突然而止」、「領起」、「反觸」、「迫出」一系列動詞，突顯四聯八句之間「離奇變化而見錯綜之妙者」。〔註 131〕其後在評釋同爲杜審言之作的〈和康五望月有懷〉時，又指出此詩「與〈早春遊望〉一篇章法正相反」，而與陳子昂〈晚次樂鄉縣〉一篇「結構正同」，〔註 132〕藉由比較，加深初學對章法結構的理解。又如評說賈島（779～843）五絕〈尋隱者不遇〉，森槐南肯定此詩的「立意」與「章法」均具「曲折」之妙，即所謂：「借與童子之問答，而寫不遇其人，立意既曲折。第二句爲童子之答辭，三四直接以作者意中之語，章法亦曲折。」〔註 133〕至於分析王昌齡〈芙蓉樓送辛漸〉一絕，則謂其下半「玉壺」二字適於寫情中隱見目前之景，「恰與上半寫景中之情相反映而成好文字」，其後又提醒學詩者「是即一篇之結構也，宜細爲咀玩之」。〔註 134〕

對比其他詩評家的說詩內容，可見森槐南別具隻眼之處。以杜甫的七言律詩〈野望〉爲例，沈德潛《唐詩別裁集》於此詩後評處指出：「前半思家，後半思國。」〔註 135〕《唐詩選評釋》雖亦主張此詩大旨爲「思家憂國」，但是

〔註 130〕語見杜審言〈和康五望月有懷〉後評處。〔日〕森槐南：《唐詩選評釋》，卷 3，頁 122。

〔註 131〕〔日〕森槐南：《唐詩選評釋》，卷 3，頁 121。

〔註 132〕森槐南説解陳子昂〈晚次樂鄉縣〉曰：「首五字倒插一句，逆攝中聯四句之神理。至七、八二句，承第二句一轉而結束。」又，評釋杜審言〈和康五望月有懷〉曰：「第一句爲提二聯之總綱，第二句爲結二句之伏線索。」可見以上兩首五言律詩皆是「起句與中二聯相應承，次句與尾聯相呼應」的結構，故曰兩篇「結構正同」。〔日〕森槐南：《唐詩選評釋》，卷 3，頁 113、122。

〔註 133〕〔日〕森槐南：《唐詩選評釋》，卷 6，頁 546。

〔註 134〕〔日〕森槐南：《唐詩選評釋》，卷 8，頁 624。

〔註 135〕〔清〕沈德潛：《唐詩別裁集》(重訂本)，卷 13，頁 20b。

對其結構卻別有看法，認爲「斷不宜如此分截看之」。〔註 136〕其曰：

> （首句）「西山白雪三城戍」是憂國之端……（次句）「南浦清江萬里橋」是思家之引……三四句頂次句，就「一身」上極言思家之切。然骨肉分離，全由海內風塵之故，思家之中又不離憂國之念。五六句頂首句，在「大勢」上表出憂國之忱。然未能涓埃報國者，因遲暮多病之故，則仍不離「一身」，而其思家之心亦在箇中矣。七句點清「野望」之本題……八句總收全篇，國步之艱難，家屬之分離，皆謂人事之蕭條者，是大開大闔之筆。（卷 5，頁 432～433）

引文中，森槐南分聯逐句兼及詩題以釐析此詩脈絡：首聯「大開」出「憂國」與「思家」兩意，頷聯、頸聯分「頂」首聯兩句而交錯言之，第七句「點清本題」，第八句「大闔」全詩「思家憂國」之本旨。在森氏的說解之下，讀者既能掌握此詩的章法結構，亦能體會其「錯綜而出之，往復低回之意緒」，顯然迥異於沈氏「前半後半」之說。

值得注意的是，《唐詩選》中不乏連章詩作，然而並未悉數選入。除了本章第二節已論及的杜甫〈後出塞〉五章、〈秋興〉八首，又如「有一貫之氣」而又「變化多端」的〈秦州雜詩〉二十首，僅有第十九首「鳳林戈未息」入選。〔註 137〕再者如崔顥（704？～754）五絕〈長干行〉，森槐南謂其「雖爲二章，實是一篇」，然而《唐詩選》只錄其一「君家住何處」。〔註 138〕對於這種選錄方式，森氏不予認可，其曰：「凡古人詩歌，其連章者，決不可加以割裂。」〔註 139〕因此，對於作品各章之間的起伏照應關係，《唐詩選評釋》亦加以勾勒。以下先以李白七絕〈上皇西巡南京歌〉十首爲例觀之。此詩乃是賦玄宗幸蜀之事，《唐詩選》僅錄第四首及第十首。森槐南指出，第一章云「胡塵輕拂建章臺，聖主西巡蜀道來。劍壁門高五千尺，石爲樓閣九天開」，卒章遂以「劍閣重關」收尾，可見遙與起手相照應之妙。〔註 140〕又，李白〈秋浦歌〉凡十七章，但《唐詩選》僅錄第十五章「白髮三千丈」。森氏認爲，第四章「兩鬢」等二十字可看做此章的序文，兩者自爲首尾，「足見古人章法，決非苟焉而已也。」〔註 141〕

〔註 136〕〔日〕森槐南：《唐詩選評釋》，卷 5，頁 433。
〔註 137〕〔日〕森槐南：《唐詩選評釋》，卷 3，頁 178。
〔註 138〕〔日〕森槐南：《唐詩選評釋》，卷 6，頁 524。
〔註 139〕語見李白〈秋浦歌〉後評處。〔日〕森槐南：《唐詩選評釋》，卷 6，頁 500。
〔註 140〕〔日〕森槐南：《唐詩選評釋》，卷 7，頁 580～583。
〔註 141〕〔日〕森槐南：《唐詩選評釋》，卷 6，頁 500。〈秋浦歌〉其四：「兩鬢入秋浦，由此具體得見，森槐南評釋詩作注重尋繹文字針線，詳實地重現詩人謀篇佈局、安章頓句的創作過程。這種說詩方式對於初學者解讀前人作品，以及進行自身的練筆創作，無疑具有金針度人的作用。

三、合觀互參，評析異同高下

森槐南《唐詩選評釋》好將「本詩」與「他作」聯繫起來進行說解，如上文已論及的詩作章法結構之比較，此外又或合觀同一詩人的不同作品，又或對比不同詩人的相同題材之作，或是結合《唐詩選》未錄詩作進行品評等等。藉此，具體呈現詩作異同及其優劣得失。

以下先以《唐詩選》所錄詩作爲範圍，略舉數例，概見其要。如評釋李白兩首「覽古」絕句，即〈蘇臺覽古〉、〈越中覽古〉，森槐南引用乾隆《御選唐宋詩醇》之說，以示兩詩「立格之異」，即所謂「〈蘇臺覽古〉通首言其蕭索，末一語兜轉其盛況；此首（〈越中覽古〉）從盛時說起，末一句轉入荒涼。」〔註142〕其後，森氏進一步指出「異中之同」，即兩詩皆用「只今惟有」之語，歸於同一句法，暗相映合，共同指向興亡盛衰不定而又周而復始之理。兩詩互相參核，更能窺知詩人微意所在。〔註143〕

此外，同一題材在不同詩人筆下又有各自之演繹。例如分析劉禹錫〈秋風引〉一絕，森槐南結合蘇頲之〈汾上驚秋〉進行品評：

> （〈秋風引〉）頗類於蘇頲〈汾上驚秋〉之作。但彼曰「秋聲不可聞」，此曰「孤客最先聞」。以「不可聞」而寫不堪之實，不如以「最先聞」寫不堪之意，是本篇比於蘇作加一倍淒惻之故也。（卷6，頁542）

以上兩首五絕著重抒發孤客內心爲眼前秋景、耳中秋聲所觸動之愁緒。森氏認爲，相較於蘇作之寫「實」，劉禹錫「最先聞」一語寫「意」，用筆更爲細膩深摯，由此流露而出的詩情亦更令讀者動容，此乃其所以出於蘇作之上者。

至於就《唐詩選》已錄詩作與未錄詩作並觀者，則可以賈至（718～772）〈早朝大明宮呈兩省僚友〉以及王維、岑參、杜甫三家唱和爲例。對於四詩的收錄情況，森槐南曰：「于鱗既棄杜作不錄，讀者有不能互參之憾」，因此

一朝颯已衰。猿聲催白髮，長短盡成絲。」

〔註142〕〔日〕森槐南：《唐詩選評釋》，卷7，頁604～605。〔清〕乾隆御定，冉苒校點：《唐宋詩醇》上冊，卷8，頁128。

〔註143〕〔日〕森槐南：《唐詩選評釋》，卷7，頁603～605。

補錄杜作並評說之。森氏指出，四家之作皆「典雅高華」但又有其各異之處。就破題之「早」字而言：賈詩從「自己未朝」落筆；王詩從「天子來視朝」落筆；岑詩承其後，已無可出奇，故而選擇「純是寫早景」。至於杜甫一篇，由於此乃和賈之作，加之杜甫本人不在早朝，故「置賈舍人於主位，而排去早朝於側面」，森氏認爲此種作法「極稱題目」。其後又比較王、岑、杜三家尾聯之工拙：「王、岑二家，於其結尾雖皆言及賈舍人，杜能顯其世職，並稱道賈之才藻，王、岑不能如此之周到。」是故以杜甫之唱和爲三家之最上者。〔註 144〕

又如析論韋元旦（？～？）〈興慶池侍宴應制〉一篇，森槐南援引沈佺期、蘇頲的同題之作進行比較。《唐詩選評釋》曾嚴言直批詩教漸遠、雅道日衰之時弊，〔註 145〕在評說韋詩時，森氏即標舉其爲深婉不露、溫柔敦厚的典範之作，以爲初學示範：

> 元旦此篇，第四句用「中流簫鼓」(〈秋風辭〉)，第八句用〈甘泉賦〉，前後映帶，知其頌中寓規，然語皆含蓄蘊藉，絕無一筆顯露，可謂協於風人敦厚之旨矣。(卷 5，頁 341～342)

相形之下，沈、蘇二作雖然造詞高妙，而且與韋詩一樣「根本於〈秋風辭〉」，然而，沈詩「古來徒羡橫汾曲」之語有頌無規，蘇詩「日暮樓船更起風」則是諷意太露，森槐南故而肯定《唐詩選》捨沈、蘇而取韋作之舉「可謂相馬於牝牡驪黃之外者歟。」〔註 146〕

值得注意的是，《唐詩選評釋》中還有相當數量爲援引集外詩作而未加詳

〔註 144〕〔日〕森槐南：《唐詩選評釋》，卷 5，頁 373～374、409。

〔註 145〕詳見張說〈幽州夜飲〉後評：「今之稱才儁者，多成已甚之辭，說過火之語，以吐露其眞情。當其怒時，不暇計其理之是非，肝腸盡摧。稍有怨念，則號泣於天，如欲捨其生命。稍有可喜，則狂喜而不覺手舞足蹈。與己合者，稱揚之不啻聖賢。不協於意者，則痛罵爲狗彘不食。詩教至是而淪亡，雅道至此而掃地。詩風之日淪於卑下，只見人心之趨於詭薄。念至此，有不止爲斯道之長太息者矣。當是時，獨講風人之微旨，說無邪之正則，欲求合於詩人，其難豈翅如愚公之移山、精衛之塡海乎。『不惜歌者苦，但傷知音稀』，嗚呼，前賢已代我言之矣。」〔日〕森槐南：《唐詩選評釋》，卷 3，頁 132～133。

〔註 146〕森氏評曰：「此二作，造詞非不高妙。然沈詩所云『橫汾曲』，亦用漢武〈秋風辭〉，而云『徒羡』是有頌無規也。蘇詩七八，亦根本於〈秋風辭〉，而云『更起風』則是諷意太露，詠於君王之前，未免帶有不祥之語。不如韋之此篇，一唱三嘆，耐於循環回味。滄溟之捨彼取此，亦可謂相馬於牝牡驪黃之外者歟。」詳參氏著：《唐詩選評釋》，卷 5，頁 342。

論者。例如李嶠（644？～713）〈奉和幸韋嗣立山莊應制〉後評處補錄宋之問、蘇頲奉和前題之長律兩首，以及沈佺期、武平一（？～？）奉和前題之七絕兩首，「以供研究此種應制莊重文字者之參考」。〔註 147〕又如，森氏評劉長卿詩作曰：「研練深穩，自有高秀之韻，洵足爲中唐冠冕，其絕句未登於本選者多妙品也」，遂補錄其七絕 4 首：〈家園瓜熟悽然感舊〉、〈寄別朱拾遺〉、〈新息道中〉、〈過鄭山人所居〉。〔註 148〕至於補錄劉禹錫五絕〈罷和州遊建康〉、〈別蘇州〉，亦只概論「二首最饒神韻」。〔註 149〕雖惜森氏並未評釋所有補錄篇目之憾，但是藉此提供素材，以便初學細考自見，亦可見其啓發之功。

對於如上「合觀互參」的說詩方式，森槐南自言「斷非誇博貪多」，而是以其爲不容置疑的「良法」：

> 合而觀之，咀嚼其立言命意之異處，細下較對，其人之才分由此可窮，其詩之工拙亦由此可判。其功效有勝於累千百言之辨詩法者。予好爲此，斷非誇博貪多，亦信其爲良法而不容疑耳。（卷 4，頁 239）〔註 150〕

綜觀《唐詩選評釋》，「合而觀之」的詩例甚多，比較的角度亦相當豐富。不同詩人、詩作互相參照發明，有利於初學者形成更爲立體、深刻的理解與印象。相較於長篇大論單一篇目的妙處或不足，可謂收得事半功倍之效。此外，如前文所言，森槐南認爲《唐詩選》有「採錄初學必覩者雖不完全」之弊，因此，以集中所收篇目爲原點，延伸比較未被選錄之詩作，亦可謂是充實了《唐詩選》的內涵，開闊初學者之視野。

結　語

森槐南《唐詩選評釋》是以李攀龍《唐詩選》爲底本進行點評、解釋的初學本。在第一節中，筆者首先以卷前序文爲主眼，探討森氏對《唐詩選》的評價。森槐南雖然並未將其視作「僞選」，但是並不諱言此書僅是從《古

〔註 147〕〔日〕森槐南：《唐詩選評釋》，卷 4，頁 238～239。
〔註 148〕〔日〕森槐南：《唐詩選評釋》，卷 8，頁 684～685。
〔註 149〕〔日〕森槐南：《唐詩選評釋》，卷 6，頁 542～543。
〔註 150〕此語乃森槐南於李嶠〈奉和幸韋嗣立山莊應制〉後評處，就「將在同時同賦此事者合而觀之」的作用而言。筆者認爲，將其他詩作合觀互參，作用亦與此類同。

今詩刪》割裂而出的選本。同時，森氏亦指出李攀龍偏執「詩必盛唐」的門戶之弊，而〈唐詩選序〉則透顯出李氏對唐詩諸體成就的認識不足。換言之，《唐詩選》既非李氏原編之「完整選本」，亦非足以「盡唐詩」的「完美選本」。森槐南之所以選擇《唐詩選》進行評釋，主要是因爲重視唐人詩歌成就，主張詩學入門應取徑於此。加之在日本通行本當中，《唐詩選》具有兼收各體、多採名家的優勢，是故終在「劣中取優」的前提下受到了森氏青睞。

第二節承接上文進一步考察《唐詩選評釋》對李攀龍〈唐詩選序〉的回應。森槐南認爲，李氏所言「五言律、排律諸家槩多佳句」洞中肯綮，因而未有較爲尖銳的批評意見。至於〈唐詩選序〉對其他詩體的評述，森氏則認爲多有謬妄之處，是故通過評釋、補錄詩作，作出如下回應。首先，關於李氏「唐無五言古詩而有其古詩」一說，森槐南肯定唐人繼承漢魏、六朝傳統的復古之績，同時標舉杜甫的變體五古爲空前絕後的成就，亦即主張「唐有五言古詩亦有其古詩」的調和之論。再者，〈唐詩選序〉以初唐七古一掩李白、杜甫，森氏則指出，所謂「初唐氣格」雖有婉轉流麗之美，但是聲調尙弱，體制未備，李、杜二家「風雨分飛，魚龍百變」的「宏音鉅製」方足爲七古正宗。而在絕句部分，森氏認同李攀龍對李白的推崇，同時又在吸收王士禛神韻說的基礎上，強調語淺情深、一唱三歎的天然韻味，遂於五絕並舉王維、韋應物爲古今典範，於七絕稱許王昌齡俱爲神品。至若七言律詩，〈唐詩選序〉最爲欣賞王維、李頎二家，森氏則是彰顯杜甫推動該體演進之功，並且以其爲七律之集大成者，而諸作當中又尤以〈秋興〉八首等連章詩爲重，可謂是七律最高典範。大體而言，森槐南對李攀龍〈唐詩選序〉的回應透顯出與清人詩學觀念較爲相契的一面。

在第三節中，筆者對《唐詩選評釋》的說詩要點進行整理、歸納。首先，森槐南善於捕捉詩中的關鍵字句，據之串講詩意大旨，可謂頭緒井然，有助於初學者掌握其要。再者，森氏注重勾勒詩作的章法結構，包括連章詩內部的應承關係，藉此推進詩歌創作的教學。此外，森氏好將不同詩作進行合觀互參，甚至結合《唐詩選》未作收錄的篇目相互對比，以突顯詩作的異同高下，此舉亦豐富了《唐詩選》的內容，開闊初學者視野。筆者雖然是對以上三個說詩方式分而論之，但在具體的詩作評釋過程中，森槐南往往靈活並用，以引導後學入門。

第四章　目加田誠新釋《唐詩選》探研

前　言

目加田誠（めかた　まこと，1904～1994）是日本著名的中國文學研究者。其於昭和 4 年（1929）畢業於東京帝國大學文學部支那文學科（今東京大學文學部中國文學科），於昭和 25 年（1950）獲得九州大學文學博士學位，期間曾於昭和 8 年（1933）留學中國。目加田氏生前任教於早稻田大學、九州大學等高校，〔註 1〕崗村繁（おかむら　しげる，1922～2014）將其譽爲「構築了九州大學文學部中國文學研究室輝煌傳統與廣泛多彩的研究根基的偉大初代教授。」〔註 2〕昭和 42 年（1967），目加田氏憑藉「中國文學研究功績」，獲得「西日本文化賞」。〔註 3〕由此可見其研究成就與重要地位。在著書方面，除了《詩經研究》、《中國文學論考》等論著之外，目加田誠尚有《詩經》、《楚辭》、《世說新語》、《文心雕龍》、《唐詩選》、《唐詩三百首》等中國典籍的日文譯註出版。〔註 4〕

目加田氏認爲，中國文學之精華乃是詩，歷代之詩雖然各有特色，如六

〔註 1〕參見〔日〕目加田誠博士古稀紀念中國文學論集編輯委員會編集：〈目加田誠博士略年表〉，《中國文學論集：目加田誠博士古稀記念》（東京：龍溪書舍，1974 年），頁 7～9。

〔註 2〕〔日〕崗村繁：〈目加田誠先生の思い出〉，載《中国文学論集》第 23 號（目加田誠先生追悼號，1994 年 12 月），頁 6。

〔註 3〕〔日〕目加田誠博士古稀紀念中國文學論集編輯委員會編集：〈目加田誠博士略年表〉，《中國文學論集：目加田誠博士古稀記念》，頁 9。

〔註 4〕〔日〕高橋繁樹：〈目加田誠先生の晚年の研究と文学〉，載《中国文学論集》第 23 號（目加田誠先生追悼號，1994 年 12 月），頁 16。

朝詩之綺麗、宋詩之清新、清詩之近代感，但令人不得不贊嘆的乃是唐代詩人在天才茂林之中響起的天籟。〔註5〕本章所欲探討的正是目加田誠譯註之《唐詩選》。此書於昭和39年（1964）3月10日由東京明治書院發行初版，收錄於「新釋漢文大系」第19卷（爲免與其他版本的《唐詩選》混淆，筆者於此取「新釋」二字，在下文論述時將此書稱作《新釋唐詩選》）。筆者所見版本爲平成23年（2011）6月1日之重版。根據書後版權頁標示，此乃「50版」。另外，檢索明治書院的官方網站可見，《新釋唐詩選》於2018年1月重版發行。〔註6〕透過如上之重刊密度，不難推測此書在讀者中的受歡迎程度。

目加田誠自言，此書是利用公務餘暇、夏季休假的時間寫成，先後歷時4年，期間得到小西昇（こにし　のぼる，1924～）夫婦在考證等方面的協助。〔註7〕至於此書的底本，據目加田氏所稱，詩作原文大體是以「箋註本」爲主，同時參閱比照《全唐詩》。〔註8〕所謂「箋註本」，應是指戶崎淡園（とさき　たんえん，1724～1806）所著《箋註唐詩選》。〔註9〕戶崎氏於平野金華（ひらの　きんか，1688～1732）門下學習古文辭學，始終奉荻生徂徠之說。〔註10〕據筆者整理目錄所見，「箋註本」選目與服部南郭考訂的《唐詩選》一致，惟

〔註5〕〔日〕目加田誠新釋：〈唐詩概說〉，《唐詩選》，卷前，頁10。

〔註6〕「新釋漢文大系」出版計畫可見於明治書院網站 http://www.meijishoin.co.jp/news/n3343.html（於2018年01月16日最後檢索）。

〔註7〕〔日〕目加田誠新釋：〈はしがき〉，《唐詩選》，卷前，頁2。

〔註8〕〔日〕目加田誠新釋：〈はしがき〉，《唐詩選》，卷前，頁2。

〔註9〕目加田誠並未明言所據《箋註唐詩選》爲何版本，檢索「全國漢籍データベース」，可見《箋註唐詩選》有天明元年（1781）江戶小林新兵衛刊本、天明4年（1784）刊本。（http://kanji.zinbun.kyoto-u.ac.jp/kanseki?query=%E7%AE%8B%E8%A8%BB%E5%94%90%E8%A9%A9%E9%81%B8，於2019年01月27日檢索）。又，據筆者比對，目加田氏在詩作解說時提及「箋註」者，其內容確與《箋註唐詩選》相同。如解說張九齡〈和許給事直夜簡諸公〉：「《箋註》云：『所領（欽）』謂諸友，他日聞君更直，果中宵屬呈其詩。今從此說。」解說孫逖〈和左司張員外自洛使入京中路先赴長安逢立春日贈韋侍御及諸公〉：「『河邊』、『林下』二句，《箋註》以之爲倒裝法」。又如解說李白〈與史郎中欽聽黃鶴樓上吹笛〉「江城五月落梅花」，亦參引箋註本。詳見〔日〕目加田誠新釋：《唐詩選》，卷4，頁426；卷5，頁503；卷7，頁680。〔日〕戶崎淡園：《箋註唐詩選》（臺北：新文豐出版公司，1978年，據日本東京富山房「漢文大系」第2卷影印），卷4，頁20；卷5，頁13；卷7，頁13。

〔註10〕戶崎淡園生平概介參考〔日〕關儀一郎、〔日〕關儀直編：《近世漢學者著書目錄大成》下，收錄於嚴靈峯編輯：《書目類編》第22冊（臺北：成文出版社，1978年，據日本東京東洋圖書刊行會1941年排印本影印），頁333。

卷 7 七言絕句拆分爲兩卷。〔註 11〕目加田誠《新釋唐詩選》則保持 7 卷之編次，分別爲五古、七古、五律、五排、七律、五絕、七絕，凡 465 首，對此進行譯註、評說。此外，《新釋唐詩選》卷前附有目加田氏所撰〈序言〉、〈唐詩選解題〉、〈唐詩概說〉、〈李攀龍唐詩選序〉四文，書後另有附錄「四聲韻目表」、「長安城圖」、「唐代文化要圖」，以便讀者檢閱、參照。

學界目前以目加田誠《新釋唐詩選》爲主要探討對象的研究尚未得見。在本章第一節，筆者擬先簡析目加田氏對於李攀龍《唐詩選》的評價。第二節主要呈現《新釋唐詩選》的「平易」特色，並且結合前人所撰《唐詩選》評註本進行比較，突顯此說詩風格。第三節則是進一步探討《新釋唐詩選》「重情」之說詩旨趣。

第一節　目加田誠對李攀龍《唐詩選》之評價

關於舊題李攀龍所編《唐詩選》一書，目加田誠指出，此選在日本盛行不衰，在入手和學習上均很便捷，時至昭和時代仍是流行的唐詩入門書。〔註 12〕目加田氏雖未明確表示自身對於《唐詩選》的成書眞僞之判，〔註 13〕然而，對於《唐詩選》所體現的編選理念以及寓於卷前〈唐詩選序〉中的詩體觀，則是毫不諱言其弊。本節擬從卷前〈唐詩選解題〉、〈李攀龍唐詩選序〉二文切入，簡要分析目加田氏對李攀龍《唐詩選》的評價。

以下先就李攀龍「盡唐詩」之說與《唐詩選》選錄實況的不一致進行討論。目加田誠認爲，相較於李夢陽、何景明等前七子所倡言的「文必秦漢，詩必盛唐」，李攀龍所持「文自西京，詩自天寶而下，俱無足觀」之論進一步推向了極端。〔註 14〕〈唐詩選解題〉一文指出，自詡「盡唐詩」的《唐詩選》

〔註 11〕《箋註唐詩選》自王勃〈蜀中九日〉至韋應物〈酬劉郎中春日歸揚州南國見別之作〉爲卷 7，皇甫冉〈送魏十六還蘇州〉以下爲卷 8。

〔註 12〕〔日〕目加田誠新釋：〈唐詩選解題〉，《唐詩選》，卷前，頁 6。

〔註 13〕關於李攀龍《唐詩選》的成書爭議，目加田誠主要向讀者列舉了以下三種意見：其一爲《四庫全書總目》之說，即認爲《唐詩選》實乃「僞撰」；其二，市河寬齋在《談唐詩選》一書中指出，「《唐詩選》是與《古今詩刪》無關的「僞作」；其三，平野彥次郎主張「《唐詩選》乃《古今詩刪》的原本」。詳見氏著：〈唐詩選解題〉，《唐詩選》，卷前，頁 2～4。

〔註 14〕〔日〕目加田誠新釋：〈唐詩選解題〉，《唐詩選》，卷前，頁 1～2。又，目加田氏所引二語出自〔清〕張廷玉等奉敕修：〈李夢陽傳〉、〈李攀龍傳〉，《明史》，卷 286，頁 15b；卷 287，19b。

所呈現的正是如此極端之主張，試觀以下所言：

> 《唐詩選》的選錄方法當然是有問題的……關於詩人也是，雖說就上述當時的風潮而言，以盛唐、初唐爲主的選錄情況是理所當然的，但是中唐、晚唐的詩人（韓愈、柳宗元、元稹、李商隱、溫庭筠等）都極少，所收爲一、兩首，而白樂天的詩則是全不錄入，諸如此類，有過於強調自家主張之感。〔註 15〕

在〈李攀龍唐詩選序〉一文中，目加田氏再次從「四唐」角度進行評析：

> 現今想要學習唐詩，若想僅憑此集以盡唐詩，是極其遺憾的事。李氏以自我之標準編選此集，因此限於初、盛唐，輕視中、晚唐。但是，從韓愈僅收入一首七律，如白居易者一首不採的選錄情況來看，無論怎麼說都難以將之視爲態度公平。李攀龍忠實於自我主張雖然可謂壯哉，但其到底只是一家之見，以此盡唐詩蓋是於理不合的。〔註 16〕

從以上兩則引文可知，目加田氏並不反對各人秉持自我的詩學主張，然而另一方面，若如李攀龍般聲稱「盡唐詩」，在實際選詩上卻囿於初唐、盛唐，那則是與理相悖的。因此，目加田誠認爲，「乃茲集以盡唐詩，而唐詩盡於此」不過是李攀龍的「大言、偏見」。〔註 17〕對學詩者而言，僅憑《唐詩選》這部忽視韓愈、白居易（772～846）、溫庭筠（812～870）、李商隱等中、晚唐詩家的選本，顯然亦不足以滿足概覽唐詩風貌的學習需求。

再者，目加田誠對於李選卷前所附〈唐詩選序〉亦多有駁論。目加田氏首先簡要介紹了此序之收錄情況：日本通行本《唐詩選》卷首的〈唐詩選序〉本來即與《古今詩刪》中的〈選唐詩序〉相同，《滄溟集》中亦有載此序，而和刻本的《古今詩刪》則將之刪削。其後則又進一步指陳，李氏之序乃「極端之議論」，讀此序文，將之視作七子主張的一種參考即可。〔註 18〕

其中，在古體詩部分，目加田誠於卷前〈李攀龍唐詩選序〉一文雖然并未明確回應「唐無五言古詩而有其古詩，陳子昂以其古詩爲古詩，弗取也」之說，但是透過點評〈薊丘覽古〉（南登碣石館）所言：「陳子昂的詩作中確

〔註 15〕〔日〕目加田誠新釋：〈唐詩選解題〉，《唐詩選》，卷前，頁 5。
〔註 16〕〔日〕目加田誠新釋：〈李攀龍唐詩選序〉，《唐詩選》，卷前，頁 161。
〔註 17〕〔日〕目加田誠新釋：〈李攀龍唐詩選序〉，《唐詩選》，卷前，頁 161。
〔註 18〕〔日〕目加田誠新釋：〈李攀龍唐詩選序〉，《唐詩選》，卷前，頁 159。

實有強勁氣骨。所謂六朝靡麗詩風爲此人一變，也是得當」，〔註 19〕可知目加田氏肯定陳詩遠承漢魏風骨，一改六朝遺弊，亦即是並不讚同李氏所批「唐無五言古詩」。再者，〈唐詩選序〉如是評說唐人七古：「七言古詩唯杜子美不失初唐氣格，而縱橫有之。太白縱橫往往彊弩之末，間雜長語，英雄欺人耳。」對此，目加田氏同樣另有己見：

> 這段的意思是，七言古詩創於初唐，如五言古詩限於唐以前，七古亦僅限於初唐。實際上，七言古詩雖然起於初唐，但可謂是到了李、杜之時始達至妙處，因此，李攀龍的議論反倒有順序顛倒之感。所謂李白七古是強弩之末，夾雜長句，英雄欺人，雖然並非全無那樣的詩例，但是僅以此概論李白的七古，絕不得當。〔註 20〕

相較於李攀龍對初唐氣格的推崇，目加田氏反而指出，以李白、杜甫爲代表的縱橫自在的七言古詩方爲妙作。換言之，盛唐七古應在初唐之上。目加田氏並不諱言，李白的七古創作確實存在個別如「強弩之末」的不足的作品，但是李攀龍因此而一概抹去其七古成就，則是不足取之說。

此外，在近體詩部分，〈唐詩選序〉先就絕句而言：「至如五、七言絕句，實唐三百年一人，蓋以不用意得之，即太白亦不自知其所至，而工者顧失焉。」目加田誠逐一指出此論的偏頗之處：

> 李白的作品中極其自然、以不用意而得其妙者，不限於五、七言絕句，於古詩也是如此。再者，凡是詩歌，刻意求妙則致失敗乃是理所當然，並不僅限於李白。〔註 21〕

以上觀點與前文所述森槐南之見相當接近。目加田氏認爲，李攀龍一方面未能全面地認識到李白的絕句、古詩均有不假雕琢之自然妙趣，另一方面則是片面地將求工弄巧之失歸至李白一家，顯然均是有失公允之評。至於在談到唐人律體創作之處，目加田誠雖然認可〈唐詩選序〉所言「五言律、排律，諸家槩多佳句。七言律體，諸家所難。王維、李頎頗臻其妙」，然而對於王、

〔註 19〕〔日〕目加田誠新釋：《唐詩選》，卷 1，頁 171。又，在說解張九齡〈感遇〉（孤鴻海上來）時，《新釋唐詩選》亦指出：「（於《唐詩選》）次出的陳子昂有〈感遇〉三十八首，遠則有魏阮籍〈詠懷〉十二首，均是以連作反覆講述自己的心懷。」可見目加田氏有將陳子昂與阮籍相提並論之意。詳參〔日〕目加田誠新釋：《唐詩選》，卷 1，頁 169。

〔註 20〕〔日〕目加田誠新釋：〈李攀龍唐詩選序〉，《唐詩選》，卷前，頁 160。

〔註 21〕〔日〕目加田誠新釋：〈李攀龍唐詩選序〉，《唐詩選》，卷前，頁 160。

李二家與杜甫七律的高下之判，其見卻與李攀龍大相徑庭，觀其所言：

> 王維、李頎吟詠自然，其不勝風韻雖然是事實，但是杜甫的律詩莊重嚴正，其調之高當然無法掩蓋。李攀龍強言之爲「憒焉自放」，究竟何意？〔註 22〕

目加田氏主張杜甫的七律創作具有莊重嚴正而調高的超絕之處，王、李二家雖有其風韻所在，但亦難以企及杜甫之成就，可謂一反李攀龍所謂「子美篇什雖眾，憒焉自放」之貶抑。透過以上再三的爭辯回應，不難理解目加田氏何以將〈唐詩選序〉視作「極端之議論」。

要而言之，目加田誠指出，李攀龍《唐詩選》雖然廣受日人歡迎，但實際上有著不可忽視的缺點，具體而言即是局限於初唐、盛唐而忽視中唐、晚唐之弊，學詩者單憑大言「盡唐詩」的《唐詩選》，實際上難以概覽唐詩風貌。同時，關於卷前〈唐詩選序〉對唐人各體創作的評說，目加田氏在古詩、絕句、七律諸體之上亦多有異見，顯然與森槐南一樣，不甚認可李氏寓於此序中的詩體觀。

第二節　新釋《唐詩選》之「平易」特色

《新釋唐詩選》卷前所附〈序言〉寫於昭和 39 年（1964）1 月，亦即此書初次刊行之時。目加田誠於文中表示，將盡量以「平易」的形式對《唐詩選》進行說解。〔註 23〕因此，本節擬先簡析目加田氏強調「平易」之緣由，接著結合《新釋唐詩選》的體例語言、說詩內容，具體呈現此說詩風格。同時，透過與前人評註的比較，當能更爲突顯其「平易」傾向。

一、強調「平易」之緣由

探討目加田誠《新釋唐詩選》說詩「平易」之緣由，需結合昭和時代的社會文化背景以及目加田氏對前人所撰《唐詩選》註釋書的評價進行考察。

首先，目加田氏於〈序言〉起首即提到日人閱讀中國古典的今昔對比：

> 對我們日本人而言，《論語》和《唐詩選》這兩本書是最爲熟悉的。二書均是中國具代表性的古典書籍。我們的祖祖輩輩通過這兩本書，在德性和情操上多有養成。事實上，和以前相比，現在的日本

〔註 22〕〔日〕目加田誠新釋：〈李攀龍唐詩選序〉，《唐詩選》，卷前，頁 161。

〔註 23〕〔日〕目加田誠新釋：〈はしがき〉，《唐詩選》，卷前，頁 1。

人閱讀中國古典變得非常少，正因爲如此，希望至少將這兩本書視爲日本人的修養，時常拿起來翻一翻。〔註 24〕

以上引文指出，此前日人多有閱讀中國古典的習慣，其中又以《論語》和《唐詩選》二書最爲突出。但是，時至昭和時代，日人對中國古典的關注已大有減退。試將目光投向當時日漸衰落的漢詩壇，學者馬歌東如是概述大正、昭和時代漢詩壇的走向：

隨著西學的隆盛，漢學一步步走向衰落。漢詩壇上雖有國分青厓極力撐持，一人主盟了雅文會、詠社、興社、蘭社、樸社等許多詩社，並扶助著隨鷗吟社和藝文社，卻不但難再喚回漢詩的青春，反而更顯出詩壇的索寞荒寂。待到後來連報紙上也很少再設漢詩專欄時，漢詩也就隨之淡出社會生活。〔註 25〕

引文提及的國分青厓（こくぶ　せいがい，1857～1944）乃是繼森槐南之後的漢詩壇主盟。〔註 26〕然而，國分氏之努力並未能如森氏父子般重振詩道。無論是讀者關注度減少，還是漢詩淡出社會生活，均顯現出日人對中國古典日益疏遠。

正是在這樣的背景之下，目加田誠意識到，前人所編的《唐詩選》初學本，或已不適合當前的初學者。其於〈唐詩選解題〉一文列舉了服部南郭《唐詩選國字解》、千葉芸閣（ちば　うんかく，1727～1792）《唐詩選掌故》、戶崎淡園《箋註唐詩選》、大典顯常《唐詩集註》與《唐詩解頤》等多種江戶時代的註釋書，〔註 27〕並且對近代以來的註釋本進行了評說。其中，目加田誠最爲讚賞的是森槐南《唐詩選評釋》全面而精妙之析論，甚至將此譽爲「自古以來《唐詩選》評釋中的第一者」。然而，與此同時，目加田氏也指出了森氏評釋本對初學者而言「過於高深」：

以近代註釋書而言，終究無過於：

《唐詩選評釋》（森槐南）（明治二十五年）

這本書是明治時代的詩人槐南所著。其不遺餘力，充分發揮詩學

〔註 24〕〔日〕目加田誠新釋：〈はしがき〉，《唐詩選》，卷前，頁 1。

〔註 25〕馬歌東：〈日本漢詩概説〉，《日本漢詩溯源比較研究》，頁 8。

〔註 26〕〔日〕三浦葉：〈明治の漢詩〉，《明治漢文學史》，頁 76。

〔註 27〕〔日〕目加田誠新釋：〈唐詩選解題〉，《唐詩選》，卷前，頁 6。關於目加田氏所列書目，除前文所引，另：筆者所見千葉芸閣《唐詩選掌故》爲日本早稻田大學圖書館藏寬政 5 年（1793）江户嵩山房刊本。

上的學問見識，縱橫分析、評論每一首詩的趣旨、形式及其精彩之處，極盡其妙。相信這是自古以來《唐詩選》評釋中的第一者。只是，由於其書議論過於高深，終究不是適合初學者的評釋書。〔註 28〕

此外又如久保天隨（くぼ てんずい，1875～1934）《唐詩選新釋》，〔註 29〕以及簡野道明（かんの どうめい，1865～1938）《唐詩選詳說》。〔註 30〕目加田氏指出，久保氏亦是有名的漢詩人，其書主要是爲多少具備一點漢學素養、學習漢詩的人而著，語句解釋詳細，詩意說解得其關鍵，簡野氏詳說本與之均是相當有益的書物，但是二書文體語句稍顯艱深，年輕人或許難以習慣。〔註 31〕

總體而言，目加田誠認爲迄今爲止諸位大家的註解大體上文章過於難解，如今看來實在變得頗有距離感。〔註 32〕結合上述漢學式微、漢詩淡出的社會文化背景進行考量，實不難理解目加田氏何以試圖沖淡前人評註本晦澀難懂的色彩，以更爲簡明易懂的方式引導日人接觸《唐詩選》。以下即結合《新釋唐詩選》的具體內容，一窺其「平易」特色。

二、體例語言之「平易」

目加田誠《新釋唐詩選》先列詩題與詩人，其後主要劃分爲六個部分（參見「圖表 17」）。其一，「作者」：詩人初出時，簡介其生平經歷。其二，「解題」：結合創作背景等解釋題意，並簡要歸納全詩要旨。其三爲「詩作」。其四，「通釋」：先標明該詩韻部，再進行全詩的日文翻譯、串講。〔註 33〕其五爲「語釋」，即字詞解釋。其六，「餘說」：詩作點評、對舊說的回應、提醒讀者注意的補充說明等內容，主要集中於此。

〔註 28〕〔日〕目加田誠新釋：〈唐詩選解題〉，《唐詩選》，卷前，頁 6。

〔註 29〕久保天隨《唐詩選新釋》一書，除目加田氏文中標示的明治 40 年（1907）版本之外，檢索「全國漢籍データベース」，可見另有明治 42 年（1909）東京博文館排印本（http://kanji.zinbun.kyoto-u.ac.jp/kanseki?query=%E5%94%90%E8%A9%A9%E9%81%B8%E6%96%B0%E9%87%8B，於 2019 年 01 月 27 日檢索）。但因筆者目前未能得見此書，是故下文難以結合此書展開論述。

〔註 30〕筆者所見版本爲東京明治書院昭和 4 年（1929）刊本。

〔註 31〕〔日〕目加田誠新釋：〈唐詩選解題〉，《唐詩選》，卷前，頁 7。

〔註 32〕〔日〕目加田誠新釋：〈はしがき〉，《唐詩選》，卷前，頁 1。

〔註 33〕五古轉韻者及七古則依照詩意劃分譯文段落，並將韻部標註其後。

【圖表 17】目加田誠新釋《唐詩選》體例概覽圖

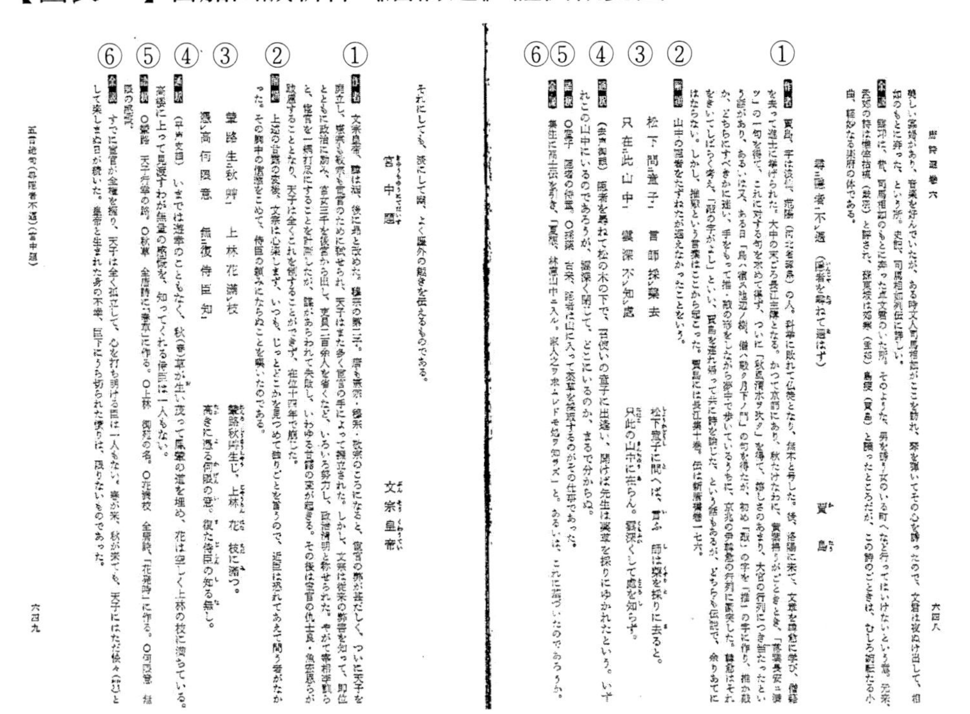

①

尋隱者不遇（隱者を尋ねて遇はず）　賈島

②

松下問童子　言師採藥去

③

只在此山中　雲深不知處

松下童子に問へば、言ふ　師は藥を採りに去ると。

只此の山中に在らん。雲深くして處を知らず。

④⑤⑥

①

宮中題　文宗皇帝

②

③

輦路生秋草　上林花滿枝

憑高何限意　無復侍臣知

輦路秋草生じ、上林　花　枝に滿つ。

高きに憑る何限の意、復た侍臣の知る無し。

④

⑤

⑥

比照前人評註本，姑且不論並用眉批（日文）、夾註（漢文）的《箋註唐詩選》，或並用眉批、夾註、後評（均爲漢文）的《唐詩集註》等書目是否就較爲繁瑣，但如森槐南《唐詩選評釋》，說詩內容全部置於詩後，而無上述「解題」、「語釋」等標示，內容未免紛雜。《新釋唐詩選》的區塊劃分更具條理性，有助於初學者快速捕捉詩作、詩人的相關說解。

值得一提的是《新釋唐詩選》引錄詩作的處理方式，如下圖所示，僅以杜甫〈秋興〉八首其一〔註 34〕爲例：

〔註 34〕〔日〕目加田誠新釋：《唐詩選》，卷 5，頁 568。

【圖表 18】目加田誠新釋《唐詩選》詩作訓讀範例

玉露凋傷楓樹林
巫山巫峽氣蕭森
江間波浪兼レ天湧
塞上風雲接レ地陰
叢菊兩開他日淚
孤舟一繫故園心
寒衣處處催二刀尺一
白帝城高急二暮砧一

玉露凋傷す　楓樹林。
巫山巫峽　氣蕭森。
江間の波浪　天を兼ねて湧き、
塞上の風雲　地に接して陰る。
叢菊兩たび開く　他日の涙、
孤舟一に繫ぐ　故園の心。
寒衣處處　刀尺を催し、
白帝城高くして暮砧急なり。

目加田誠在詩作原文的基礎上，標註訓讀所用之「返點」，詩下有對應的漢文訓讀文，含相關助詞、振假名（振り仮名）兼及送假名（送り仮名），均以平假名（平仮名）標示。反觀上文所列舉的《唐詩選國字解》等江戶時代的書目，均僅在原詩中標註返點以及相關假名，而《唐詩選評釋》甚至僅錄原詩。相形之下，《新釋唐詩選》所體現的「漢詩文譯讀的日語化傾向」，顯然更便於日人參照閱讀。〔註 35〕

〔註 35〕學者馬歌東曾爲文指出：「日本近數十年間出版的漢詩集，則概由原文（加訓點）、訓讀文和口語譯文三部分構成，依次排列，以便讀者參照閱讀；還有的將訓讀放在上面，原文反放在下面；或者索性正文部分只有口語譯文，而將漢詩的原文附於書後。這些還都是對中國漢詩或古代的日本漢詩進行訓讀，至於現代的漢詩人，竟還有給自己的詩集裡的每一首漢詩都附加訓讀文的，無異於同時用兩種語言進行創作。可以看到，漢詩文譯讀的日語化傾向是愈再者，在使用的語言方面，雖然目加田誠自言，譯註此書歷時 4 年，前後調子並不統一，〔註 36〕但是綜觀全書，可見主要是以日文一般書寫文體「である体」進行書寫，契合一般讀者的語言習慣。以下僅以祖詠五律〈蘇氏別業〉〔註 37〕爲例，試比照《唐詩選詳說》：

簡野道明《唐詩選詳說》：此の別莊は都を離れた幽邃な處に在るので〻一度此處に來て見たらば〻誰も隱遁したいといふ心持になる。其の上終南山は巍然として戶や窗に當つて聳え、灃水は溶溶として庭園の林樹に映じて清く流れ、庭の廻りに植ゑて密に茂つた竹は太陽の光を遮るから其の小陰には春になつても冬を經て未だ消けない雪が殘つてゐて、市內で見ることの出來ない、面白い風情がある。また庭內の樹木は鬱鬱として繁茂してゐるから、未だ夕暮にならないのに〻其の陰翳が地に滿ちて〻已に暗くなつたのも、卻つて風致がある。我は今此の寥寥とさびしい塵世の外に遊んで、悠然として何の心に思ふこともなく、閑かに坐して鶯などの啼くを聞いて、一日を暮らした。（卷 3，頁 344）

目加田誠《新釋唐詩選》：蘇氏の別荘は奥深いもの静かなところにある。ここに来ると、いつしか隠遁の志が心に生ずる。終南山は戸口や窓からま向かいに眺められ、灃水は園林に映えて流れている。屋敷のまわりには竹が植えこんであり、陽の光りをさえぎっているので、春になっても、まだ融けぬ雪を覆っており、庭の木は茂ってうす暗く、まだ日も暮れぬのにかげっている。このひっそりとして塵の世を離れた境地にあそんで、私は心しずかに坐って春の鳥の鳴く声にじっと耳をすますのである。（卷 3，頁 374）

簡野氏詳說本亦以「である体」撰寫，但其說解多有使用漢字之處，尤其體現在「幽邃」、「巍然」、「溶溶」、「鬱鬱」、「寥寥」、「悠然」等詞彙，偏向文

來愈明顯了。從民族文化發展的角度看，這倒也是合乎邏輯的演化。」詳見氏著：〈日本漢詩的命運〉，《日本漢詩溯源比較研究》（北京：中國社會科學出版社，2004 年），頁 19。

〔註 36〕〔日〕目加田誠新釋：〈はしがき〉，《唐詩選》，卷前，頁 2。

〔註 37〕祖詠〈蘇氏別業〉：「別業居幽處，到來生隱心。南山當戶牖，灃水映園林。竹覆經冬雪，庭昏未夕陰。寥寥人境外，閒坐聽春禽。」〔日〕目加田誠新釋：《唐詩選》，卷 3，頁 374。

言化，表述雖然更爲文雅，但是對日本讀者而言，難免增加了理解難度。兩相比較，亦突顯了《新釋唐詩選》的通俗曉暢。

此外，同是使用日文者，如《唐詩選評釋》是以漢文訓讀體的文語體形式進行撰寫，句式、措辭均較爲文言化，同時需要讀者具備一定的漢文基礎。更不用說《唐詩選掌故》、《唐詩解頤》等直接以漢文撰寫的註釋書。相較而言，目加田誠《新釋唐詩選》語言之「平易」更符合「初學本」之定位。

三、說解詩意，別有異趣

作爲面向初學者的唐詩入門書，疏解詩意大旨自然是《新釋唐詩選》的一大重點。筆者在閱讀此書時留意到，目加田誠的詮釋更傾向於不求「深」解，尤其是在回應舊說、抒發己見當中，更見與前人相異之處。爲能具體掌握其要，以下透過相關說詩內容展開析論。

先以李白〈子夜吳歌〉爲例，詩云：「長安一片月，萬戶擣衣聲。秋風吹不盡，總是玉關情。何日平胡虜，良人罷遠征。」〔註 38〕詩評家對此詩最後兩句不乏「蛇足」之批。〔註 39〕反對此說者，或謂此乃曲諷朝廷黷武之舉，〔註 40〕或謂由此可窺思婦之「貞心亮節」。〔註 41〕至於《新釋唐詩選》則有如下之見：

> 有以這首詩末二句爲蛇足之說。雖然末二句不及上四句神韻縹緲的批評是合理的，然而，因爲這兩句的存在而貼切地表現出空閨婦女

〔註 38〕〔日〕目加田誠新釋：《唐詩選》，卷 1，頁 172。

〔註 39〕如清人田同之曰：「余竊謂刪去末兩句作絕句，更覺渾含無盡。」詳見氏著：《西圃詩話》，收錄於郭紹虞編選，富壽蓀校點：《清詩話續編》，頁 760。又，明人蔣仲舒評曰：「前四語便是最妙絕句。」王夫之亦云：「前四語是天壤間生成好句，被太白拾得。」雖然並未直言截去末二句爲佳，但是明顯已將讚賞之意置於前四句。以上兩則可見於〔明〕李攀龍編，〔明〕凌宏憲輯：《李于鱗唐詩廣選》，收錄於《四庫全書存目叢書補編》第 34 冊（濟南：齊魯書社，2001 年，據北京圖書分館藏明刻本朱墨套印本影印），卷 1，頁 4a。〔明〕王夫之評選，王學太校點：《唐詩評選》（北京：文化藝術出版社，1997 年），卷 2，頁 55。

〔註 40〕如〔明〕唐汝詢評此詩云：「此爲戍婦之辭，以譏當時戰伐之苦也……不恨朝廷之黷武，但言胡虜之未平，深得風人之旨。」詳見氏著：《唐詩解》（清順治 16 年万笈堂刊本，美國哈佛大學哈佛燕京圖書館藏本），卷 3，頁 26b。〔清〕沈德潛評此詩云：「不言朝家之黷武，而言胡虜之未平，立言溫厚。」詳見氏著：《唐詩別裁集》（重訂本），卷 2，頁 6a。

〔註 41〕如乾隆御評「一氣渾成。有刪末二句作絕句者。不見此女貞心亮節，何以世風厲俗？」〔清〕乾隆御定，冉苒校點：《唐宋詩醇》上冊，卷 4，頁 52。

的歎息也是不爭之論。以這兩句諷刺玄宗皇帝黷武（隨意出兵而無意義的戰爭）之説（唐汝詢、沈德潛）恐稍顯太過，但是思婦的哀歎由此訴出。（卷 1，頁 173）

以上引文雖然也對「蛇足」之說持否定之論，然而值得注意的是，目加田誠認爲唐、沈二氏「諷刺玄宗皇帝黷武」之論亦稍有過求之失。引文所強調的重點落在「空閨婦女的歎息」、「思婦的哀歎」之上，亦即戍婦思夫之心，明顯有別於前人所作闡發。

又如解析劉長卿五絕〈平蕃曲〉二首，〔註 42〕《新釋唐詩選》針對舊說有如下質疑：

鍾惺曰：「『空留』二字有議論。」認爲這兩個字中含有諷意。換言之，或與「一將功成萬骨枯」同一歸趣，同時，前一首詩的「渺渺」、「茫茫」中，也未必沒有「可憐無定河邊骨，猶是深閨夢裡人」之感（森槐南）。果眞有必要思及至此嗎？（卷 6，頁 635）

《新釋唐詩選》引述鍾惺（1574～1624）、森槐南之見，〔註 43〕指出二家均認爲「空留一片石」實乃批判戰爭給百姓帶來的浩劫，森氏甚至指出，「渺渺戍煙孤，茫茫塞草枯」二句背後亦深寓批判之意。然而，目加田氏卻認爲以上之說似有求深之嫌，其在「解題」處即提示讀者，劉詩乃是歌詠唐軍平定吐蕃之喜的「凱旋曲」，〔註 44〕並未多作引申與發揮。

除以上所舉兩例之外，又如解讀李邕（674～764）七律〈奉和初春幸太平公主南莊應制〉，此詩頷聯曰：「織女橋邊烏鵲起，仙人樓上鳳凰飛。」森槐南指出此聯用牛郎織女、蕭史弄玉之事，包藏御筵之上男女淫縱之意。〔註 45〕目加田誠則主張，蓋是南莊中有名爲「織女橋」、「仙人樓」者，以上兩句「俱是讚美公主的南莊」。〔註 46〕再如儲光羲（706～760）〈洛陽道〉詩云：「五陵貴公子，雙雙鳴玉珂。」唐汝詢（1565～1659）《唐詩解》倡言：「此賦道中

〔註 42〕劉長卿〈平蕃曲〉：「渺渺戍煙孤，茫茫塞草枯。隴頭那用閉，萬里不防胡。」其二：「絕漠大軍還，平沙獨戍閑。空留一片石，萬古在燕山。」〔日〕目加田誠新釋：《唐詩選》，卷 6，頁 634。

〔註 43〕鍾惺之說可見於〔日〕大典顯常：《唐詩集註》，卷 6，頁 15a。森槐南之說見於氏著：《唐詩選評釋》，卷 6，頁 532。

〔註 44〕〔日〕目加田誠新釋：《唐詩選》，卷 6，頁 634。

〔註 45〕〔日〕森槐南：《唐詩選評釋》，卷 6，頁 356～358。

〔註 46〕〔日〕目加田誠新釋：《唐詩選》，卷 5，頁 501～502。

所見，蓋『世胄躡高位，英俊沉下僚』意。」〔註 47〕鍾惺（1581～1624）亦謂此詩暗藏「滿肚不平」。〔註 48〕目加田誠卻對二氏之見抱疑，其後表示，將儲詩理解爲「歌詠洛陽的繁華」則足矣。〔註 49〕其他如闡析王維〈少年行〉：「出身仕漢羽林郎，初隨驃騎戰漁陽。孰知不向邊庭苦，縱死猶聞俠骨香。」〔註 50〕簡野道明《唐詩選詳說》連結唐代戰事連年，無數國民暴骨沙場的背景，謂此詩「借少年任俠之事，暗述戰爭之可厭」。〔註 51〕森氏評釋本亦持類同觀點。〔註 52〕相形之下，《新釋唐詩選》純粹引導初學者將此視爲反映遊俠少年意氣之作。〔註 53〕

誠然，目加田誠並非一概不論詩作所含微旨或多層含義。如析論張謂（？～778？）七律〈杜侍御送貢物戲贈〉，《新釋唐詩選》指出此詩實乃婉刺朝廷徵發貢物之舉。〔註 54〕而李商隱〈漢宮詞〉則包含兩意：「諷刺當時朝廷中徒求長生不老之糊塗，同時訴說自身才能不爲天子所認可的不滿」。〔註 55〕但是，總體而言，相較於前人說解，目加田氏更傾向於就詩論詩，同時針對前人從側面、反面所作之闡發進行辨正，避免旁生枝節。因此，《新釋唐詩選》的詩意詮釋亦相對淺顯易懂，便於初學者掌握、領悟其中要義。

四、賞評詩作，要言不繁

除了說解詩意之外，目加田誠亦給予詩作一定的藝術評價。《新釋唐詩選》的「平易」特色，正可透過點評內容之簡明扼要進行理解。例如，賞析常建五古〈西山〉詩，目加田氏指出此作吟詠清秀的江山風景，「實可評爲詩品超凡」。〔註 56〕至於品評王維〈送平澹然判官〉，則是圍繞詩人創作風格

〔註 47〕〔明〕唐汝詢：《唐詩解》，卷 22，頁 13b。
〔註 48〕鍾惺之說可見於〔日〕大典顯常：《唐詩集註》，卷 6，頁 9a。
〔註 49〕〔日〕目加田誠新釋：《唐詩選》，卷 6，頁 618。
〔註 50〕〔日〕目加田誠新釋：《唐詩選》，卷 7，頁 695～696。
〔註 51〕〔日〕簡野道明：《唐詩選詳說》，卷 7，頁 866。
〔註 52〕「唐時邊庭之事，不忍復言，如山白骨，橫臥沙場，其姓氏籍籍無聞，只上將冒功邀濫賞耳，故發爲詩人之詞者。關於此點，無不致憤惋焉。摩詰〈少年行〉，借輕俠少年之感臆，而曲諷此意。」〔日〕森槐南：《唐詩選評釋》，卷 7，頁 629。
〔註 53〕〔日〕目加田誠新釋：《唐詩選》，卷 7，頁 695～696。
〔註 54〕〔日〕目加田誠新釋：《唐詩選》，卷 5，頁 543。
〔註 55〕〔日〕目加田誠新釋：《唐詩選》，卷 7，頁 782。
〔註 56〕〔日〕目加田誠新釋：《唐詩選》，卷 1，頁 183。

展開：「王維的詩中，有時也有這種勇猛之作。下一首詩〈送劉司直〉也是一樣。」〔註 57〕其他如李頎〈聖善閣送裴迪入京〉，目加田氏則是從用字的角度切入：「這首詩中，或用『靜』，或用『空』，或用『寒』等字，帶有清景雅淡之趣。」〔註 58〕凡此，均是藉由簡潔的評語，引導初學者品味詩作的藝術效果、過人妙處。

透過《新釋唐詩選》與前人評註本的比較，當能進一步彰顯目加田誠點評詩作之切要不繁。因此，筆者於下文不憚大幅援引舊評，具體呈現此中差異。印證以下兩則關於孟浩然五絕〈春曉〉的詩評內容：

> 森槐南《唐詩選評釋》：蕭子顯有云：「登高極目，臨水送歸，早雁初鶯，花開葉落。有來斯應，不能自已，須其自來，非以力構。」是疏解詩之興會神到之候。王士源序孟浩然詩云：「每有製作，佇興而就。」佇興之義，亦不外此。浩然此作，就春曉未離褥時，寫其閒中之靜思，**眞情實景，妙不可名**。與所謂「淨名之默然，達摩之得髓，同一關捩。」須其自來，不以力構。鈍根之人，常當三復斯言。**襄陽此種，一篇化機，深與王摩詰契合……王孟齊名，千古不廢**。「自是君身有仙骨」也。（卷 6，頁 513）

> 目加田誠《新釋唐詩選》：**眞景實情，不用任何作意**，吟詠春曉的詩作，無過於此。孟浩然的確是**自古以來與王維並稱的自然派詩人代表**。（卷 6，頁 617）

以上二家之說蓋有兩處相同的著眼點，其一乃就〈春曉〉而評，稱讚此詩景眞而情亦眞，同時絲毫不見粉飾之跡；其二乃就孟浩然而評，肯定此人的山水田園詩有著可與王維媲美之分量。然而，森槐南除了以杜詩「自是君身有仙骨」稱賞王孟之脫俗不凡，還再三結合王士禛《帶經堂詩話》所載之言進行評釋。〔註 59〕啓人疑竇的是，初學者是否就能一一習得其中要義呢？相形之下，目加田誠並未多作延伸，增添理解難度，而是直截針對詩作、詩人進行點評，將初學者的目光集中至其優異之處。

再以杜甫的七律名篇〈登高〉爲例，試觀目加田誠與前人簡野道明的賞鑒異同：

〔註 57〕〔日〕目加田誠新釋：《唐詩選》，卷 3，頁 338。

〔註 58〕〔日〕目加田誠新釋：《唐詩選》，卷 4，頁 465。

〔註 59〕森槐南所引之語可見於〔清〕王士禛原著，張宗柟纂集，夏閎校點：《帶經堂詩話》，卷 3，〈佇興類〉，第 1 則、第 5 則，頁 67、69。

簡野道明《唐詩選詳說》：沈德潛曰：「**八句皆對（乍讀之，看似未對，所以老手）**，起手二句，對舉之中又復用韻，格法奇變。」胡應麟曰：「五十六字，如海底珊瑚，瘦勁難移，沉深莫測。而精光萬丈，力量萬鈞。通章章法、句法、字法，**前無昔人，後無來者。此當爲古今七言律第一**。」《詩醇》之評曰：「氣象高渾，有如巫峽千尋，走雲連風。**誠爲七律中希有之作**。後人無其骨力，徒肖之於聲貌之閒，外強而中乾（暗指明代七子之病），是爲不善學杜者。」（卷5，頁666～667）

目加田誠《新釋唐詩選》：**誠爲七律中稀有之作**，像胡應麟說的，或可視爲**前無昔人、後無來者，古今七律第一**。**八句皆對**，但不覺有對。杜集中題爲「九日」的詩有五首，七律兩首，五律三首。這首詩是五首當中尤爲優秀之作。（卷5，頁580～581）

不難發現，二氏均承襲了胡應麟（1551～1620）《詩藪》「古今七言律第一」與乾隆《唐宋詩醇》「誠爲七律中稀有之作」的論點，〔註60〕從「詩體」的角度，突顯這首七律的獨特地位。然而，目加田誠省卻了「如海底珊瑚，瘦勁難移」、「如巫峽千尋，走雲連風」等一系列的意象批評，以及對明代「不善學杜者」之詬病。至於此詩的作法，目加田氏亦僅概言「八句皆對」而得自然混成之妙。最後則是從「詩題」的角度，推舉此律爲杜甫「九日」詩之最上者。較之《唐詩選詳說》重重引評，《新釋唐詩選》刪繁就簡，更便於初學者捉住賞評要點。

實際上，《新釋唐詩選》當中亦不乏徵引中國詩評舊說之處，以下略舉兩則詩例：

李白〈春夜洛城聞笛〉：「誰家」與「暗」相應，「飛」、「散」與「風」相應，「滿」字與「何人不起」相應。蔣一葵云：「看他下字下句，罏錘工妙。」（卷7，頁680）〔註61〕

賈至〈送李侍郎赴常州〉：顧華玉曰：「不需深語，自露深情。」雖

〔註60〕二說詳參〔明〕胡應麟原著，王國安校補：《詩藪》，內篇卷5，頁95。〔清〕乾隆御定，冉苒校點：《唐宋詩醇》上冊，卷16，頁335。

〔註61〕蔣一葵之說可見於〔明〕李攀龍選，〔明〕蔣一葵箋釋：《唐詩選》，收錄於《四庫全書存目叢書》集部第309冊（臺南：莊嚴文化事業有限公司，1997年，據清華大學圖書館藏明刻本影印），卷7，頁11a。

然平凡，但能呈現暗然離別之思。（卷 7，頁 704）〔註 62〕

由上可見，目加田誠徵引之評也傾向於聚焦詩作本身所作的精練短評。如論李詩，所引蔣評主要著眼於字句相應之妙。而論賈詩，所引顧評則是拈出其語淺情深的藝術特點。配合目加田氏所作之簡析，初學者讀之，不難覓得體味詩作妙處的切入口。

要而言之，目加田誠《新釋唐詩選》多以簡明扼要之語進行賞評，俾初學者領略詩作特色，了解詩人創作歷來所得評價等等。不可諱言，如森槐南、簡野道明般洋洋灑灑、旁征博引，亦有助於深化讀者對於作品的認識，甚至是進一步接觸相關古典詩論。但是，對日本初學者而言，尤其是在前述其時日人對中國古典日益疏遠的背景之下，未免顯得較爲陌生、深奧。透過目加田氏要言不繁的評詩風格，亦能體會其苦心所在。

五、引導閱讀爲主，指導創作爲次

筆者於本論文第三章曾論及，森槐南在其《唐詩選評釋》當中，注重尋繹文字針線，詳實地重現詩人謀篇佈局、安章頓句的創作過程，並且提點初學者「宜細心尋究我所標舉，作詩之秘訣，都不外著意於此等處」。〔註 63〕而觀目加田誠《新釋唐詩選》的說詩內容，可見其論王昌齡〈閨怨〉詩，參引蔣一葵（～1594～）所言「不知、忽見、悔教，有轉折，是章法」，並肯定此詩轉折「可謂絕妙」。〔註 64〕又如分析杜甫〈吹笛〉詩，目加田氏亦指出三、四句與首句「風月」二字各自相應之「細密」。〔註 65〕然則同爲「初學本」的《新釋唐詩選》是否確實就如森氏評釋本般，對於詩作的章法起伏應承之跡多加重視，藉此指導初學者進行詩歌創作呢？

若比照第三章所舉諸例，可發現《新釋唐詩選》均未對其章法結構進行詳細勾勒。如杜審言〈和晉陵陸丞早春遊望〉，目加田誠主要指出「雲霞出海曙，梅柳度江春」一聯尤爲有名，「晴光轉綠蘋」一句亦「實能予人鮮明亮麗的印象」云云。〔註 66〕又如賈島〈尋隱者不遇〉，目加田氏之說亦重在點評：

〔註 62〕顧華玉之說可見於〔日〕大典顯常：《唐詩集註》，卷 7，頁 24b。
〔註 63〕詳見本論文第三章第三節。
〔註 64〕〔日〕目加田誠新釋：《唐詩選》，卷 7，頁 686。蔣一葵之說可見於〔明〕李攀龍選，〔明〕蔣一葵箋釋：《唐詩選》，卷 7，頁 13a。
〔註 65〕〔日〕目加田誠新釋：《唐詩選》，卷 5，頁 576。
〔註 66〕〔日〕目加田誠新釋：《唐詩選》，卷 3，頁 309。

「淡而幽，是頗能傳出塵外之趣的作品。」〔註67〕再如說解杜甫〈望野〉詩，其所關注的則是詩作所抒發的「孤獨之思」。〔註68〕其他如李白〈秋浦歌〉十七首、〈上皇西巡南京歌〉十首等詩例，目加田氏雖然也逐一提醒讀者其乃數首連作而《唐詩選》所錄爲第幾首，甚至補錄相關篇目，至於杜甫〈秋興〉八首更是補錄、日譯全章並強調「這八首詩，抽絲纏線般連續不休地吟詠胸中湧現之思，因此務必以之爲連作來讀，否則無法理解其味」，〔註69〕但是，《新釋唐詩選》亦未如森氏評釋本般就各首之間的轉承呼應關係進行釐析。

除了第三章所舉諸例，以下援引其他篇目的說詩內容進行比較，藉此印證二家關注點確實有別。例如王勃〈送杜少府之任蜀州〉:「城闕輔三秦，風煙望五津。與君離別意，同是宦遊人。海內存知己，天涯若比隣。無爲在岐路，兒女共霑巾。」〔註70〕二家解析如下：

> 森槐南《唐詩選評釋》：**首二句既雙提別離之地與少府任所，三四乃承之而入別意**。丈夫非無淚，但不灑於別離之間，而與君分袂，轉有別離之意而不可忍者，何也？爾我同是宦游之人，而其蹤跡無定，一別之後，相逢未知何日之故也。就於遂別而不可忍而解釋之。此一層是重視離別之意。**三四既入別意，五六隨而一轉，又一映於首二句，別離之意如是**。海內到處，無非知己，則三秦之城闕，五津之風煙，雖遙隔天涯，其實如在比鄰耳，亦復何傷乎？就到底不能不別而解釋之。此一層是輕視別離之意。**結句申言前兩層意，而以相慰藉**。「無爲」者，禁絕之詞。昔楊朱見歧路而泣，是男子之所愧，君幸努力，勿爲兒女共沾巾之態也。（卷3，頁114～115）

> 目加田誠《新釋唐詩選》：**首聯**寫離別之地長安與友人前往的蜀地。**頷聯**寫離別的悲傷與彼此的身世。**頸聯**轉意而寫想到離別之後遠方仍存知己，打消我的孤獨。**尾聯**嘲笑離別之時徒留眼淚的兒女之態。輕視離別，實際上是寫離別中哭泣的內心。（卷3，頁302）

〔註67〕〔日〕目加田誠新釋：《唐詩選》，卷6，頁649。
〔註68〕〔日〕目加田誠新釋：《唐詩選》，卷5，頁566。
〔註69〕〔日〕目加田誠新釋：《唐詩選》，卷5，頁568。
〔註70〕〔日〕目加田誠新釋：《唐詩選》，卷3，頁302。

以上兩則引文同樣是以「聯」爲單位進行說解。然而，森槐南先指出「三四乃承之（首二句）」、「五六隨而一轉，又一映於首二句」、「結句申言前兩層意」的結構，再兼以詩意串講。相形之下，目加田誠並未具體剖析句聯之間如何承轉照應，其著力點明顯在於每一聯的詩意闡析、歸納之上，最後點出王勃此作實際上是訴說離別之悲戚。

再以高適〈夜別韋司士〉〔註 71〕爲例，森槐南如是梳理此詩：頷聯承首聯之「雁聲」，「結末一轉」且「他鄉」二字承頸聯「黃河」、「白馬」而來，「語脈自然不亂」。〔註 72〕目加田誠則重在引導讀者感悟此詩「與同作者的七言絕句〈別董大〉『莫愁前路無知己，天下誰人不識君』同一心境」，〔註 73〕亦即「壯語之中有悲痛之響」。〔註 74〕此外又如崔曙（？～739）之〈九日登仙臺呈劉明府〉，〔註 75〕森氏亦一一指出此詩首聯「曙色開」提起頷聯，一貫而下，第五句與首句相對峙云云。〔註 76〕而目加田氏主要從「用典」的角度進行評說，稱其貼切而無甚繁雜之感，乃是「運用典故之巧」。〔註 77〕

由此具體得見，目加田誠雖然將森槐南《唐詩選評釋》譽爲「自古以來《唐詩選》評釋中的第一者」，但其《新釋唐詩選》並未完全採取森氏之策略，對詩作的章法結構多加勾勒，以示詩法。一般而言，面向初學者教授詩歌，解釋詩意、賞評詩作的順位亦當在指導創作之前。再者，在漢詩淡出社會生活的趨勢中，品讀詩作尚需多加指引，遑論在寫詩練筆上對初學者另作要求了。目加田氏所以削弱「指導創作」的說詩比重，於此或可思過半矣。而從二氏以上說詩之別，亦可概知《新釋唐詩選》「平易」的其中一面。

〔註 71〕高適〈夜別韋司士〉：「高館張燈酒復清，夜鐘殘月雁歸聲。只言啼鳥堪求侶，無那春風欲送行。黃河曲裏沙爲岸，白馬津邊柳向城。莫怨他鄉暫離別，知君到處有逢迎。」〔日〕目加田誠新釋：《唐詩選》，卷 5，頁 545。

〔註 72〕〔日〕森槐南：《唐詩選評釋》，卷 5，頁 408～409。

〔註 73〕〔日〕目加田誠新釋：《唐詩選》，卷 5，頁 546。

〔註 74〕〔日〕目加田誠新釋：《唐詩選》，卷 7，頁 729。

〔註 75〕崔曙〈九日登仙臺呈劉明府〉：「漢文皇帝有高臺，此日登臨曙色開。三晉雲山皆北向，二陵風雨自東來。關門令尹誰能識，河上仙翁去不回。且欲近尋彭澤宰，陶然共醉菊花杯。」〔日〕目加田誠新釋：《唐詩選》，卷 5，頁 539。

〔註 76〕〔日〕森槐南：《唐詩選評釋》，卷 5，頁 402～403。

〔註 77〕〔日〕目加田誠新釋：《唐詩選》，卷 5，頁 540。

第三節　新釋《唐詩選》之「重情」旨趣

前文提及，在西學隆盛而漢學衰落的背景之下，目加田誠期盼日人至少透過閱讀《論語》、《唐詩選》二書，對中國思想、文學保持一定的接觸。值得注意的是，《唐詩選》所承載的對象「唐詩」，正是目加田誠尤爲重視者。《新釋唐詩選》卷前〈序言〉有如下所言：

> 尤其是誦讀唐詩的人，蓋能在此深深覺察自然與人生的調和、永恆與流轉的姿態、難熬孤獨與友情溫暖的世界，感受靈魂安靜的喜樂與內心深切的悲傷。〔註78〕

以上引文旨在強調唐詩的感染力，讀者在吟詠的過程中，可以感悟到深刻的人情物理，與之進行超越時空的互動，得到內心世界的共鳴。筆者認爲，《新釋唐詩選》「重情」之說詩旨趣，正與〈序言〉此論相互呼應。

首先，雖然《新釋唐詩選》以李攀龍《唐詩選》爲底本，並沒有「選詩」的環節，但是無論是在卷前〈唐詩概說〉，抑或是在卷中的說詩內容，均可發現目加田誠以「感動讀者」爲標準，指陳李攀龍《唐詩選》的遺珠之憾。以中唐詩人王建（？～830？）爲例，目加田氏在〈唐詩概說〉指出：王建官途失意，生涯當中交疊著征戍、遷謫、行旅、離別的體驗，在其創作中有不少能夠予人深刻感動的詩作，可惜的是，《唐詩選》未有收錄顯示王氏此種特色的作品。〔註79〕此外，析論李選所錄〈題玄武禪師屋壁〉，目加田氏固然肯定杜甫此詩造語細密云云，然而話鋒一轉又曰：「在杜甫的五律當中，應有許多更能、更能感動讀者的詩作」。〔註80〕言下之意，杜甫的五律有大量感人至深的佳作爲《唐詩選》所忽視。由此可以推測，若由目加田誠本人親自編選一部唐詩選本，詩作能否給讀者帶來「感動」，應是極其重要的選汰標準。

再者，就「說詩」而言，正是由於重視詩作的感染力、共鳴性，因此在《新釋唐詩選》當中，可見目加田誠的評說多有圍繞詩作蘊含的眞情實感而展開，對其情意充實、眞摯動人之處可謂不吝誇賞之詞。除上文已提及的「不需深語，自露深情」的〈送李侍郎赴常州〉、「壯語之中有悲痛之響」的〈別董大〉等詩例以外，又如：

〔註78〕〔日〕目加田誠新釋：〈はしがき〉，《唐詩選》，卷前，頁1。

〔註79〕〔日〕目加田誠新釋：〈唐詩概說〉，《唐詩選》，卷前，頁122。

〔註80〕〔日〕目加田誠新釋：《唐詩選》，卷3，頁362

杜甫〈短歌行贈王郎司直〉：杜甫的詩作中，多有在末句傾注身世之嘆，使人覺有無限感慨。這首詩起二句各用十一字的長句，最後出現急促的調子，情感幾度屈折，最後崩潰似的悲哀之情一湧而現，可以説是無憾之作。（卷 2，頁 225）

張説〈還至端州驛前與高六別處〉：傷悼過去同行到這裡，未待召還之日卻已逝去的朋友，這種心情，深深灌注在「淒然望落暉」一句當中。這首詩確實是滿溢傷感之作。（卷 3，頁 320）

李頎〈贈盧五舊居〉：這首詩寫踏訪亡人舊居，物在人亡之憾，惻惻哀痛之意，沁進讀者內心。（卷 5，頁 536）

蘇頲〈汾上驚秋〉：黃家鼎所謂「語簡而情深」。「搖落」一語中，不僅有樹樹落葉，而且彷彿包含了察覺到人生之秋不知不覺地臨近的心情。（卷 6，頁 604）〔註 81〕

李白〈客中行〉：似説飲酒之樂，反覺客愁之切。「但」、「能」二字，大概正爲其關鍵所在。（卷 7，頁 668）

下文再舉岑參〈玉關寄長安李主簿〉〔註 82〕爲例，以見其詳：

在異國迎來除夕之夜的感慨，我也曾經深切體驗過。高適的〈除夜作〉也是有名之作，這首詩所寫的更是在遙遠的玉門關迎接的除夜，是明天開始又不得不向著茫茫沙漠繼續朝西遠行的寂寥至極的旅人之慨。帶有淒然餘韻也是理所當然的。（卷 7，頁 709）

評說起首即提及，自身曾有與此詩相通的深切感慨，由此已可窺見目加田誠肯定岑詩足以引起讀者同感與共鳴。引文又進一步具體點出此詩的寫作背景，亦即遠使西域卻又適逢佳節的荒漠行旅，以強調此中融注的是出自詩人切身經歷的「寂寥至極」之嘆，因此自然淒惻動人而餘音不絕。《新釋唐詩選》曾指出：邊塞詩「是岑參最爲得意之處，那都是經由作者體驗而誕生的作品」。〔註 83〕以上評說內容可明證，岑詩的至眞至情，誠乃目加田氏青眼有加之根源所在。

〔註 81〕黃家鼎之説可見於〔日〕大典顯常：《唐詩集註》，卷 6，頁 3b。

〔註 82〕岑參〈玉關寄長安李主簿〉：「東去長安萬里餘，故人那惜一行書。玉關西望堪腸斷，況復明朝是歲除。」〔日〕目加田誠新釋：《唐詩選》，卷 7，頁 708。

〔註 83〕語見〈磧中作〉餘說。〔日〕目加田誠新釋：《唐詩選》，卷 7，頁 710。

除了《唐詩選》所錄篇目，對照目加田誠譯註的《唐詩三百首》，〔註 84〕也可以更清楚地體現其「重情」之說詩旨趣。例如評說孟郊（751～814）〈遊子吟〉，目加田氏著眼於「母親送別兒子遊學他鄉之心」，稱道此乃「感人肺腑之歌」。〔註 85〕說解杜甫〈客至〉則指出此詩原註「喜崔明府相過」，並強調「作者之喜滿溢詩中」。〔註 86〕至於析論王維〈雜詩〉則點出「不問故鄉之人，唯問故鄉之花。言外覺有深切的望鄉之念。」〔註 87〕此外又如元稹（779～831）悼念亡妻之作〈遣悲懷〉三首，目加田誠對此稱頌有加，並且特別讚賞第二首「尚想舊情憐婢僕」、「貧賤夫妻百事哀」之句「實在打動人心」。〔註 88〕比照《新釋唐詩選》，雖然李攀龍並未收錄〈遣悲懷〉三首，但實際上在卷前〈唐詩概說〉當中，目加田氏即已將其拈出，並且同樣聚焦於詩作傳遞的悼亡之情，贊曰「其悲切眞情，感動讀者」，可證「元輕（白俗）」乃偏隘之說。〔註 89〕凡此，均透露出目加田氏對於詩中之「情」多加著意、賞愛不置。

與以上所論相反的是，對於有悖詩人之至性至情或是徒具修辭技巧的詩作，目加田誠所作評價則較低。以高適爲例，目加田氏一方面肯定〈邯鄲少年行〉能夠表現高適的「稜稜氣骨」，〔註 90〕但在評說五排〈陪竇侍御泛靈雲池〉之時，則毫不諱言最後兩句「誰憐持弱羽，猶欲伴鵷鴻」乃是與高適本人「稍不相稱的膽怯之語」。〔註 91〕再以韋應物爲例，《新釋唐詩選》認爲〈幽居〉末二句「自當安蹇劣，誰謂薄世榮」透顯出「毫不動搖的態度」，呼應韋氏性情中豪放、堅韌的本質。〔註 92〕反觀《唐詩三百首》所錄五古〈郡

〔註 84〕目加田誠釋註本是以清人章燮《唐詩三百首注疏》爲底本（見卷前〈例言〉），第 1 卷於昭和 48 年（1973）由東京平凡社發行初版，第 2 卷及第 3 卷則是昭和 50 年（1975）。筆者所見版本爲〔日〕目加田誠釋註：《唐詩三百首》3 卷（東京：平凡社，2009 年、1996 年、2009 年）。

〔註 85〕〔日〕目加田誠釋註：《唐詩三百首》第 1 卷，樂府，頁 139～140。

〔註 86〕杜甫〈客至〉：「舍南舍北皆春水，但見群鷗日日來。花徑不曾緣客掃，蓬門今始爲君開。盤飧市遠無兼味，樽酒家貧只舊醅。肯與鄰翁相對飲，隔籬呼取盡餘杯。」〔日〕目加田誠釋註：《唐詩三百首》第 2 卷，七言律詩，頁 216～217。

〔註 87〕王維〈雜詩〉：君自故鄉來，應知故鄉事。來日綺窗前，寒梅着花未。」〔日〕目加田誠釋註：《唐詩三百首》第 3 卷，五言絕句，頁 9。

〔註 88〕〔日〕目加田誠釋註：《唐詩三百首》第 2 卷，七言律詩，頁 274。

〔註 89〕〔日〕目加田誠新釋：〈唐詩概說〉，《唐詩選》，卷前，頁 143～144。

〔註 90〕〔日〕目加田誠新釋：《唐詩選》，卷 2，頁 252。

〔註 91〕〔日〕目加田誠新釋：《唐詩選》，卷 4，頁 445。

〔註 92〕〔日〕目加田誠新釋：《唐詩選》，卷 1，頁 189。

齋雨中與諸文士燕集〉，目加田氏則批曰：「這首詩的禮節性很強，以韋應物的詩而言，難以說是傑作。」〔註93〕此外，印證《新釋唐詩選》點評蘇味道五排〈在廣聞崔馬二御史並登相臺〉：「徒多故事出典，雖然典麗，但是卻乏詩情。」〔註94〕又如張說（667～730）七律〈恩敕麗正殿書院賜宴應制得林字〉，目加田氏雖然肯定此詩「條理整然，典雅莊重」，但同時亦直言「沒有詩趣」。〔註95〕諸如此類，失之虛假、流於空洞的詩作顯然較難獲得目加田氏之青睞。

值得注意的是，在以上的詩評內容中，《新釋唐詩選》對於應制、宴遊等律詩的負評尤爲明顯。筆者於本論文第二章即提及，李攀龍《唐詩選》所錄此類題材的篇數高達全集律體三成以上之比重，篠崎三島對此即有「律體臺閣居半」的批評。〔註96〕然而，篠崎氏之論尚且是出於「東方韻士山野布褐，不可資以爲教」的考量，相形之下，目加田誠可謂更爲嚴刻。將主眼置於「律體臺閣」，亦正可印證《新釋唐詩選》「重情」之說詩旨趣。試觀沈佺期〈侍宴安樂公主新宅應制〉的說解內容：

> 侍宴應制詩本來就不外乎是一直以來詞臣對朝廷的阿諛讚辭……相比修辭技巧上可驚可歎的完整度，應制詩內容低下的理由就在這裡。七言律詩（如卷首〈唐詩概說〉所述）原是成型於沈佺期等宮廷詩人之手的體裁，最初畢竟還只是以形式完整、修辭典雅相競。在這種完備的體裁中注入眞正的詩歌精神，大概可謂有待杜甫。（卷5，頁481）

在說解王維〈大同殿生玉芝龍池上有慶雲百官共觀聖恩便賜燕樂敢書即事〉之時，目加田氏再次強調：

> 應制詩並非出自詩人眞心、使人感動的作品。正如〈唐詩概說〉中也說到，律詩本來是在宮廷詩人的應制贈答中發展而來的體裁，在此靈活展現眞正的詩情，到底還是有待杜甫的出現。（卷5，頁516）

在以上兩則引文中，目加田誠雖然認可沈佺期等宮廷詩人使得七言律詩體製大備之功，但亦批評應制、侍宴等作以歌頌朝廷、敬謝主恩爲目的，缺乏眞意，難以動人，未免顯得「低下」。由此不難理解，目加田氏所謂杜甫能將「眞

〔註93〕〔日〕目加田誠新釋：《唐詩三百首》第1卷，五言古詩，頁88。
〔註94〕〔日〕目加田誠新釋：《唐詩選》，卷4，頁389。
〔註95〕〔日〕目加田誠新釋：《唐詩選》，卷3，頁318。
〔註96〕詳見本論文第二章第一節、第三節。

正的詩歌精神」注入到七言律詩之中，正正是著眼於杜律「出自詩人眞心、使人感動」的特質。無怪乎《新釋唐詩選》點評杜甫〈宣政殿退朝晚出左掖〉曰：「杜甫律詩的眞本領應在別處」。〔註 97〕以下即透過相關說詩內容，以具體得見目加田氏對杜甫七律的評價確與「律體臺閣」有所不同。

以王維〈敕賜百官櫻桃〉爲例，《新釋唐詩選》結合杜甫的〈野人送朱櫻〉進行比較：

> 敕賜櫻桃之事在杜甫的詩（〈野人送朱櫻〉詩）和韓退之的詩（〈謝賜櫻桃〉詩）裡面都可以看到。因爲杜甫的詩是寫晚年漂泊蜀地，悲傷地回憶起過去曾光榮地在大明宮獲賜櫻桃，所以相對於王維這首詩極爲工整明快的調子，杜詩興味深遠。（卷 5，頁 519。）

同樣是以七律之體吟詠「敕賜櫻桃」一事，王維以頌揚玄宗皇帝之君恩無窮爲主旨，詩作固然出之穩切明快。然而，目加田誠更爲欣賞杜甫融入今昔對比之中生發的悲傷之情，因此相較於王詩較爲表層的藝術效果，杜詩獲致深具興味的佳評。

此外又如〈秋興〉八首，前文提及，《新釋唐詩選》認爲當視八首爲一章以理解其中的情志，而在全章末尾，目加田誠又有以下之言：

> 以上八首連作被視爲自古以來的最佳傑作，但此詩的妙處頗難理解。其中既沒有杜甫以往嚴肅寫實的緻密表現，也看不到對社會矛盾的批判，唯有的是無可奈何的絕望之思以及縈繞心中的對國都的追憶，是過去榮耀、年輕之時的自己，與如今以老殘之身橫臥在遠離國都之地的悲慘姿態的對照。詩，也能這麼沉痛地吟詠嗎？有人評論，杜甫在夔州的詩作已經是強弩之末。果眞是那樣嗎？我閱讀這章〈秋興〉八首已有二十年，始爲此詩深沉至底、已經無法比擬的憂愁而落淚。（卷 5，頁 575）

若從杜詩寫實抑或社會批判的角度出發，蓋難以體會此作的精妙之處。目加田氏著眼於詩中的「絕望之思」、「對國都的追憶」，以及「榮耀、年輕」與「悲慘、老殘」的對照進行說解，並且進一步強調此中之沉痛是超乎尋常、難以想像的。最後更是透過自身的閱讀體驗，點出〈秋興〉八首之憂愁沉伏不露，但實蘊藏著催人淚下的魅力。由此清楚得見，《新釋唐詩選》在在彰顯的正是杜甫七律有別於「律體臺閣」的眞摯與深情。

〔註 97〕〔日〕目加田誠新釋：《唐詩選》，卷 5，頁 559。

最後，筆者認爲尤其值得補充一提的是以下兩則連結中、日文學作品進行解說的詩例。其一乃是趙嘏（～844～）〈江樓書感〉：「獨上江樓思渺然，月光如水水連天。同來翫月人何處，風景依稀似去年。」〔註 98〕《新釋唐詩選》首先引用譚元春（1586～1637）的評語，贊可此詩「隻言片語，不盡唏噓」，〔註 99〕其後又解說道：

> 月光和流水都猶如去年，「吾身仍在，伊人不見」（筆者按：原文爲「わが身一つはもとの身にして」），那人已經不在這裡，詩人爲此感到悲痛。（卷 7，頁 786）

以上引文節錄了平安時代初期的著名歌人在原業平（ありわら　の　なりひら，825～880）所創作的和歌：「月非昔月，春非昔春，吾身仍在，伊人不見。」〔註 100〕無論是趙詩所寫的「物是人非」，還是和歌所寫的「人事已非」，此中傳遞的思憶伊人之「悲痛」可謂互通互融。在目加田氏的解說之下，相信日本讀者亦不難感通趙詩的哀傷之情。另外一例則是耿湋（～763～）〈秋日〉：「返照入閭巷，憂來誰共語。古道行人少，秋風動禾黍。」〔註 101〕《新釋唐詩選》評曰：

> 這首詩實在是與「漫漫此大道，前行寥寥人甚少，暮秋時節到」（筆者按：原文爲「この道やゆく人なしに秋の暮」）之句同一情趣。（卷 6，頁 641）

目加田氏所引內容乃是題爲〈所思〉〔註 102〕的俳句，作者爲「俳聖」松尾芭蕉（まつお　ばしょう，1644～1694）。以上評說並未明言「同一情趣」是指暮秋古道、知己難逢此兩相融合的寂寥之感，抑或是延伸至藝術之道、人生之道等等，但大體而言，二作共同指向的是心底的孤獨，〔註 103〕留任讀

〔註 98〕〔日〕目加田誠新釋：《唐詩選》，卷 7，頁 786。

〔註 99〕〔日〕目加田誠新釋：《唐詩選》，卷 7，頁 786。譚元春之說可見於〔日〕大典顯常：《唐詩集註》，卷 7，頁 57b。

〔註 100〕和歌譯文參考〔日〕紀友則、〔日〕紀貫之、〔日〕凡河內躬恒、〔日〕壬生忠岑等奉勅撰，張蓉蓓譯：《古今和歌集》（臺北：致良出版社，2002 年），卷 15，頁 308。

〔註 101〕〔日〕目加田誠新釋：《唐詩選》，卷 6，頁 640～641。

〔註 102〕〈所思〉譯文參考〔日〕關森勝夫，陸堅合著：〈此道や行人なしに秋の暮〉，《日本俳句與中國詩歌——關於松尾芭蕉文學比較研究》（杭州：杭州大學出版社，1997 年），頁 310。

〔註 103〕學界論及松尾芭蕉〈所思〉之時，不乏結合耿湋〈秋日〉進行譯註、詮釋者，例如可參〔日〕關森勝夫、陸堅合著：〈此道や行人なしに秋の暮〉，《日本俳

者根據自身的經歷進行解讀與品味。實際上，趙詩、耿詩所抒發的固然是個人感觸，但同時亦可謂是普世常情。《新釋唐詩選》所作如上詮釋，一方面，誠然有助於引導日人感悟詩歌深處的情致，另一方面更是點出了：正是流淌在字裡行間的眞情，強化了文學超越國界、超越時空的動人魅力。

綜合以上所論，顯見目加田誠《新釋唐詩選》是以詩歌之感染力、共鳴性爲重要指標展開評說。作品之情眞意切、深摯動人乃是目加田氏著眼關注之所在。反之，虛假空洞、流於表面之作所得評價則較低。此中對於杜甫七律之推崇，以及對於《唐詩選》所錄甚多的「律體臺閣」之貶抑，即是絕佳的正、反例證。此外補充的是，目加田氏結合日人作品進行解說的詩例實際上也顯示出：正是作者筆下的眞情實感，強化了文學作品不受時空所限的超越性。章培恆（1934～2011）在論及「文學的成就」時曾指出：「越是能在漫長的世代、廣袤的地域，給予眾多讀者以巨大的感動的，其成就也就越高。」〔註104〕筆者認爲，目加田誠《新釋唐詩選》「重情」之說詩旨趣，可謂與以上所言相應相通。

結　語

目加田誠《新釋唐詩選》是以李攀龍《唐詩選》爲底本進行譯註、評說的初學本。在第一節當中，筆者首先初步分析了目加田氏對於李選的編選理念以及卷前〈唐詩選序〉的評價。目加田誠關注到《唐詩選》在日本盛行不衰、廣受歡迎之現象，但同時亦指出李選實際上有著囿於初唐、盛唐而忽略中唐、晚唐之失，顯然不足以「盡唐詩」，亦不足以滿足概覽唐詩風貌的學詩需求。至於〈唐詩選序〉對唐人各體創作的評說，目加田氏亦多有反駁之見，尤其體現在古詩、絕句、七律諸體之上。換言之，目加田誠對於李攀龍寓於此序中的詩體觀實際上亦不甚認可。

第二節則是進一步探討《新釋唐詩選》的「平易」特色。昭和時代西學隆盛，漢學式微，日人對中國古典的關注日漸減少，目加田誠亦意識到，前

句與中國詩歌——關於松尾芭蕉文學比較研究》，頁310～313。〔日〕松尾芭蕉原著，鄭清茂譯註：〈所思〉，《芭蕉百句》（臺北：聯經出版事業股份有限公司，2017年），頁180～181。

〔註104〕章培恆、駱玉明主編：〈導論〉，《中國文學史》上卷（上海：復旦大學出版社，1996年），頁14。

人所撰《唐詩選》註釋書於今而言未免顯得晦澀艱深，因此選擇以「平易」的方式進行解說。體現在《新釋唐詩選》的具體內容中：首先，此書體例條理井然，便於初學者快速捕捉詩作、詩人相關信息，而使用日文一般書寫文體進行解說，亦貼近一般讀者的語言習慣；其次，從說解詩意的角度來看，較前人而言，目加田氏更傾向於就詩論詩，不作過多引申發揮，因此其說淺顯易懂，有助於初學者領悟詩作要義；再者，從賞評詩作的角度來看，目加田氏主要聚焦於詩作、詩人之上進行簡潔扼要的賞析、點評，相較於前人的旁征博引、長評深論，其說更利於後學把握要點，由此切入，品味詩作的藝術特色；另外，結合森槐南《唐詩選評釋》進行觀察，可發現相較於森氏強調詩作章法結構，由此推進創作技法教學，目加田氏則是多有削減「指導創作」的說詩比重，轉以「引導閱讀」為重心，此亦可謂是《新釋唐詩選》「平易」之一面。

筆者於第三節主要圍繞《新釋唐詩選》「重情」之說詩旨趣展開論述。目加田誠以感動讀者與否為標準指陳李攀龍《唐詩選》的遺珠之憾，比照《新釋唐詩選》，不難發現投射在至眞至切、至情至性的詩作之上的賞愛目光，反之，失之虛假、流於空洞之作則難以獲致青睞。在此當中，目加田氏對於杜甫七律之褒揚，以及對於「律體臺閣」之批評，即是甚為明顯之例證。除此以外，結合中、日作品進行解說的詩例實際上亦說明了：正是融注在作品中的眞情實感，強化了文學不受時空所限的超越性。從以上角度切入，正可理解《新釋唐詩選》之「重情」旨趣。

第五章　吉川幸次郎《新唐詩選》與《新唐詩選續篇》探研

前　言

吉川幸次郎（よしかわ　こうじろう，1904～1980）畢業於京都帝國大學文學部（今京都大學文學部），師承狩野直喜（かの　なおき，1868～1947）、鈴木虎雄（すずき　とらお，1878～1963）等著名漢學家。吉川氏曾於昭和3年至6年（1928～1931）留學北京，回國後於京大任教，並於昭和42年（1967）4月獲「京都大學名譽教授」稱號。小川環樹認爲，吉川幸次郎「學識博大精深。就其廣度而言，可以說是從古到今，無所不通。就是從純文學的角度，也涉及所有的分野，包括中國文學的所有領域。」〔註1〕後人更是將其譽爲「日本近代中國文學研究泰斗」。〔註2〕在著書方面，吉川氏著有《尚書正義》、《元雜劇研究》、《杜甫私記》等，可參考由東京筑摩書房自昭和43年（1968）起發行的《吉川幸次郎全集》全27卷。

〔註1〕轉引自李慶：〈吉川幸次郎〉，《日本漢學史》第3部（上海：上海人民出版社，2010年），第五編〈第二次世界大戰後日本漢學的轉折（1945～1960）〉，第七章〈中國文學的研究者〉，頁235～247。又，吉川幸次郎生平及研究成就，可參考〔日〕興膳宏：〈吉川幸次郎博士略年譜〉，載《東方學》第74輯（1987年07月），頁169～171。〔日〕興膳宏：〈吉川幸次郎〉，收錄於〔日〕礪波護、〔日〕藤井讓治編：《京大東洋学の百年》（京都：京都大學學術出版會，2006年），頁251～288。

〔註2〕連清吉：〈吉川幸次郎的中國文學研究方法論〉，載《政大中文學報》第16期（2011年12月），頁113。

本章所欲探討的是吉川幸次郎所編之《新唐詩選》與《新唐詩選續篇》。其中，《新唐詩選》由東京岩波書店於昭和 27 年（1952）8 月 10 日發行，筆者所見版本爲同年 10 月 5 日發行之四刷本。至於《新唐詩選續篇》，本文所用則是同社於昭和 29 年（1954）5 月 20 日發行之初刊本。據興膳宏（こうぜん ひろし，1936～）所言，「這兩本書在很長一段時間內都是暢銷書」。〔註 3〕筆者檢索日本網路書店，發現吉川氏新選於 2000 年前後仍有新版發售。〔註 4〕2015 年，岩波書店更是推出了《新唐詩選》的電子書。〔註 5〕由此可窺吉川氏選本之影響力以及研究價值。

在《中國詩史》中，吉川幸次郎強調：「中國的詩，以唐詩爲最佳」。〔註 6〕在《新唐詩選》的〈序〉言中，吉川幸次郎又盛讚唐詩爲「東洋的優秀寶藏，即使在世界詩歌中亦是最優秀者之一」，並指出此選的目的是「爲了使唐詩接近我國年輕一代」。〔註 7〕一般認爲，此乃唐詩入門書。〔註 8〕此外，從書名來看，「新」應是對應「舊」而言。筆者留意到，《新唐詩選續篇》當中確實有「舊《唐詩選》」一說，指的是「明代李于鱗的舊《唐詩選》」。〔註 9〕而在《元明詩概說》一書中，吉川幸次郎又有以下所言：

> 直到現在，這本書（《唐詩選》）仍然是日本人鑒賞中國詩的起點，由此看來，「古文辭」的間接影響，至今仍波及到我們身邊。借此機會，附帶說明：拙編《新唐詩選》及其《續篇》（皆爲「岩波新書」，

〔註 3〕〔日〕興膳宏：〈吉川幸次郎〉，收錄於〔日〕礪波護、〔日〕藤井讓治編：《京大東洋学の百年》，頁 280。

〔註 4〕檢索伊紀國屋書店網站 https://www.kinokuniya.co.jp/f/dsg-01-9784004140160 及 https://www.kinokuniya.co.jp/f/dsg-01-9784004140177，可見 1993 年版之《新唐詩選》及《新唐詩選續篇》。又，檢索「日本の古本店」網站 https://www.kosho.or.jp/products/detail.php?product_id=83890828，可見 2002 年版之《新唐詩選》。（於 2019 年 01 月 27 日檢索）

〔註 5〕可參伊紀國屋書店網站 https://www.kinokuniya.co.jp/f/dsg-08-EK-0288566，《新唐詩選》電子書於 2015 年 12 月發售。（於 2019 年 01 月 27 日檢索）

〔註 6〕〔日〕吉川幸次郎原著，章培恆等譯：〈李白——牡丹的故事〉，《中國詩史》（合肥：安徽文藝出版社，1986 年），頁 220。

〔註 7〕〔日〕吉川幸次郎：〈序〉，《新唐詩選》，無頁碼。

〔註 8〕學者橫田滋、興膳宏在提及此選時均將其視爲唐詩入門書。參見〔日〕橫田滋：〈吉川幸次郎・三好達治著「新唐詩選」〉，載《東洋史研究》第 12 卷第 2 號（1952 年 12 月），頁 179。〔日〕興膳宏：〈吉川幸次郎〉，收錄於〔日〕礪波護、〔日〕藤井讓治編：《京大東洋学の百年》，頁 280。

〔註 9〕〔日〕吉川幸次郎：《新唐詩選續篇》，頁 5、6、113、131。

收錄於《全集》十一卷），在選詩態度上，與李攀龍之書是不同的。

〔註10〕

值得思考的是，吉川氏之詩選如何引導日本讀者接觸唐詩，領略唐詩的魅力？其選與《唐詩選》相比，又是「新」在何處？

學界不乏以吉川幸次郎爲對象的先行研究，較早進行系統性考察的應屬大陸學者張哲俊所著《吉川幸次郎研究》。〔註 11〕近年，日本長崎大學又有孟偉所撰博士論文《吉川幸次郎的中國古典文學研究》。〔註 12〕然而，綜觀前人研究，未見針對《新唐詩選》與《新唐詩選續篇》所進行的專門探討，因此，吉川氏之新選仍有頗大的研究空間。

本章第一節擬先對《新唐詩選》以及《新唐詩選續篇》的選詩與說詩進行概介。第二節則是結合具體選目與說解內容，探討吉川幸次郎爲初學者所勾勒的唐代詩人形象。第三節擬結合李攀龍《唐詩選》所進行的比較，探討吉川氏詩選之「新」意所在。

在進入正文討論之前必須說明的是，《新唐詩選》及其《續篇》實際上均分爲「前篇」與「後篇」兩部分。二書之「前篇」均由吉川幸次郎進行選詩以及說解，並且具有相同的體例架構（選本概介詳見下文），所謂「詩選」，僅指「前篇」。《新唐詩選》「後篇」乃是由三好達治（みよし　たつじ，1900～1964）執筆的長文，主要結合其喜歡之詩作進行品賞。〔註 13〕而《續篇》之「後篇」則是由桑原武夫（くわばら　たけお，1904～1988）執筆，主要包含〈前言〉以及〈關於杜甫〈贈衛八處士〉〉、〈關於白樂天的社會詩〉二文，乃「附錄」〔註 14〕之性質，並非唐詩選本。因此，本章僅著眼於「前篇」進行考察。

〔註10〕〔日〕吉川幸次郎：〈「古文辞」の功罪〉，《元明詩概說》，收錄於《吉川幸次郎全集》第 15 卷元篇下・明篇（東京：筑摩書房，1969 年），頁 530。

〔註11〕張哲俊：《吉川幸次郎研究》，收錄於嚴紹璗主編：《北京大學 20 世紀國際中國學研究文庫》（北京：中華書局，2004 年）。

〔註12〕孟偉：《吉川幸次郎の中国古典文学研究》（九州：長崎大學，生產科學研究科博士學位論文，2014 年）。

〔註13〕〔日〕吉川幸次郎：〈序〉，《新唐詩選》，無頁碼。

〔註14〕〔日〕桑原武夫：〈後篇・まえがき〉，〔日〕吉川幸次郎：《新唐詩選續篇》，頁 188。

第一節　《新唐詩選》與《新唐詩選續篇》概介

《新唐詩選》與《新唐詩選續篇》各載有短〈序〉一篇，分別寫於昭和27年（1952）6月、昭和29年（1954）6月，均是初版發行之時。本節主要結合以上二文和相關的數據統計，從相對宏觀的角度初步了解吉川幸次郎「選詩」及「說詩」之概況。

一、選詩概介

先就《新唐詩選》及其《續篇》之編選體例而言，如下表所示：

【圖表19】吉川幸次郎《新唐詩選》與《新唐詩選續篇》選詩概況

選本	詩人	篇數	小計
《新唐詩選》	杜甫	15	盛唐　7家62首
	李白	29	
	王維	12	
	孟浩然	1	
	常建	2	
	王昌齡	1	
	崔國輔	2	
《新唐詩選續篇》	白居易	16	中唐　2家31首
	韓愈	15	
合計	9家93首		

《新唐詩選》及其《續篇》統一以「詩人」爲中心進行選詩編次。其中，《新唐詩選》依次選錄杜甫、李白、王維、孟浩然、常建、王昌齡、崔國輔（～725～），凡7家62首；《續篇》則是依次選錄白居易、韓愈，凡2家31首。《新唐詩選》與《續篇》合計9家93首，選詩總量不足百首，可謂規模較小。

至於諸家入選篇數則是多寡不一，甚至可謂差距懸殊，多者如李白入選29首，少者如孟浩然、王昌齡則僅錄取1首。雖然吉川幸次郎並未解釋箇中緣由，但讀者亦不難理解，選家應是以杜、李、王、白、韓，尤其是「李杜韓白」四家爲最具代表性之詩人。在介紹韓愈之時，《新唐詩選續篇》即曾提及：「韓愈一方面是散文的大家，作爲詩人，亦是與白居易同時代的大家，並稱爲『韓白』。再者，『韓白』一般和李白、杜甫合爲『李杜韓白』，稱爲唐詩四大家。」〔註 15〕其中，對於杜甫一家，吉川幸次郎另有特別說明，其曰：

> 杜甫不僅是代表唐代文學的詩人，還是中國古今以來最爲偉大的詩人，這是誰也沒什麼異議的。現在編撰這本書的時候，也將杜甫的詩作置於起首。（《新唐詩選》，頁 2）

換言之，雖然杜甫入選 15 首，次於李白 29 首以及白居易 16 首，但實際上卻是吉川氏最爲推尊的詩人，因而被列在卷首位置。

再者，《新唐詩選》所錄詩家均屬盛唐一期，而《續篇》所錄則均爲中唐詩家，印證〈序〉文所言，這本書除了是收錄於同一叢書（「岩波新書」）的續篇，「在文學史的時間上，也是前書的續篇」。〔註 16〕值得注意的是，盛唐入選的 7 家 62 首，無論是從詩人數量來看，還是從詩作數量來看，均多於中唐入選的 2 家 31 首，遑論未作選錄的初唐、晚唐二期。吉川幸次郎於《新唐詩選》之〈序〉文即肯定盛唐一期「即使在唐三百年的詩歌中亦是尤其出色的時期」。〔註 17〕《續篇》又再次強調，盛唐是「唐詩的黃金時代」。〔註 18〕吉川氏對盛唐詩的推崇之意可謂相當明顯。

此外，關於未作選錄的初唐部分，吉川幸次郎有如下說明：

> 到那（杜甫）爲止的百年間，唐詩亦展示出相當的發展。換言之就是初唐詩人的作品，現在將全部割愛。若說原因，那是因爲，那些是爲了引出杜甫和之後將論及的盛唐詩人們的過程，而且不過是處於遠未成熟之階段的過程。（《新唐詩選》，頁 2）

以上引文認爲，初唐詩固然有其發展之功，但是，相對於以杜甫爲代表的盛唐詩而言，畢竟未臻成熟，因此黜而不錄。

至於晚唐部分，吉川幸次郎僅提及，《新唐詩選》集中於盛唐而很少涉及中、晚唐之作，乃是篇幅限制之故。〔註 19〕然而，其後出版的《續篇》爲何僅收中唐而未收晚唐呢？筆者以爲，更根本的原因應在於選家對晚唐詩的評價較低。吉川氏於〈中國文學入門〉一文曾指出：「以李白、杜甫出現的八世紀爲最高潮，之後，中國詩歌逐漸走下坡路。」〔註 20〕再者，〈唐詩的精神〉

〔註 15〕〔日〕吉川幸次郎：〈前篇・韓愈〉，《新唐詩選續篇》，頁 130。

〔註 16〕〔日〕吉川幸次郎：〈序〉，《新唐詩選續篇》，無頁碼。

〔註 17〕〔日〕吉川幸次郎：〈序〉，《新唐詩選》，無頁碼。

〔註 18〕〔日〕吉川幸次郎：〈前篇・白居易〉，《新唐詩選續篇》，頁 2。

〔註 19〕〔日〕吉川幸次郎：〈序〉，《新唐詩選》，無頁碼。

〔註 20〕〔日〕吉川幸次郎：〈中国文学入門〉，收錄於《吉川幸次郎全集》第 1 卷中國通說篇（東京：筑摩書房，1968 年），頁 32。

一文又論及，有別於「唐以前的詩往往缺乏個性」，唐代詩人「不願掩飾各自不同的個性」，「杜甫就是杜甫，白居易就是白居易，唯在衰頹的晚唐時期，才有著千篇一律的傾向。」〔註 21〕因而在選詩規模偏小的情況下，割棄成就較低的晚唐詩。由此，《新唐詩選》及其《續篇》共同形成了只錄取盛唐、中唐詩家的選詩格局。

二、說詩概介

除以上所述的選詩環節而外，吉川幸次郎同時亦對詩人生平以及創作風貌等進行概介，之後逐一說解其入選篇目。體例大致是：先列原詩，下方附有相應的漢文訓讀文，含相關助詞、振假名（振り仮名）和送假名（送り仮名），均以平假名（平仮名）標示。〔註 22〕如下圖所示，僅以杜甫〈絕句〉〔註 23〕爲例：

【圖表 20】吉川幸次郎《新唐詩選》與《新唐詩選續篇》詩作訓讀範例

絶句(ぜっく)

江碧鳥逾白　江(こう)は碧(みどり)にして鳥は逾(いよい)よ白く

山青花欲然　山は青くして花は然(も)えんと欲す

今春看又過　今(こ)の春も看(ま)のあたりに又過ぐ

何日是歸年　何の日か是(こ)れ歸る年ぞ

〔註 21〕〔日〕吉川幸次郎原著，章培恆等譯：〈唐詩的精神〉，《中國詩史》，頁 208。

〔註 22〕體例稍有不同者有白居易〈新豐折臂翁〉以及韓愈〈剝啄行〉、〈贈侯喜〉，以上三詩皆是分段徵引詩作原文及其漢文訓讀文，輔以分段說解。而白氏篇幅甚長之〈長恨歌〉、〈琵琶行〉則是在分段說解之後，再附上全詩及其漢文訓讀文。

〔註 23〕〔日〕吉川幸次郎：〈前篇・杜甫〉，《新唐詩選》，頁 3～4。

詩作之後即乃說解內容，吉川幸次郎主要是以日文一般書寫語文體「である体」進行說詩，配合上述之訓讀文，便於日本讀者參照閱讀。〔註 24〕與一般的漢文或者日文說詩稍有不同的是，吉川氏於個別地方亦夾雜英文進行解釋。例如，說解王維〈九月九日憶山東兄弟〉之「遍插茱萸少一人」，其曰：「『少』字乃是缺少、『to lack』之意。」〔註 25〕再者，解析韓愈〈暮行河隄上〉之「嗟嗟世與身」，又云：「『嗟』是表現悲歎、傷感的感歎詞，兩次反復，即是『Alas，alas』的心情。」〔註 26〕此外，杜甫〈絕句〉（江碧鳥逾白）、李白〈春日醉起言志〉等 8 首詩作，說解文末另附有通首英文翻譯。〔註 27〕在整體以日文爲主的說解當中，如此特例顯得十分搶眼。

至於說詩之重點，吉川幸次郎自言：「主要是進行訓詁」。〔註 28〕綜觀其說，大體上是以「句」或者「聯」爲單位，進行字詞解釋、詩意梳理，相當於串講。篇幅較長者如杜甫〈新婚別〉、李白〈古風〉（大雅久不作）、白居易〈琵琶行〉、韓愈〈贈侯喜〉等篇目，則是依照大意劃分段落以推進說解，協助讀者掌握詩作脈絡。有趣的是，此中又有連結日本文化進行說詩之例，便於日人理解。例如，解釋李白〈陽叛兒〉之「烏啼白門柳」，吉川幸次郎指出，「白門」是唐代以前之六朝古都即今南京市之城門，以日本平安朝京都來看，即是羅生門。〔註 29〕又如說解白居易之〈草堂重題〉，吉川氏提及清少納言（せいしょうなごん，966？～1025？）之逸話與此詩第四句「香爐峰雪撥簾看」相關，〔註 30〕可強化日本讀者之印象。此外需要補充的是，在吉川氏的說解之中，亦散見關於「詩體」之介紹。例如：絕句乃是四行之

〔註 24〕「漢詩文譯讀的日語化傾向」可參本論文第四章第二節腳註 35。

〔註 25〕〔日〕吉川幸次郎：〈前篇・王維〉，《新唐詩選》，頁 141。

〔註 26〕〔日〕吉川幸次郎：〈前篇・韓愈〉，《新唐詩選續篇》，頁 137。

〔註 27〕另外 6 首附有英譯的詩作爲：李白〈戴老酒店〉、〈贈汪倫〉、〈宮中行樂詞〉（小小生金屋）、〈玉階怨〉、〈長干行〉以及常建〈題破山寺后禪院〉。

〔註 28〕〔日〕吉川幸次郎：〈序〉，《新唐詩選》，無頁碼。

〔註 29〕〔日〕吉川幸次郎：〈前篇・李白〉，《新唐詩選》，頁 96。

〔註 30〕〔日〕吉川幸次郎：〈前篇・白居易〉，《新唐詩選續篇》，頁 119。〔日〕清少納言所著隨筆文學《枕草子》第 278 則有載：「雪降積得挺厚時，較往常早些兒關下木格子門窗，幾個女官在那兒圍著火盆閒聊著。皇后忽然命令：『少納言呀，香爐峯的雪，如何了？』乃令人開啓門窗，我（按：清少納言）又撥開簾子。皇后笑了。大家便異口同聲地說：『這句子挺熟悉的，甚至還朗詠出歌來過，可就是沒想到啊。要伺候這位皇后娘娘呀，可得要像她這樣子才行。』」詳見氏著，林文月譯：〈雪降積得挺厚時〉，《枕草子》（臺北：洪範書店有限公司，2002 年），頁 292。

短歌，「一句各五字的稱爲五言絕句，各七字的是七言絕句」。律詩則是「八行詩」，「一句五字的是五言律詩，七字的是七言律詩」。其中，七律的完成者是杜甫。又，絕句、律詩「都有韻律抑揚的規定」，古詩則是「自由律」。〔註 31〕相較於第三章中森槐南對於詩體的評釋，吉川氏之介紹明顯趨於簡單化。

據筆者閱讀所見，《新唐詩選》及其《續篇》之解說實際上亦多有涉及詩作的創作背景、其中深藏的情志或是相關點評等面向，可與詩人概介等內容相互呼應。相關詩例則留待第二節探討吉川氏選本所形塑的詩人形象之時再作展開。

第二節　《新唐詩選》與《新唐詩選續篇》形塑之詩人形象

如前文所述，吉川幸次郎之選本依照「詩人」進行編次，其又肯定唐代詩人有著對於自我個性不作掩飾的總體傾向。比照選本內容，筆者認爲吉川氏應有透過選目以及說解，爲初學者勾勒詩人形象之用意。由於《新唐詩選》對孟浩然、常建、王昌齡、崔國輔諸家僅零星選錄一兩首，因此，下文擬先探討重點選錄的杜甫、李白、王維三家，其後再對《新唐詩選續篇》所錄白居易、韓愈二家進行考察。

一、《新唐詩選》形塑之杜甫、李白、王維形象

《新唐詩選》錄取杜甫、李白、王維之詩作爲多，其中又有如下概述三家之語：「如果說杜甫是歌詠人類心靈之美的詩人，李白是歌詠人類行爲之美的詩人，那麼王維則主要是歌詠自然之美的詩人。」〔註 32〕然則在選詩、說詩環節當中，三位詩家的樣貌又是如何具體展現的呢？下文將分而述之。

（一）杜　甫

《新唐詩選》以杜詩起首，所謂「心靈之美」，應是指其「眞誠」。吉川幸次郎曰：「杜甫的詩歌親自展現了，使大藝術得以成立的，是偉大的眞誠。」

〔註 31〕關於「詩體」的概介散見於〔日〕吉川幸次郎：〈前篇〉，《新唐詩選》，頁 4、12、19、35、44～45、67、87、128。

〔註 32〕〔日〕吉川幸次郎：〈前篇・王維〉，《新唐詩選》，頁 120。

〔註 33〕又云，杜甫的詩「富於憂愁」，「正是因其眞誠的人格而生。」〔註 34〕提及眞誠，不難想到的是杜甫對於他人的眞摯之心。《新唐詩選》即指出，杜詩的特徵之一乃是對於家人、朋友的深情厚誼。〔註 35〕此選所錄〈春望〉、〈月夜憶舍弟〉，均有著對於家人的牽掛之思，〈贈高式顏〉則是懷念高式顏（？～？）之舅高適以及李白之作。然而，《新唐詩選》所注重的眞誠以及由此而生的憂愁，更體現在杜甫憂國憂民之心。試觀吉川幸次郎以下所論：

> 杜甫詩歌的情熱源泉，是對於社會和政治的強烈關心，是杜甫痛心人類的不幸，思慮其未來的憂世之心。那是杜甫詩歌的根本。（《新唐詩選》，頁 45）

比照說解〈登高〉之「艱難苦恨繁霜鬢」，吉川氏亦云，「艱難」一詞乃是「概括社會當中以及個人身上發生的種種困難不幸」。〔註 36〕換言之，並非僅就「萬里悲秋常作客，百年多病獨登臺」之個人身世而吟詠之。以下所錄寫於安史之亂的作品正能印證杜甫心懷天下之形象。例如上文提及之〈春望〉，此乃杜甫身陷叛軍之時所作，頸聯曰：「烽火連三月，家書抵萬金。」吉川氏推崇道：「對國家的憂慮以及對家人的憂慮，相互交重，詩作必然悲痛。」〔註 37〕又，〈月夜憶舍弟〉後四句云：「有弟皆分散，無家問死生。寄書長不達，況乃未休兵。」所歎的不僅是家人離散，「杳無音信」，同時也是「內亂不知何時停息」的憂思。〔註 38〕至於〈江亭〉詩，此作前三聯「坦腹江亭暖，長吟野望時。水流心不競，雲在意俱遲。寂寂春將晚，欣欣物自私」，頗有閒適自在之感。然而，正如吉川氏所云：「最終無法完全寄身於這樣的寧靜平和之中，是杜甫的性格。」〔註 39〕此詩尾聯「故林歸未得，排悶強裁詩」即直筆寫出內心難以排遣的國難之愁。再者，在容量有限的情況下，《新唐詩選》亦選入了篇幅較長的五古〈新婚別〉以及七古〈茅屋爲秋風所破歎〉。吉川幸次郎強調：「〈兵車行〉、〈前出塞〉、〈後出塞〉等等，都是吟詠擴充軍備而引起的人民的不幸。〈新婚別〉不過是其中一例。」〔註 40〕而在評說〈茅

〔註 33〕〔日〕吉川幸次郎：〈前篇・杜甫〉，《新唐詩選》，頁 3。
〔註 34〕〔日〕吉川幸次郎：〈前篇・杜甫〉，《新唐詩選》，頁 2～3。
〔註 35〕〔日〕吉川幸次郎：〈前篇・杜甫〉，《新唐詩選》，頁 21、23。
〔註 36〕〔日〕吉川幸次郎：〈前篇・杜甫〉，《新唐詩選》，頁 42。
〔註 37〕〔日〕吉川幸次郎：〈前篇・杜甫〉，《新唐詩選》，頁 22。
〔註 38〕〔日〕吉川幸次郎：〈前篇・杜甫〉，《新唐詩選》，頁 24。
〔註 39〕〔日〕吉川幸次郎：〈前篇・杜甫〉，《新唐詩選》，頁 33。
〔註 40〕〔日〕吉川幸次郎：〈前篇・杜甫〉，《新唐詩選》，頁 46。

屋為秋風所破歎〉之時又有以下之贊言：

> 杜甫並非將自身的悲哀、自身的苦痛作為一己之事而歌詠之，而是以之為帶有同樣悲哀、同樣苦痛的眾人之詩而歌詠。在這點上，杜甫的詩，常常也是眾人之詩。(《新唐詩選》，頁 54)

透過以上詩例，初學者不難理解杜甫對於國家動亂、人民苦難的擔憂，以及身陷窘況亦能推己及人的思慮。此亦即乃杜甫的心靈之美，杜甫的眞誠與憂愁。

此外，吉川幸次郎指出，憂國憂民的杜甫有著「作為一個實踐的政治家從事治理社會」、「拯救人類的不幸」的熱切願望。〔註 41〕在析論〈贈高式顏〉之尾聯「平生飛動意，見爾不能無」時，吉川氏即解曰：「雖然由於內亂之悲、生活之苦而變得疲憊不堪，但是我的『飛動意』並沒有燃盡」。而所謂「飛動意」，正是指杜甫的政治抱負。〔註 42〕然而，另一方面，吉川氏亦點出：杜甫仕途不暢，後半生一直漂泊在中國西南各地，遠離長安朝廷，其政治理想的實現亦變得越來越渺茫，逆旅生涯之傷感由此而生。〔註 43〕體現在《新唐詩選》當中即是諸篇思念國都之作。例如末句為「南方實有未招魂」之〈返照〉，吉川氏評曰：「結尾最為悲痛」。〔註 44〕再者又有以「何日是歸年」作結之〈絕句〉，尾聯為「步檐倚仗看牛斗，銀漢遙應接鳳城」之七律〈夜〉。而在闡釋〈江南逢李龜年〉之時，吉川氏亦主張「正是江南好風景」有如下之意：「南方明麗的自然，光與風，一切都總是很美麗。但是那不是過去經常和你相遇的岐王宅，不是崔九堂。要之，不是長安，而是遠離國都的江南土地。」〔註 45〕點出此詩實際上蘊含著懷念長安之情。以上思都之作，共同折射出杜甫追求仕宦以謀眾生安樂卻又壯志未酬的哀愁形象，亦正呼應前文所言，杜詩的憂愁「正是因其眞誠的人格而生」。

（二）李　白

《新唐詩選》對李白的選錄與形塑，正可透過與杜甫的比較而展開。試

〔註 41〕〔日〕吉川幸次郎著，章培恆等譯：〈杜甫小傳〉，《中國詩史》，頁 237、243。

〔註 42〕吉川幸次郎認為，「飛動意」乃指杜甫「在文學以及在政治上躍躍欲試的心情」。詳參氏編：〈前篇・杜甫〉，《新唐詩選》，頁 26～27。

〔註 43〕〔日〕吉川幸次郎：〈前篇・杜甫〉，《新唐詩選》，頁 2。〔日〕吉川幸次郎著，章培恆等譯：〈杜甫小傳〉，《中國詩史》，頁 237。

〔註 44〕〔日〕吉川幸次郎：〈前篇・杜甫〉，《新唐詩選》，頁 37。

〔註 45〕〔日〕吉川幸次郎：〈前篇・杜甫〉，《新唐詩選》，頁 14。

觀以下引文：

> 杜甫最爲期待的是對於人類的眞誠。因此，他的熱情是以對人類的眞誠爲形式而傾注的。但是李白關心的是熱情本身。換言之，就是對於熱情本身的眞誠。每當遇到明政、酒、遊俠、山水、女人、神仙以及其他可以引發他的熱情的題材，他的熱情就會無所畏懼、浩蕩奔騰。（《新唐詩選》，頁 56）
>
> 杜甫以眞誠面對眾人爲志，總會擔心世間各種的事情。因此，多有憂愁的詩作……但是忠實於熱情的李白則是對引發熱情的機會很敏感。因此多有快樂的詩作，語言有如瀑布般奔騰。（《新唐詩選》，頁 57）〔註 46〕

吉川幸次郎並未具體解釋何爲李白的「行爲之美」，但讀者透過以上引文大概可知，其所強調的應是李白之熱情迸發、自由奔放，以及對快樂的追求，有別於杜甫眞誠而憂愁的形象。在選評環節中，吉川氏亦先透過相關詩作說明李白以上特質。《新唐詩選》首先選入「笑而不答心自閑」之〈山中答俗人〉、「我醉欲眠君且去」之〈山中與幽人對酌〉二作，並曰：「無拘無束的李白，無論是在拒絕俗人愚問一事之上，還是在和毫不拘謹、意氣相投的友人飲酒一事之上，都是隨心所欲的。」〔註 47〕又，〈山中夏日〉乃寫李白「脫巾掛石壁，露頂灑松風」的姿態，見其「背離俗世禮儀」之不羈。〔註 48〕再者則是〈答湖州迦葉司馬問白是何人〉，吉川氏指出，李白所答「金粟如來是後身」之句「帶有戲謔意味」，「展現了李白的豪放性格。」〔註 49〕其後，《新唐詩選》選入了〈擬古〉（今日風日好）以及〈宣州謝朓樓餞別校書叔雲〉，並曰：前詩吟詠的是「捨棄憂愁而奔向快樂」的「快樂主義」，〔註 50〕而後者則是「更爲放縱、恣肆地吟詠出與前詩相同的感情」，亦即李白「面朝快樂，勇敢振起」的生活態度。〔註 51〕

既然所欲突顯的是李白的隨性自在、快樂主義，《新唐詩選》重點選錄

〔註 46〕吉川幸次郎關於杜之憂愁與李之快樂的論述另可參考氏著：〈中國文學入門〉，《吉川幸次郎全集》第 1 卷中國通說篇，頁 30～31。氏著，章培恆等譯：〈唐詩的精神〉，《中國詩史》，頁 206。

〔註 47〕〔日〕吉川幸次郎：〈前篇・李白〉，《新唐詩選》，頁 60。

〔註 48〕〔日〕吉川幸次郎：〈前篇・李白〉，《新唐詩選》，頁 60。

〔註 49〕〔日〕吉川幸次郎：〈前篇・李白〉，《新唐詩選》，頁 62。

〔註 50〕〔日〕吉川幸次郎：〈前篇・李白〉，《新唐詩選》，頁 62。

〔註 51〕〔日〕吉川幸次郎：〈前篇・李白〉，《新唐詩選》，頁 67、68。

的李詩自然不是杜詩般的感時憂國之歎，而是遊歷山水、飲酒作樂等題材。吉川幸次郎指出，李白喜愛美麗山川，到處遊歷，留下各種詩作。〔註 52〕印證《新唐詩選》依次錄入「自愛名山入剡中」之〈秋下荊門〉，回憶名勝東山的薔薇、白雲、明月之〈憶東山〉，展現暴風雨前渡口津吏之「勃勃生氣」的〈橫江詞〉，歌詠「水盡南天不見云」之「雄大爽快」的〈遊洞庭〉，以送別驛站爲主題的〈勞勞亭〉，以及「相看兩不厭」之五絕名篇〈獨坐敬亭山〉。〔註 53〕藉由以上旅途所見所感之作，《新唐詩選》勾勒出李白「任情遨遊」〔註 54〕的逍遙姿態。吉川氏繼而指出，除了「佳山水」而外，李白亦愛「酒」。〔註 55〕觀其所錄「三百六十日，日日醉如泥」之〈贈內〉，以及〈魯中都東樓醉起作〉、〈春日醉起言志〉，均是李白豪飲酒醉的形象。而〈戴老酒店〉、〈贈汪倫〉所寫的則是李白與釀酒匠人之交誼。值得注意的是，〈戴老酒店〉乃是悼亡詩，但非極悲極痛之語。吉川氏認爲，此詩末二句「夜臺無李白，沽酒與何人」以詼諧之語寫出黃泉之下戴老的寂寞，而李白之情熱亦正滿溢於此。〔註 56〕此外，《新唐詩選》亦選入〈贈黃山胡公求白鷴〉一首，以見李白對於動物尤其是野鳥的喜愛與追求。〔註 57〕除了自我對快樂的積極追尋，吉川幸次郎亦彰顯李白「歌詠人世各種各樣的快樂姿態」〔註 58〕的一面。因此，《新唐詩選》收入了描繪玄宗皇帝宮廷行樂的〈宮中行樂詞〉（小小生金屋、柳色黃金嫩），以及歌詠年輕戀人之喜樂的〈陽叛兒〉。而以上 3 首詩作與〈玉階怨〉、〈長干行〉、〈採蓮曲〉、〈越女詞〉（長干吳兒女、耶溪採蓮女），均有著女性的身影，亦可證吉川氏所謂李白對於「女人」題材的關注與熱情。《新唐詩選》所錄以上諸作，可謂是從不同角度，共同呈現出了李白任性而行、追逐所好的主要樣貌。

最後，《新唐詩選》以「大雅久不作，吾衰竟誰陳」之〈古風〉爲結，作

〔註 52〕〔日〕吉川幸次郎：〈前篇・李白〉，《新唐詩選》，頁 69。

〔註 53〕以上 6 首詩作之說解參見〔日〕吉川幸次郎：〈前篇・李白〉，《新唐詩選》，頁 69～77。其中，〈憶東山〉、〈獨坐敬亭山〉之說解亦可參氏著，章培恆等譯：〈李白——牡丹的故事〉，《中國詩史》，221。

〔註 54〕〔日〕吉川幸次郎著，章培恆等譯：〈李白——牡丹的故事〉，《中國詩史》，頁 221。

〔註 55〕〔日〕吉川幸次郎：〈前篇・李白〉，《新唐詩選》，頁 78。

〔註 56〕〔日〕吉川幸次郎：〈前篇・李白〉，《新唐詩選》，頁 84。

〔註 57〕〔日〕吉川幸次郎：〈前篇・李白〉，《新唐詩選》，頁 110。

〔註 58〕〔日〕吉川幸次郎：〈前篇・李白〉，《新唐詩選》，頁 87。

爲李白的「總論」：

> 雖然他的生活看起來如此放蕩無賴，但實際上是貫穿著一個崇高的目的。又，正是因爲有著那個目的，李白有意過著奔放的生活。所謂的目的就是復活詩歌正道。在他之前的時代，換言之就是六朝時代的詩歌，過於著重修辭技巧，多有柔弱之作。將其拉回往昔詩歌之雄健，那是他一生的目的，是自覺的任務。但是爲了創作有雄壯剛健之風的詩歌，必須讓感情的振幅闊達無礙。因此，首先必須過著自由的生活。這就是爲什麼他飲酒，喜愛女人、山水、神仙、野鳥。他自身正有著成爲詩歌復興者的抱負和自信。一切行動，都是爲了增強能夠實現這個抱負的能力的方法。（《新唐詩選》，頁 114～115）

如果說《新唐詩選》強調的是杜甫的「政治理想」，那麼在李白方面則是「文學理想」。以上引文指出，李白過著奔放、自由的生活，乃是爲了開拓心胸，激盪生命脈搏，由此增強詩筆力量，實現詩歌復古，亦即創作雄勁之詩。藉由說解〈古風〉所述之志，吉川氏引導讀者對李白之隨心所欲、自由灑脫形成更爲深刻的認識。

需要補充說明的是，關於以上所論杜、李形象之憂樂差異，吉川幸次郎曾指出：「被稱爲『一生愁』的杜甫亦非僅是創作憂愁的詩。」〔註 59〕崇尚快樂主義的李白自然亦非僅有快樂之作。檢視二家選目，可見除上文提及的 11 首杜詩以外，吉川氏另外選入歌詠可愛動人的跳舞少女之〈即事〉，以及帶有閒適和樂之趣的〈絕句〉（遲日江山麗）、〈漫成〉、〈賓至〉，凡 4 首。反觀李白部分，吉川氏尚錄入鄉愁名篇〈靜夜思〉以及悼亡詩〈哭晁卿衡〉〔註 60〕二作，若加上之前論及的「天下傷心處」之〈勞勞亭〉，以及描寫宮女、思婦、採蓮女之哀愁的〈玉階怨〉、〈長干行〉、〈採蓮曲〉，〔註 61〕《新唐詩選》所錄較爲傷感之李詩共有 6 首。但從選詩總量來看，以上詩例分別僅佔杜詩（15 首）、李詩（29 首）的 27%、21%，比重較低。據此可知，吉川幸次郎

〔註 59〕〔日〕吉川幸次郎：〈前篇・杜甫〉，《新唐詩選》，頁 10。

〔註 60〕其時誤傳遣唐使阿倍仲麻呂（あべ の なかまろ，698～770）因海難身亡，李白作此悼亡詩。〔日〕吉川幸次郎：〈前篇・李白〉，《新唐詩選》，頁 112～114。

〔註 61〕吉川幸次郎指出，諸作分寫宮中與民間的哀愁，其中〈玉階怨〉乃是宮人之悲，〈長干行〉則是以思夫少妻的獨白吟詠平民愛情之哀愁，而〈採蓮曲〉則是採蓮女與貴公子們的朦朧愛情與斷腸愁思。詳參氏編：〈前篇・李白〉，《新唐詩選》，頁 92～94、97～104、106～108。

雖然選入以上詩作以使二家形象更爲飽滿，但仍是以憂愁、快樂作爲杜甫、李白二人的詩作主調。

（三）王　維

與以上二家相比，王維在《新唐詩選》的入選篇目較少，爲 12 首。如前所引，吉川幸次郎主張，與杜甫、李白歌詠人類的心靈、行爲之美不同，王維的詩作以歌詠自然之美爲主。吉川氏又云：「王維官至尚書右丞……官位比李白、杜甫更高，但是對於政治的熱情反而淡薄」，「其眞正崇尚的對象被認爲在於山水之美」。〔註 62〕

比照《新唐詩選》的收錄實況，吉川幸次郎認爲可將〈入山寄城中故人〉視作「王維對於自然的態度之序說」，並解說道：「因爲像王維那樣愛好山水的人並不是很多」，此詩第三句故曰「興來每獨往」，而第四句「勝事空自知」之「勝事」，正是指「自然的高雅之美」。〔註 63〕由此提醒讀者，王維對於自然有著異於常人之好。《新唐詩選》其後又錄〈山居秋暝〉、〈過香積寺〉，以及「輞川二十景」〔註 64〕之五景，即〈孟城坳〉、〈華子崗〉、〈鹿柴〉、〈竹里館〉、〈辛夷塢〉，皆是描寫山林之趣的作品。

在突顯王維熱愛自然的基礎上，《新唐詩選》進一步指出：「王維所愛的自然之美尤其在於其靜寂之美。」〔註 65〕試觀以下詩句：

〈山居秋暝〉：空山新雨後，天氣晚來秋。（《新唐詩選》，頁 123）

〔註 62〕〔日〕吉川幸次郎：〈前篇・王維〉，《新唐詩選》，頁 121。在此補充一提，吉川氏所言王維對政治之淡薄，或具主觀性。有學者指出，王維一生在仕隱之間徘徊，早年有著熱衷功名的一面。例如可參楊文雄：〈王維的時代背景與生平〉，《詩佛王維研究》（臺北：文史哲出版社，1988 年），頁 101～132。蕭麗華：〈九歲知屬辭——早慧的少年（二十歲以前）〉、〈微官易得罪，謫去濟州陰——初入仕途（二十歲~三十歲）〉、〈託身侍雲陛，昧旦趨華軒——從右拾遺到侍御使（三十歲~三十七歲）〉，《王維——道心禪悅一詩佛》（臺北：幼獅文化事業公司，1991 年），頁 11～42。

〔註 63〕〔日〕吉川幸次郎：〈前篇・王維〉，《新唐詩選》，頁 122。

〔註 64〕王維〈輞川集並序〉載：「余別業在輞川山谷，其遊止有孟城坳、華子岡、文杏館、斤竹嶺、鹿柴、木蘭柴、茱萸沜、宮槐陌、臨湖亭、南垞、欹湖、柳浪、欒家瀨、金屑泉、白石灘、北垞、竹里館、辛夷塢、漆園、椒園等。與裴迪閑暇，各賦絕句云爾。」詳見氏著：《輞川集》，收錄於曹中孚標點：《王維全集（附孟浩然集）》（上海：上海古籍出版社，1997 年），卷 13，頁 69。

〔註 65〕〔日〕吉川幸次郎：〈前篇・王維〉，《新唐詩選》，頁 128。

〈過香積寺〉：古木無人徑，深山何處鐘。（《新唐詩選》，頁 125）

〈鹿柴〉：空山不見人，但聞人語響。（《新唐詩選》，頁 130）

〈竹里館〉：深林人不知，明月來相照。（《新唐詩選》，頁 131）

〈辛夷塢〉：澗户寂無人，紛紛開且落。（《新唐詩選》，頁 132）

王維以上所寫的空山、深山、深林，抑或是無人之澗戶，均是空寂、幽深之所。具體詩例如〈過香積寺〉，敲鐘之聲不知從何處傳來，非但沒有破壞寧靜的氣息，反而更覺深山之幽邃。此外，〈孟城坳〉、〈華子崗〉描繪的是「古木餘衰柳」、「飛鳥去不窮，連山復秋色」之沉寂，亦非喧鬧之景，由此喚起詩人心中「空悲」、「惆悵」之愁緒。〔註 66〕值得注意的是，自然的「靜寂之美」並不意味著與世隔絕、全無人跡，但是，「王維詩歌中的人類必須是與自然調和的，增添自然之美的。」〔註 67〕在解析〈山居秋暝〉之「竹喧歸浣女，蓮動下漁舟」時，吉川氏又強調：「在王維的詩作中，人類也只是作爲增添自然之美的點景人物，在不顯眼之處被描繪。」〔註 68〕此詩所寫的浣女、漁舟掩蓋在山林之中，藉由「竹喧」、「蓮動」，方知其活動痕跡，更見竹林之深、蓮塘之靜。另如〈鹿柴〉所寫的不見人影卻聞人聲，「人語響」毫無突兀之感，反襯出「空山」之幽靜。而較爲特別的當屬送友人歸隱之〈送別〉詩。吉川氏認爲，與以上諸作不同，王維此詩乃是將自然視作人類的對立者而吟詠之，亦即是透過「白雲無盡時」與「人世污穢」的對立，以歌詠自然之美。〔註 69〕總體而言，《新唐詩選》以上選目，爲初學者勾勒出鍾情於靜寂之自然山水的王維形象。

與李、杜之選錄情況相似，吉川幸次郎亦補充王維的其他側面以豐富之。例如選入「強健之詩」〈觀獵〉，以見王維乃是「充滿活力的唐代之人」。〔註 70〕至於送別名篇〈送元二使安西〉以及思親名篇〈九月九日憶山東兄弟〉，則呈現出詩人「溫和而有著細膩感情」〔註 71〕的一面。但是除以上 3 首詩作以外，《新唐詩選》所欲突顯的仍是王維熱愛自然之美的主要形象。

〔註 66〕〔日〕吉川幸次郎：〈前篇・王維〉，《新唐詩選》，頁 127～130。
〔註 67〕〔日〕吉川幸次郎：〈前篇・王維〉，《新唐詩選》，頁 127。
〔註 68〕〔日〕吉川幸次郎：〈前篇・王維〉，《新唐詩選》，頁 124。
〔註 69〕〔日〕吉川幸次郎：〈前篇・王維〉，《新唐詩選》，頁 136。
〔註 70〕〔日〕吉川幸次郎：〈前篇・王維〉，《新唐詩選》，頁 133～134。
〔註 71〕〔日〕吉川幸次郎：〈前篇・王維〉，《新唐詩選》，頁 137。

二、《新唐詩選續篇》形塑之白居易、韓愈形象

（一）白居易

《新唐詩選續篇》僅錄白居易、韓愈兩家，首先介紹的是日本讀者熟悉的詩人白居易。〔註 72〕吉川幸次郎指出，白居易將自己的詩作概分爲諷諭、閒適、感傷、雜律詩，而白氏本人重視的乃是「兼濟」之諷諭詩以及「獨善」之閒適詩。〔註 73〕吉川氏又云：

> 他（白居易）的性格最大的特徵在於性情之平易。因此，他通常是弱者的援助者，代弱者提出抗議，「諷諭詩」就是那樣。再者，他亦追求個人的生活平和，「閒適詩」就是這樣。此外，他避開難懂的用語。以上都是他性情平易之產物。（《新唐詩選續篇》，頁 5～6）

吉川氏結合白居易之性情及其創作進行概述，指出白氏之「平易」體現在詩歌中主要是爲弱者發聲的「諷諭詩」，以及展現生活之平和安寧的「閒適詩」。同時，語言之通俗易懂亦由其性情而生。若將《續篇》所錄 16 首白詩對應到《白氏長慶集》中，可發現「諷諭詩」僅有 4 首，「閒適詩」僅有 2 首。〔註 74〕如此選錄實況看似與以上強調之言不相符，然而，結合具體說詩內容

〔註 72〕白居易的作品於平安時代初期亦即在其生前已傳至日本，並在文壇上掀起「白旋風」，於 9 世紀至 12 世紀，歷四百年而不衰，後來甚至成爲日本中學漢文課之教材，可謂是日人頗爲熟悉的唐代詩人。參考〔日〕小西甚一原著，鄭清茂翻譯：〈拾遺集時代與白詩〉，《日本文學史》（臺北：聯經出版事業股份有限公司，2015 年），頁 59。嚴紹璗：〈白居易文學在日本中古韻文史上的地位與意義〉，《中日古代文學關係史稿》（長沙：湖南文藝出版社，1987 年），頁 179～237。〔日〕下定雅弘原著，李寅生翻譯：〈白樂天的人生——睿智的世界〉，《白樂天的世界》（南京：鳳凰出版社，2017 年），頁 12。

〔註 73〕〔日〕吉川幸次郎：〈前篇・白居易〉，《新唐詩選續篇》，頁 3～4、90。白居易在〈與元九書〉中將自己的詩歌分爲諷諭詩、閑適詩、感傷詩、雜律詩，並曰：「古人云：『窮則獨善其身，達則兼濟天下。』僕雖不肖，常師此語……故僕志在兼濟，行在獨善，奉而始終之則爲道，言而發明之則爲詩。謂之「諷諭」詩，兼濟之志也；謂之「閑適」詩，獨善之義也。故覽僕詩，知僕之道焉……今僕之詩，人所愛者，悉不過雜律詩與〈長恨歌〉已下耳，時之所重，僕之所輕。」詳參〔唐〕白居易：《白氏長慶集》，收錄於《景印文淵閣四庫全書》集部第 19 冊（臺北：臺灣商務印書館，1983 年，據國立故宮博物院藏本影印），卷 45，頁 7b～9a。

〔註 74〕【圖表 21】吉川幸次郎《新唐詩選續篇》選錄白居易詩與《白氏長慶集》分類對應表

可發現，吉川氏在選評「感傷詩」、「雜律詩」之時，突顯的仍是白居易「平易」的主要面貌。

試觀《新唐詩選續篇》所錄詩作，「諷諭詩」如〈新豐折臂翁〉是以年輕時爲逃兵役而自殘一肢的斷臂老翁爲主角，詠歎「無意義的戰爭正是人民之苦」。〔註 75〕而〈賣炭翁〉則是寫賣炭老翁「一車炭重千餘斤」，卻被官吏以「半匹紅紗一丈綾」掠奪而去，藉此揭露「官市」之「橫暴乃是人民困苦之所」。〔註 76〕此外又錄〈鹽商婦〉，吉川氏強調，此詩所寫之婦人與「無論如何勞作但生活都不安樂」的賣炭老翁相反，乃是「白手而奢靡」之人。〔註 77〕印證詩中所云「不事田農與蠶績」、「皓腕肥來銀釧窄」，與「伐薪燒炭南山中」、「兩鬢蒼蒼十指黑」之鮮明對比。透過選目及說解，讀者當能理解白居易對苦難民眾的關心與憐憫。除了以上 3 首隸屬於「諷諭詩」的新樂府而外，《新唐詩選續篇》亦錄入日人最爲熟悉的〈長恨歌〉以及傳世長篇〈琵琶行〉，均屬「傷感詩」。而在說解時吉川氏則主張：

> 不論〈琵琶行〉是不是虛構，詩的主題和詩人其他很多詩作一樣，都是對於弱者的同情……〈長恨歌〉的主題也是如此。因爲無論是帝王玄宗，還是居於貴妃之位的楊氏女，就〈長恨歌〉所展現的，都不過是被剝奪愛戀的弱者。對他們的同情，亦貫串了那首詩。（《新唐詩選續篇》，頁 89）〔註 78〕

分　類	篇目（卷次）
諷諭詩	〈折劍頭〉（卷 1）、〈新豐折臂翁〉（卷 3）、〈賣炭翁〉（卷 4）、〈鹽商婦〉（卷 4）
閒適詩	〈食後〉（卷 7）、〈三年爲刺史〉（卷 8）
感傷詩	〈贈賣松者〉（卷 9）、〈感鏡〉（卷 10）、〈長恨歌〉（卷 12）、〈琵琶行〉（卷 12）
雜律詩	〈八月十五日夜禁中獨直對月憶元九〉（卷 14）、〈舟中讀元九詩〉（卷 15）、〈草堂重題〉（卷 16）、〈贈內子〉（卷 17）、〈閒居自題〉（卷 30）、〈覽鏡喜老〉（卷 30）

〔註 75〕〔日〕吉川幸次郎：〈前篇・白居易〉，《新唐詩選續篇》，頁 98。

〔註 76〕〔日〕吉川幸次郎：〈前篇・白居易〉，《新唐詩選續篇》，頁 101。

〔註 77〕〔日〕吉川幸次郎：〈前篇・白居易〉，《新唐詩選續篇》，頁 103。

〔註 78〕引文提及之「虛構」，吉川氏乃指宋人洪邁之疑：「白樂天〈琵琶行〉一篇，讀者但羨其風致，敬其詞章，至形於樂府，詠歌之不足，遂以謂眞爲長安故倡所作。予竊疑之。唐世法網雖於此爲寬，然樂天嘗居禁密，且謫官未久，必不肯乘夜入獨處婦人船中，相從飲酒，至於極彈絲之樂，中夕方去，豈不虞商人者它日議其後乎？樂天之意，直欲攄寫天涯淪落之恨爾。」詳見氏著：

由此具體得見，白居易詩歌中對於弱者的同情實乃吉川氏著力展示之重點。

至於白氏性情平易的另一個體現，亦即前文所引「生活平和」，吉川幸次郎有進一步之說明：

> 在他（白居易）的思考中，使得生活平靜、清淨的方法正如其名「居易」，正如其字「樂天」。換言之，就是接受世間的種種所限，隨遇而安，不作勉強。（《新唐詩選續篇》，頁 117～118）

試觀《續篇》選入的兩首「閒適詩」，其中〈食後〉反映的是白居易「無憂亦無樂，長短任生涯」的「達觀」心境。〔註 79〕另一首〈三年爲刺史〉作於杭州刺史任內，展現詩人爲官清廉、不追名逐利的一面。此外所錄的「雜律詩」亦能體現白居易樂天知足的形象。例如「匡廬便是逃名地，司馬仍爲送老官。心泰身寧是歸處，故鄉何獨在長安」之〈草堂重題〉，或是展現家庭生活清貧而其樂融融之〈贈內子〉。其後又錄隱棲洛陽之作〈閒居自題〉，以及反映「晚衰勝早夭」、「當喜不當歎」之喜老心境的〈覽鏡喜老〉。以白居易〈與元九書〉之言概括之，以上詩作可謂均是「知足保和」〔註 80〕之寫照。

《新唐詩選續篇》所錄其他白詩如「諷諭詩」〈折劍頭〉，寄寓的是詩人寧折勿彎之「毅然」。〔註 81〕此外又錄兩首「傷感詩」，即感歎城中無地栽植純粹美麗的松樹之〈贈賣松者〉、睹物思人之〈感鏡〉，以及兩首思憶友人元稹的「雜律詩」，即〈八月十五日夜禁中獨直對月憶元九〉、〈舟中讀元九詩〉，屬於較爲憂愁之作，異於平和喜樂的心境。而就《續篇》整體選評情況而言，前文所論 11 首詩作展現的性情平易，實乃吉川氏所欲突顯的白居易形象。

（二）韓　愈

關於最後介紹的韓愈，吉川幸次郎將其稱爲「充滿精力和鬥志的詩人」。〔註 82〕由此可推測，《續篇》選入的韓詩應明顯有別於王維所寫的靜寂山林之題材，亦有別於白居易〈草堂重題〉、〈閒居自題〉等閒適之作。究竟《新唐詩選續篇》如何突顯韓愈之精力與鬥志呢？

先觀吉川氏此言：「對充滿鬥志的韓愈而言，鬥爭之時燃燒生命的火花之

《容齋五筆》，收錄於《文津閣四庫全書》子部第 281 冊（北京：商務印書館，2005 年，據中國國家圖書館藏本影印），卷 7，頁 516。

〔註 79〕〔日〕吉川幸次郎：〈前篇・白居易〉，《新唐詩選續篇》，頁 118。

〔註 80〕〔唐〕白居易：〈與元九書〉，《白氏長慶集》，卷 45，頁 8a。

〔註 81〕〔日〕吉川幸次郎：〈前篇・白居易〉，《新唐詩選續篇》，頁 108。

〔註 82〕〔日〕吉川幸次郎：〈前篇・韓愈〉，《新唐詩選續篇》，頁 176。

美，屢屢是他的詩作題材。」〔註 83〕此選收錄〈雉帶箭〉、〈龍移〉二作，前詩乃寫將軍攔鷹獵射野雉的場景，後詩乃寫「蛟龍移」而「魚鼈枯死」的場景，其中固然帶有對於「戰鬥犧牲者」即野雉、魚鼈的哀憐，但亦可明證「他（韓愈）喜歡吟詠的也是力與力角逐的充滿氣勢的場景」。〔註 84〕此外又有〈東方半明〉之作，吉川氏並未點明此詩之寓意，但從中可見「殘月暉暉，太白睒睒」這兩股力量之對峙與「相疑」。〔註 85〕以上篇目共同呈現出韓愈對於「角逐的力」、「格鬥中的美感」〔註 86〕的喜愛。

除以上選目而外，表達遠大追求的詩作更能直接向讀者展現韓愈之精力與鬥志。例如〈秋懷〉詩所謂「丈夫屬有念，事業無窮年」，又或以「幽默風趣」的語言記敘釣魚之事的〈贈侯喜〉，此詩至末二句「君欲釣魚須遠去，大魚豈肯居沮洳」方點明捨小求大之旨，吉川幸次郎指出，此詩之結有力地反映出韓愈的根性。〔註 87〕

再者，吉川氏亦透過韓愈對於社會現狀的不平不滿與批判諷刺，體現其鬥爭精神。試觀〈馬厭穀〉，此乃透過奢侈的貴族之家與貧苦的知識青年的對比，提出「激烈抗議」〔註 88〕之作。再以〈夜歌〉爲例，吉川氏認爲，此詩看似寫社會之太平，實際上乃是「反語」，詩人藉此表達對於權貴親信目空一切、地方軍閥飛揚跋扈、文人耽於文字遊戲等現象之不滿。〔註 89〕而〈剝啄行〉中又可見「凡今之人，急名與官」〔註 90〕之庸俗世態。至於〈醉客〉詩則寓有「諷刺政府官吏對危機的到來置之不顧，一直進行黨派鬥爭」之意。〔註 91〕需要注意的是〈山石〉之說解，吉川幸次郎指出，此乃韓愈「少有的吟詠自然之詩」，然而在闡釋末聯「嗟哉吾黨二三子，安得至老不更歸」時，吉川氏亦強調，此乃詩人「對於一直進行黨爭的二三同僚的警告」。〔註 92〕

若說以上詩例與白居易諷諭社會現實之作有著相似之處，那麼以下選目

〔註 83〕〔日〕吉川幸次郎：〈前篇・韓愈〉，《新唐詩選續篇》，頁 148。
〔註 84〕〔日〕吉川幸次郎：〈前篇・韓愈〉，《新唐詩選續篇》，頁 151。〔日〕吉川幸次郎著，章培恆等譯：〈韓退之的詩〉，《中國詩史》，頁 250。
〔註 85〕〔日〕吉川幸次郎：〈前篇・韓愈〉，《新唐詩選續篇》，頁 146。
〔註 86〕〔日〕吉川幸次郎著，章培恆等譯：〈韓退之的詩〉，《中國詩史》，頁 251。
〔註 87〕〔日〕吉川幸次郎：〈前篇・韓愈〉，《新唐詩選續篇》，頁 165。
〔註 88〕〔日〕吉川幸次郎：〈前篇・韓愈〉，《新唐詩選續篇》，頁 138。
〔註 89〕〔日〕吉川幸次郎：〈前篇・韓愈〉，《新唐詩選續篇》，頁 143～144。
〔註 90〕〔日〕吉川幸次郎：〈前篇・韓愈〉，《新唐詩選續篇》，頁 163。
〔註 91〕〔日〕吉川幸次郎：〈前篇・韓愈〉，《新唐詩選續篇》，頁 146。
〔註 92〕〔日〕吉川幸次郎：〈前篇・韓愈〉，《新唐詩選續篇》，頁 153、156。

則更能看出吉川氏突顯二家形象差異之用意，亦即是白詩飽含對弱者的同情，而韓詩更具與世不合而又勇於抗爭的一面。《續篇》在選評韓詩時即論及：「社會與個人的矛盾、衝突、葛藤，在中國也是產生文學的重要因子之一。」〔註 93〕觀其所錄〈暮行河隄上〉，吉川幸次郎主張末二句「謀計竟何就，嗟嗟世與身」包含如下之意：實現自身之「謀計」，必須有「與不予理解的眾人進行抗爭，與就像剛才所見的風景一樣冷冰冰的社會進行抗爭」之覺悟；〔註 94〕再者，「與世實參差」之〈出門〉詩以及〈長安交遊者〉，均是直言「世人的常識和我的思考，實在相左」，而〈落齒〉詩則是對「愛管閒事之人」的反駁，表達自身的不同看法。〔註 95〕以〈長安交遊者〉為例，詩曰：

> 長安交遊者，貧富各有徒。親朋相過時，亦各有以娛。陋室有文史，高門有笙竽。何能辨榮悴，且欲分賢愚。（《新唐詩選續篇》，頁 132）

世人多以「高門」為「榮」，以「陋室」為「悴」，亦即以「貧富」作為人之分類標準，而韓愈反認為應以「賢愚」進行區分。藉由此詩，吉川氏為讀者勾勒出詩人拒絕盲從、「反抗常識」〔註 96〕的樣貌。至於七律〈左遷至藍關示姪孫湘〉則是關於韓愈作為官員與朝廷產生的直接衝突，前四句云：「一封朝奏九重天，夕貶潮州路八千。欲為聖明除弊事，肯將衰朽惜殘年。」吉川氏認為，透過韓愈上表憲宗，諫迎佛骨，攻擊佛教的行為，「不得不認可他敢然反抗的鬥志」。〔註 97〕

要而言之，吉川幸次郎所選以上 15 首韓詩，或展現格鬥美感，或展現遠大抱負，或展現詩人對於社會現狀心感不滿甚或奮起抗爭的一面。據此，引導初學者掌握韓愈「充滿精力和鬥志」之樣貌。

第三節　《新唐詩選》與《新唐詩選續篇》之「新」意

在考察了吉川幸次郎形塑詩人形象之編選用意之後，本節擬結合李攀龍《唐詩選》，進一步探究吉川氏選本之「新」意所在。進入正文討論之前需

〔註 93〕〔日〕吉川幸次郎：〈前篇・韓愈〉，《新唐詩選續篇》，頁 137。
〔註 94〕〔日〕吉川幸次郎：〈前篇・韓愈〉，《新唐詩選續篇》，頁 137。
〔註 95〕〔日〕吉川幸次郎：〈前篇・韓愈〉，《新唐詩選續篇》，頁 140、174。
〔註 96〕〔日〕吉川幸次郎：〈前篇・韓愈〉，《新唐詩選續篇》，頁 134。
〔註 97〕〔日〕吉川幸次郎：〈前篇・韓愈〉，《新唐詩選續篇》，頁 177。

要了解的是，所謂「舊《唐詩選》」爲何版本？吉川氏並未明言。但是，《新唐詩選》在說解李白〈玉階怨〉時曾引森槐南之言，認同此詩較李選所錄〈怨情〉更佳。〔註 98〕據此可測，吉川氏曾閱讀森氏《唐詩選評釋》，而該書之底本乃是服部南郭考訂本。此外，在《元明詩概說》中，亦見吉川氏曾指出考訂本之盛行現象：「享保 9 年（1724），亦即是在傳爲李攀龍所編之《唐詩選》出現之後的一個半世紀，徂徠弟子服部南郭重新刊行之，成了當時的暢銷書。」〔註 99〕據此，筆者認爲，在進行新、舊選本對比時，可以考訂本爲比較對象展開探討。

李攀龍《唐詩選》選錄 128 位詩家，凡 465 首，並且「有選無評」；而吉川幸次郎新選則是錄入 9 位詩家，凡 93 首，進而展開選目之「說解」，以便讀者掌握其要。從選詩規模以及說詩環節來看，吉川氏新選的「初學本」性質可謂更加顯著。下文進一步聚焦到新、舊二選之篇目交集率進行觀察。由於《新唐詩選》及其《續篇》僅共錄 9 位詩家，因此，《唐詩選》的選錄情況亦以此爲中心整理如下：

【圖表 22】李攀龍《唐詩選》與吉川幸次郎《新唐詩選》、《新唐詩選續篇》之選詩交集統計

詩人	李選	新選	交集篇數及篇目	
杜甫	51	15	3	〈絕句〉（江碧鳥逾白）、〈返照〉、〈登高〉
李白	33	29	3	〈秋下荊門〉、〈獨坐敬亭山〉、〈靜夜思〉
王維	31	12	6	〈過香積寺〉、〈鹿柴〉、〈竹里館〉、〈觀獵〉、〈送別〉、〈九月九日憶山東兄弟〉
孟浩然	7	1	1	〈春曉〉
常建	6	2	1	〈題破山寺后禪院〉
王昌齡	21	1	1	〈閨怨〉
崔國輔	3	2	1	〈長樂少年行〉

〔註 98〕「森槐南博士評此詩曰：『無一字之怨言，而隱然幽怨之意，溢滿於無字處』。又，他認爲雖然《唐詩選》收錄同爲李白所作的五言絕句：『美人卷珠簾，深坐顰蛾眉。但見淚痕濕，不知心狠誰』，但比起那首（按：〈怨情〉），這首〈玉階怨〉更佳。我也是這么認爲的。」〔日〕吉川幸次郎：〈前篇・李白〉，《新唐詩選》，頁 94。森槐南之說可見於氏著：《唐詩選評釋》，卷 6，頁 499。

〔註 99〕〔日〕吉川幸次郎：〈「古文辞」の功罪〉，《元明詩概說》，收錄於《吉川幸次郎全集》第 15 卷元篇下・明篇，頁 530。

白居易	0	16	0	／
韓愈	1	15	0	／
合計	153	93	16	交集率 16／93≈17%

由上表可見，新、舊二選的詩作交集率相當低，重複篇數 16 首僅佔吉川氏新選總量 93 首的 17%。換言之，新錄篇目高達八成以上。二選篇目重複率之低清楚說明了，吉川氏選本確如書名所言之「新」。對此選錄「新」況，雖然難以釐清當中是否帶有「吉川氏選本刻意迴避《唐詩選》選目以突顯『新』意」此類較爲極端的影響因素，但若讀者擬進一步理解箇中緣由，筆者以爲，或可從以下角度，結合具體的選錄篇目進行觀察。

一、選錄體例

從宏觀的詩選體例來看，已能初步體會吉川氏選本有別於李攀龍《唐詩選》之處。李氏舊選乃是依照「詩體」進行分卷，而吉川幸次郎之《新唐詩選》及其《續篇》則是依據「詩人」選詩，此中構建的體系顯然異於李選。進一步和本論文討論的其他三家進行比較，更能看出吉川氏此舉之「新」意。例如第二章所探討之《唐詩遺》，雖然篠崎小竹明確指出李選之不足，然而亦僅是在原選依「詩體」分卷的體系中進行拾遺補闕，而且僅有「旁點」，並無說詩環節。又如第三章考察的森槐南《唐詩選評釋》，雖然亦補錄了個別新篇目，並且有意傳遞異於〈唐詩選序〉之詩體觀，但主要是在李選 7 卷 465 首的基礎上進行評釋。在第四章進行探析的目加田誠《新釋唐詩選》亦然，同以李氏舊選爲基礎，進行選目譯註、評說。相形之下，吉川幸次郎轉以「詩人」爲核心，重新「選詩」、「說詩」，藉此形塑詩人形象之舉，明顯更具突破《唐詩選》之意。

筆者認爲，二家選本體例之差異，或謂二家編選意圖之差異，正是詩作交集率偏低的根本原因。李攀龍《唐詩選》沒有說詩環節供讀者了解其選錄緣由，但是透過此選依照「詩體」分卷編次的體例，加之卷前〈唐詩選序〉對唐人各體創作進行評述，可以推測：李氏應有引導讀者領悟不同詩體的創作技巧、審美特質之意，甚至是在比較同卷作品的基礎上，體會不同詩人在同一詩體上的異同表現。反觀吉川幸次郎之《新唐詩選》及其《續篇》則是以形塑詩人形象爲主。因此，即便某些詩作能夠體現所屬詩體之創作要點，或者詩家於該體之創作特色，但是，該詩若與吉川氏意欲突顯的詩人樣貌不符，自然就不會被收入新選之中。

結合具體選目來看，較爲明顯之例子如王維之選錄落差。李攀龍《唐詩選》收入王氏七言律詩如〈和賈至舍人大明宮之作〉、〈和太常韋主簿五郎溫泉寓目〉、〈大同殿生玉芝龍池上有慶雲百官共觀聖恩便賜燕樂敢書即事〉、〈奉和聖製從蓬萊向興慶閣道中留春雨中春望之作應制〉、〈敕賜百官櫻桃〉、〈酬郭給事〉等篇目，主要作爲宮廷應酬之用，其中不乏獲得「絕唱」、「應制詩第一」之譽者。〔註 100〕除了律詩一般要求的平仄對黏、中二聯對仗而外，以上王詩還有助於讀者領會宮廷詩用典穩切、氣色高華、宏麗富艷之藝術特徵，〔註 101〕以及講求尊卑高下，歌頌朝廷功業，讚美天子恩遇等內容要求。然而，吉川幸次郎對此均不作錄取。因爲從形塑詩人形象的立場來看，以上篇目均無益於突顯王維追尋自然之美的主要形象。相似情況又如李攀龍《唐詩選》僅錄韓愈 1 首七言律詩，爲〈奉和庫部盧四兄曹長元日朝迴〉。但是此詩與新選勾勒的「充滿精力和鬥志」之韓愈形象不免有扞格不入之感，自然難以獲得吉川氏之青睞。

再以新、舊二選多有錄取的杜甫、李白詩爲例觀之。《唐詩選》所收杜詩如七言古詩〈韋諷錄事宅觀曹將軍畫馬圖〉、〈丹青引贈曹將軍霸〉，可謂皆是李攀龍所言「縱橫有之」之作，〔註 102〕展現出有別於初唐氣格的特色，而其「結構之妙」〔註 103〕亦可供讀者觀摩學習。其他如「典重高華」〔註 104〕

〔註 100〕《唐詩選勝直解》評〈和賈至舍人大明宮之作〉：「應制詩莊重典雅，斯爲絕唱。」轉引自陳伯海主編：《唐詩彙評》上冊（杭州：浙江教育出版社，1996 年），頁 330。又，沈德潛評〈奉和聖製從蓬萊向興慶閣道中留春雨中春望之作應制〉：「應制詩應以此篇爲第一。」評〈敕賜百官櫻桃〉：「詞氣雍和，淺深合度，與少陵〈野（重訂本），卷 13，頁 7b、8a。

〔註 101〕參考詩評家以下之論，如宋人葛立方曰：「應制詩非他詩比，自是一家句法，大抵不出於典實富艷爾……若作清癯平淡之語，終不近爾。」詳見氏著：《韻語陽秋》，收錄於何文煥輯：《歷代詩話》（北京：中華書局，1982 年），卷 2，頁 498。又，明人胡震亨曰：「開元彩筆，無過燕、許。許之應制七言，宏麗有色，而他篇不及李嶠。」「廣宣應制諸篇，氣色高華，允哉紫衣名衲。」詳見氏著，周本淳校點：《唐音癸籤》，卷 5，頁 46、82。

〔註 102〕比照明人許學夷論杜甫七古亦云：「至若〈畫馬引〉、〈丹青引〉等，縱橫軼蕩，而精嚴自如，千載而下，惟獻吉能之，他人不能得其彷彿也。」詳見氏著，杜維沫校點：《詩源辯體》（北京：人民文學出版社，1987 年），卷 19，第 8 則，頁 211。

〔註 103〕李子德評〈韋諷錄事宅觀曹將軍畫馬圖〉云：「此與前篇（按：〈丹青引〉）俱極沈鬱頓挫，尤須玩其結構之妙……」詳見〔清〕楊倫原著，原中華書局上之〈重經昭陵〉以及「典重中帶飄逸，精工中有排宕」〔註 105〕之〈冬日洛城北謁玄元皇帝廟〉等篇目，亦能呈現五言長律鋪陳排比、精工典雅的藝術追求。〔註 106〕〈謁玄元廟〉更有「千古典則」〔註 107〕之稱，可體現杜甫五排創作的過人成就，亦可視爲學詩者升堂之室。轉從內容來看，以上選目儘管亦與國運興衰、社會時事相關，如兩首七古均是從曹霸畫馬寫至眞馬，從眞馬而至先帝玄宗，曲折道出今昔盛衰之嘆；〈重經昭陵〉乃是讚頌太宗開國建邦之功，寄望唐之中興；〈謁玄元廟〉則是婉刺李氏唐室假借老子鞏固政權。然而，若要突顯杜甫憂國憂民的眞誠與憂愁，實屬反映國破民苦之〈春望〉、〈新婚別〉等新選篇目來得更爲直接而貼切，尤其是直呼「安得廣廈千萬間，大庇天下寒士俱歡顏」之〈茅屋爲秋風所破歎〉，更能見出杜甫心懷天下的「廣博的仁愛精神」。〔註 108〕至於李白部分，《唐詩選》所錄李詩如七絕〈峨眉山月歌〉、〈春夜洛城聞笛〉、〈聞王昌齡左遷龍標尉遙有此寄〉、〈黃鶴樓送孟浩然之廣陵〉等作，均是廣爲傳頌、膾炙人口的名篇，或寫故園情、或寫思念友人、或寫悵別友人，皆含無限情思。此外，「弔古情深，語極悽婉」〔註 109〕之〈蘇臺覽古〉、〈越中覽古〉，均寫盛衰無常，不勝感慨。習誦

海編輯所標點：《杜詩鏡銓》上冊（上海：上海古籍出版社，1980 年），卷 11，頁 533。

〔註 104〕李子德語，見於〔清〕楊倫原著，原中華書局上海編輯所標點：《杜詩鏡銓》上冊，卷 4，頁 172。

〔註 105〕〔清〕乾隆御定，冉苒校點：《唐宋詩醇》上冊，卷 13，頁 254。

〔註 106〕葛曉音將歷代詩論所界定的五排表現藝術規範總結爲：鋪陳終始，排比聲韻；格律精嚴，屬對工切，結構勻稱；文字豐贍，風格典雅，氣象宏麗，不宜清空淡淨。詳見氏著：〈從五排的鋪陳節奏看杜甫長律的轉型〉，載《復旦學報（社會科學版）》2015 年第 4 期（2015 年 07 月），頁 1～12。

〔註 107〕宋人劉克莊曰：「〈謁玄元廟〉、〈（行）次昭陵〉二詩，俱嚴麗駿壯，爲千古五言律詩典則。其歸美開基，責望守成，傷今思古，有無窮忠愛之義。」詳見氏著：《後村詩話》，收錄於《景印文淵閣四庫全書》集部第 772 冊（臺北：臺灣商務印書館，1986 年，據國立故宮博物院藏本影印），卷 10，頁 7b。

〔註 108〕莫礪鋒評說〈茅屋爲秋風所破歎〉云：「詩人在床頭屋漏、長夜難眠的窘迫境遇中仍然推己及人，想到遭受同樣痛苦的天下寒士，並抒發了『安得廣廈千萬間，大庇天下寒士俱歡顏』的宏願，甚至表示『吾廬獨破受凍死亦足』，這是何等崇高的精神，何等博大的胸襟！杜甫就是用這種廣博的仁愛精神去擁抱整個世界的……」詳見氏著：〈志在天下的人生信念與致君堯舜的政治理想〉，《杜甫評傳》（南京：南京大學出版社，1993 年），頁 286。

〔註 109〕〔清〕黃叔燦：《唐詩箋註》（松筠書屋藏板，美國哈佛大學哈佛燕京圖書館藏本），卷 8，頁 22b。

這些篇目，初學者不難習得七言絕句語短情長、餘韻不絕的特質。然而，新選所錄〈山中與幽人對酌〉、〈遊洞庭〉等詩作顯然更能呈現李白自由奔放、任性而行的面貌。尤其是考慮到吉川幸次郎所欲彰顯的是李白的「快樂主義」，如若同錄舊選中的傷感慨歎之作，未免與新選目的背道而馳。透過以上爬梳可具體得見，吉川氏新選從李攀龍舊選之「詩體」分卷改為依「詩人」編次，由此亦形成了交集率偏低的選錄「新」況。

二、選錄傾向

透過四唐選錄傾向差異，亦能看出吉川氏選本之「新」意。吉川幸次郎曾指出：李攀龍《唐詩選》「所錄詩作主要為初唐、盛唐詩，白居易等其他中唐、晚唐詩則幾乎未收。」〔註 110〕如前文所述，吉川氏對初唐、晚唐評價較低，因而僅錄盛唐、中唐二期，亦即與李選一樣，並未完全兼顧四唐。但是值得注意的是，二家對於中唐詩的態度明顯有別。誠然，《新唐詩選》及其《續篇》之出版相隔兩年（1952／1954），在比例分配上未必一開始就有具體詳盡的考量，但其數據所呈現的大致趨勢具一定參考價值，試與《唐詩選》同列如下：

【圖表 23】李攀龍《唐詩選》與吉川幸次郎《新唐詩選》、《新唐詩選續篇》之四唐選詩比較

<table>
<tr><th>選　本</th><th>初唐</th><th>盛唐</th><th>中唐</th><th>晚唐</th><th>其他</th><th>合計</th></tr>
<tr><td rowspan="3">《唐詩選》</td><td>84</td><td>265</td><td>82</td><td>16</td><td>18</td><td>465</td></tr>
<tr><td>18%</td><td>57%</td><td>18%</td><td>3%</td><td>4%</td><td>100%</td></tr>
<tr><td></td><td colspan="2">1：0.3</td><td colspan="3"></td></tr>
<tr><td rowspan="3">《新唐詩選》
《新唐詩選續篇》</td><td>／</td><td>62</td><td>31</td><td>／</td><td>／</td><td>93</td></tr>
<tr><td>／</td><td>67%</td><td>33%</td><td>／</td><td>／</td><td>100%</td></tr>
<tr><td></td><td colspan="2">1：0.5</td><td colspan="3"></td></tr>
</table>

上表顯示，新、舊二選同以盛唐詩為選錄重心。考慮到吉川幸次郎僅錄二期，百分比偏高亦屬合理現象。但是，李攀龍所收盛唐、中唐詩之比例為「1：0.3」，而新選則為「1：0.5」，落差顯然小於舊選。由此可窺，吉川氏對中唐

〔註 110〕〔日〕吉川幸次郎：〈「古文辞」の功罪〉，《元明詩概説》，收錄於《吉川幸次郎全集》第 15 卷元篇下・明篇，頁 530。

詩之重視甚於李攀龍。此外，在《唐詩選》所錄中唐詩人中，韓愈僅入選 1 首，遠低於韋應物（8 首）、劉長卿（7 首）、李益（6 首）等詩家，更不用說白居易之掛零。相形之下，吉川幸次郎不僅在《新唐詩選續篇》當中指出李攀龍忽視白、韓二家之選錄現象，〔註 111〕並且反將白、韓視為中唐代表，所錄篇數亦分別多達 16 首、15 首，新、舊二選的整體交集率自然會被拉低。由此不難體會吉川氏新選對《唐詩選》回應與突破。

除了四唐之選錄傾向差異以外，吉川幸次郎另曾指出：《唐詩選》「偏向於氣勢壯偉、雄渾高華之詩」。〔註 112〕由此推測，若要展現選本之「新」意，吉川氏應會減少同錄舊選此類作品。實際上，透過上文「圖表 22」已可一窺此意。在 16 首交集篇目當中，屬於上述「氣勢宏偉、雄渾高華」之類者，僅有杜甫「極盡悲壯，極盡豪快」〔註 113〕的〈登高〉詩，以及前文論及的王維的「強健之詩」〈觀獵〉。換言之，李攀龍重點收錄的杜甫五言古詩如「風骨雄奇」〔註 114〕之〈後出塞〉（朝進東門營），七言古詩如「高邁卓越」〔註 115〕之〈高都護驄馬行〉，五言律詩如「詠物詩最雄渾者」〔註 116〕之〈房兵曹胡馬〉、「通首神完氣足，氣象萬千，可當雄渾之品」〔註 117〕的〈旅夜書懷〉，五言長律如「氣象嵬峨，規模宏遠」〔註 118〕的〈行次昭陵〉，吉川氏均關注甚少，未作錄取。尤其值得注意的是，《唐詩選》所收五律如「吳楚東南坼，乾坤日夜浮」之〈登岳陽樓〉，七律如「海內風塵諸弟隔，天涯涕淚一身遙」之〈野望〉、「錦江春色來天地，玉壘浮雲變古今」之〈登樓〉、「五更鼓角聲悲壯，三峽星河影動搖」之〈閣夜〉，以及〈秋興〉四首等具有雄渾悲壯特色之作品，實

〔註 111〕〔日〕吉川幸次郎：〈前篇〉，《新唐詩選續篇》，頁 5、131。

〔註 112〕〔日〕吉川幸次郎：〈「古文辞」の功罪〉，《元明詩概説》，收錄於《吉川幸次郎全集》第 15 卷元篇下・明篇，頁 530。

〔註 113〕〔日〕吉川幸次郎：〈前篇・杜甫〉，《新唐詩選》，頁 39。

〔註 114〕陳繼儒語，見於〔明〕周珽輯：《刪補唐詩選脈箋釋會通評林》（一），收錄於《四庫全書存目叢書補編》第 25 冊（濟南：齊魯書社，2001 年，據清華大學圖書館藏明崇禎 8 年刻本影印），卷 9，頁 11a。又，《唐詩歸折衷》引唐汝詢之評，謂「若論風骨，（前後〈出塞〉其餘）十三首中，原無此雄渾」。轉引自陳伯海主編：《唐詩彙評》上冊，頁 991。

〔註 115〕〔清〕浦起龍原著，王志庚校點：《讀杜心解》，卷二之一，頁 226。

〔註 116〕語出《彙編唐詩十集》，轉引自陳伯海主編：《唐詩彙評》上冊，頁 1079。

〔註 117〕紀昀語，見於〔元〕方回選評，李慶甲集評校點：《瀛奎律髓彙評》（上海：上海古籍出版社，1986 年），卷 15，頁 534。

〔註 118〕〔清〕乾隆御定，冉苒校點：《唐宋詩醇》上冊，卷 13，頁 276。

際上亦均足以突顯杜甫的感時憂國或國都之思，而且均爲杜律中的代表作，然而吉川氏《新唐詩選》均不作錄取。反觀王維的〈過香積寺〉、〈鹿柴〉、〈竹里館〉此類清幽之作，在李攀龍已經收入集中的情況下，吉川幸次郎亦未棄選。兩相對照，不禁令人懷疑吉川氏對於〈登樓〉等杜律乃是有意避而不收。

至於其他與新選所欲形塑的詩人形象不相符的「氣勢壯偉、雄渾高華」之作，吉川氏更可說是大力黜落之。《唐詩選》所收李白詩作如「英駿雄邁」〔註 119〕之〈經下邳圯橋懷張子房〉、五律〈塞下曲〉、七絕〈上皇西巡南京歌〉二首等篇目，與其自由快樂的樣貌不免有隔。再者，王維五律如「雄壯」〔註 120〕的〈送平澹然判官〉、「雄渾一派」〔註 121〕之〈送劉司直赴安西〉、「氣象雄闊」〔註 122〕的〈送邢桂州〉、「闊大悲壯」〔註 123〕的〈使至塞上〉等篇目，包括前文提到的多首七律宮廷應酬之作，更是與醉心於靜寂之美的詩人形象無甚關聯。因此，吉川幸次郎亦未收入《新唐詩選》當中。

相似情況還體現在選錄較少的孟浩然等數家之上。雖然《新唐詩選》並未通過較多篇目與詳細說解以勾勒詩人形象，但亦點出其創作風貌。例如孟浩然乃是「王維風的自然詩人」，常建之特點乃是「清」，而王昌齡則是擅寫閨怨的「七言絕句名手」，崔國輔之創作傾向則是「王昌齡風的小詩」。〔註 124〕因此，除了「圖表 22」所列 4 首交集篇目〈春曉〉、〈題破山寺后禪院〉、〈閨怨〉、〈長樂少年行〉而外，吉川氏單獨選錄的兩首詩作亦是常建〈江上琴興〉、崔國輔〈怨詞〉此類清新之作或宮怨小詩。反觀《唐詩選》尚好的雄壯之格，即「氣蒸雲夢澤，波撼岳陽城」之孟詩〈臨洞庭〉，常建七絕〈塞下曲〉二首，王昌齡詩作如「悲壯，眞盛唐風韻」〔註 125〕之射獵詩〈城傍曲〉以及七絕〈從軍行〉三首等邊塞之作，均不是吉川氏著眼關注者，二家選本交集

〔註 119〕高步瀛：《唐宋詩舉要》（臺北：學海出版社，1988 年），卷 1，頁 33。

〔註 120〕高步瀛：《唐宋詩舉要》，卷 4，頁 426。

〔註 121〕〔清〕王士禛選，黃香石評，吳退庵、胡甘亭集註：《唐賢三昧集箋註》，卷 2，頁 20b。

〔註 122〕「日落江湖白，潮來天地青。」句下評。高步瀛：《唐宋詩舉要》，卷 4，頁 430。

〔註 123〕宗臣語，見於〔明〕周珽輯：《刪補唐詩選脈箋釋會通評林》（二），收錄於《四庫全書存目叢書補編》第 26 冊（濟南：齊魯書社，2001 年，據清華大學圖書館藏明崇禎 8 年刻本影印），卷 29，頁 29b。

〔註 124〕〔日〕吉川幸次郎：〈前篇〉，《新唐詩選》，頁 142、144、149、153。

〔註 125〕李夢陽語，見於〔明〕周珽輯：《刪補唐詩選脈箋釋會通評林》（一），卷 16，頁 27b。

率自然降低。

綜合以上所論，吉川幸次郎《新唐詩選》及其《續篇》之選詩規模較李攀龍《唐詩選》更爲精簡，同時增入相關解說以助初學者掌握其要，「初學本」性質可謂更加顯著。同時，透過二家選本低至17%之交集率亦可見出吉川氏選本之「新」意。至於箇中緣由，二家編選體例或謂編選意圖之差異，乃是要因所在。亦即李攀龍舊選按「詩體」分卷，強調詩體創作技巧、審美追求等面向，而吉川氏新選改爲依照「詩人」編次，注重的是勾勒詩人的主要形象，著眼點顯然有別。再者，在同尊盛唐之餘，吉川氏亦志在突顯中唐詩尤其是白居易、韓愈二家，一改李選對此之忽視，由此二選交集率亦進一步拉低。加之吉川氏亦有減弱舊選所好的「氣勢壯偉、雄渾高華」之意，而此類詩作與詩人樣貌又多有不符，因此新選亦汰多錄少。需要補充說明的是，儘管吉川氏的評語僅能說明其選錄某首詩作之緣由，並未指明舊選某詩作一定是由於某原因而被新選棄而不取，但是透過以上角度的選目比對，當有助於讀者理解二家選本的差異之處。

結　語

吉川幸次郎《新唐詩選》與《新唐詩選續篇》乃是以「新」爲旨的唐詩初學本。在第一節中，筆者首先概介其選詩與說詩情況。吉川氏選本以「詩人」爲核心進行編選，其中最受推崇的盛唐一期錄取7家62首，中唐則爲2家31首，至於評價較低的初唐、晚唐之作則省卻之。在選詩的基礎上，吉川氏亦以日文一般書寫文體對詩人以及詩作進行介紹、說解，輔以漢文訓讀，適合日本初學者的日常閱讀。

第二節以選錄較多的杜、李、王、白、韓爲考察重點，探討吉川幸次郎所形塑的詩人形象。簡要而言，《新唐詩選》所呈現的杜甫有著憂國憂民之胸懷，然而仕途不暢，對於國都長安懷有無限思憶，可謂是眞誠而憂愁的詩人。而在李白方面，吉川氏則是強調其自由奔放與快樂主義，勾勒出任性而爲的灑脫姿態。至於王維則是熱愛自然山水尤其是其靜寂之美的詩人。再者，《續篇》主要突顯白居易的性情平易，具體而言即是對弱者的同情憐憫及其生活中的知足樂天。至於韓愈形象，吉川氏則是透過詩中的格鬥美感、遠大抱負以及對社會現狀的不滿與反抗，彰顯其精力和鬥志。新選勾勒如上各具個性的詩人形象，便於引導初學者掌握其要。

筆者於第三節主要通過結合李攀龍《唐詩選》進行比較，了解吉川氏詩選之「新」意所在。首先，新選較爲精簡的選錄規模以及新增之說詩環節使其「初學本」性質較李氏舊選更爲顯著。同時，二家選本低至 17%之篇目重複率亦清楚說明了吉川氏選本之「新」。新、舊二選體例相異當爲交集率偏低之要因，亦即按「詩體」分卷之《唐詩選》關注的是詩體創作要點甚或詩人於各體的創作特色與成就，而吉川氏新選改以「詩人」編次，乃是以形塑詩人樣貌爲重心，選詩自然有別。再者，在同尊盛唐之餘，吉川幸次郎有意突顯中唐詩尤其是白、韓之作，回應和修正李選對此之輕視，由此亦形成了選詩落差。此外，吉川氏新選有意沖淡李氏舊選「氣勢壯偉、雄渾高華」的色彩，而此類詩作往往又與新選的詩人形象不甚相符，因此亦所錄寥寥。藉由二家選本的對比，讀者可具體理解吉川氏選本的選錄「新」況。

第六章　結　論

本論文題爲「日本唐詩選本研究——以李攀龍《唐詩選》相關選本爲中心」，依次對篠崎小竹《唐詩遺》、森槐南《唐詩選評釋》、目加田誠新釋《唐詩選》、吉川幸次郎《新唐詩選》與《新唐詩選續篇》進行分章考察。綜合各章之討論，本文的研究心得可概述如下。

一、四家選本對李攀龍《唐詩選》之批評與修正

李攀龍《唐詩選》在日本廣受歡迎，歷久不衰。以本文討論的四家之見而言，森槐南肯定李選相較於日本其他通行本（《三體詩》、《唐宋千家聯珠詩格》），具有多採名家以及兼收各體之長，篠崎小竹所編之《唐詩遺》即沿襲李選分體選詩的理念。此外，吉川幸次郎和目加田誠亦指出，在長期的流行過程中，《唐詩選》已成爲日人詩學入門的經典讀本。然而，諸家亦不乏批評李選之聲。例如，篠崎氏《唐詩遺》從「題材」的角度指出，《唐詩選》大量收入「律體臺閣」即宮廷應酬等作，對平常生活中的日本學詩者而言裨益不大。又，森氏、目加田氏從「詩體」的角度指出，李選卷前〈唐詩選序〉對於唐人各體成就認識不足（尤其是古詩、絕句、七律）。至於吉川氏則是從「風格」的角度指陳《唐詩選》偏好「氣勢壯偉、雄渾高華」之作。如果說以上批評僅是一家之見，那麼拘於「詩必盛唐」的門戶之弊，則是諸家共同指出的問題。本文著重考察上述四家如何透過新編唐詩選本或重新詮釋李攀龍《唐詩選》，回應李選之優劣得失，引導初學入門。

首先是新編唐詩選本者，筆者於第二章探討篠崎小竹所編之《唐詩遺》。篠崎氏認爲，清人沈德潛、陳培脈合選之《唐詩別裁集》初刻本有著與李氏相似的復古追求，其重視音節之標準亦有益於不諳聲調之日人，因此以之爲

底本，拾《唐詩選》之遺。落實到編選上，《唐詩遺》雖然沿襲李選分體選詩、「輕古體，重近體」之體系，但更重要的是取法《別裁集》，提高中、晚唐詩的入選量，相應下調初、盛唐之比重，以此修正李選「方隅有閾，變化不足」之失。具體到各體之上則是：中、晚唐古風漸薄，因此補入少量篇目；律體主要呈現此二期工秀纖巧之特色，以及上追盛唐的一面；絕句的拾遺重心落在七絕，著重透過劉禹錫、杜牧等人之作，彰顯中、晚唐亦有「言微旨遠、語淺情深」之佳篇。由此突破《唐詩選》以盛唐爲絕對中心的狹隘詩觀，提醒初學者：「不得謂正變盛衰不同，而變者衰者可盡廢也」（沈德潛語）。又，本文第五章考察吉川幸次郎的《新唐詩選》及其《續篇》。新選與「舊選」即李攀龍《唐詩選》之交集率低至 17%，吉川氏主要是從編選體例上作出突破，意即從李選依據「詩體」進行選錄，改以「詩人」爲重心，並且增入說詩環節，由此協助初學者掌握詩人的主要形象，即：杜甫之真誠與憂愁、李白之自由奔放與快樂主義、王維之熱愛靜寂自然山水之美、白居易之性情平易、韓愈之充滿精力與鬥志，其中，白、韓二家正是李選忽視的中唐代表。同時，吉川氏之新選亦透顯出沖淡《唐詩選》所偏的「氣勢壯偉、雄渾高華」之傾向。

另外則是以李攀龍《唐詩選》爲基礎進行評說者，本文第三章探討森槐南之《唐詩選評釋》，森氏不但善於捕捉關鍵字句，據之說解詩意，而且注重勾勒章法結構，推進寫詩之教學。又，森氏亦好合觀李選已錄及未錄的詩作，突顯其異同高下，開闊後進視野。與此同時，《唐詩選評釋》有意傳遞區別於李攀龍〈唐詩選序〉的詩體觀，簡要而言即是：在五古上主張「唐有五言古詩亦有其古詩」；在七古上指出以李、杜爲代表的盛唐七古方爲正宗；在絕句上並舉李白、王維、韋應物爲五絕楷模，李白、王昌齡爲七絕神品；在七律上推舉杜甫爲最高典範。由此亦顯現了〈唐詩選序〉與李選選目自相矛盾的現象，以及森槐南與清人詩學觀念較爲相契的一面。至於第四章考察的目加田誠《新釋唐詩選》則是注重以平易的方式，爲初學講解李選選目之詩意，賞評其藝術效果，別有異趣，且要言不繁。同時，《新釋唐詩選》體現出「重情」之旨趣。目加田氏強調唐詩帶來的共鳴，並以感動讀者與否爲標準，指陳《唐詩選》的遺珠之憾。對於李選所錄真情實感之作，目加田氏多有青睞，至於「律體臺閣」等失之虛假、流於空洞之作則評價較低。此外，《新釋唐詩選》亦結合中日文學作品進行解說，引導初學者感悟其中的情致，感受文學超越國界、超越時空的魅力。

四家之選評要點各有側重，同時亦有相似之處，即：篠崎小竹、吉川幸次郎透過新編選本以修正、突破李攀龍《唐詩選》，固然可以彰顯自家之理念（如四唐詩觀或詩人形象），實際上，森槐南、目加田誠以《唐詩選》爲底本進行評說，亦有相同的目的或者說效果。具體而言，二家評說李選選目的詩意內涵、藝術成就，甚或在說詩內容中補錄詩作，並非停留在表達自身對某一作品之不同見解的層面，更是一個將《唐詩選》化爲己用的過程，由此向初學者傳遞各自的詩學主張（如詩體觀）或審美旨趣（如「重情」）。此乃四家異中有同之處。

透過諸家選本對李攀龍《唐詩選》的回應，另可發現值得進一步考察的議題。例如，篠崎小竹所參考的《唐詩別裁集》，又或沈德潛所編的其他詩選在日本的傳播與影響，乃是值得深入探討的面向。〔註1〕再者，森槐南在《唐詩選評釋》中亦多有對清人的詩學主張進行援引與回應。森氏與王士禛、沈德潛、乾隆等的詩學聯繫有待結合其他論著，進行更爲系統的梳理。此外，目加田誠對《唐詩選評釋》評價甚高，在《新釋唐詩選》中可見與森槐南所論相似者（例如對李攀龍〈唐詩選序〉之批評），同時亦表達異見。目加田氏對森氏詩學之評價、傳承或修正，亦可作爲後續開展的研究課題。

二、四家選本的「初學本」性質差異

本文探討的四家選本雖然均是與李攀龍《唐詩選》相關的「初學本」，但是諸家編撰人所預設的讀者群有所不同。其中，篠崎小竹教授的是書塾之中接受傳統詩歌教育的學詩者。森槐南則明示，其所言之「初學」實際上兼具「作詩者」的一面。此外，目加田誠面對的是西學隆盛之時，日漸疏遠中國古典書籍的日本人。而吉川幸次郎的預設讀者則是相似背景下的「年輕一代」。從中可見，隨著時代變遷，諸家學者所謂「初學」亦有所轉變。

〔註1〕清水茂指出，在日本，受清詩影響的第一期乃是「清朝建國（1644）—日本明治維新（1868）」，「很多日本詩人能舉出名字的是沈德潛……沈德潛這個名字，與其作爲詩人，不如說作爲總集選者更出名。廣瀨淡窗（1782～1856）《淡窗詩話》說：『沈德潛，有功於詩者也。其著述如《唐詩別裁》、《明詩別裁》、《國朝詩別裁》，皆有益於學者。其批評中，啓發人意處頗多。』可視爲日本漢詩人對沈德潛的定評。」詳見氏著，蔡毅譯：〈清詩在日本〉，《清水茂漢學論集》，頁506～507。

進一步結合具體的選評內容來看，其難易程度亦明顯有別：

對「初學」之定位較高者如篠崎小竹《唐詩遺》，此選之〈序〉、〈題言〉、〈跋〉均以漢文書寫，集中沒有評語，需要學詩者自行領悟其「拾遺」之舉，或者參考底本即沈德潛《唐詩別裁集》初刻本的漢文詩評進行理解，而沈氏之說解往往又涉及到詩體發展、四唐詩觀等專門論述。可見，《唐詩遺》要求讀者具備一定的漢文、漢詩素養。此外又如森槐南《唐詩選評釋》，此書以日文文語體書寫，兼具引導初學者讀詩和寫詩的雙重功能。在評釋過程中，森氏多有引述明清詩話，並且涉及到「唐無五言古詩而有其古詩」、初盛唐七古正變之爭、七律典範等內容，均屬於較為深入的詩學論爭。

相形之下，吉川幸次郎和目加田誠的選評則較為淺近易懂。二家說詩內容均以日文一般書寫文體「である体」撰寫，並且附上詩作的漢文訓讀文，便於日人閱讀。其中，目加田氏《新釋唐詩選》直言前人說詩過於艱深，故而在說詩時追求平易之效果。與森氏評釋本進行對比亦可發現：同是評說《唐詩選》篇目，目加田氏以「引導閱讀」為重，弱化了森氏重視的「指導創作」的環節；同是反駁李攀龍的詩體觀，目加田氏僅在卷前〈李攀龍唐詩選序〉一文進行概述，未如森槐南般在詩作評釋過程中詳加探析。再者，吉川氏之《新唐詩選》及其《續篇》乃是為了吸引年輕人接觸唐詩而編，其重心並不在於傳授唐詩專業知識，亦不在於進行詩學爭論，而是透過選詩、說詩，引導讀者把握杜甫、李白等數位唐代重要詩人的主要形象。大體而言，二氏對於「初學」的定位、要求有下降之勢，體現在選本內容上則是通俗化傾向。

以上現象或可結合目加田誠提及的漢學衰落的社會文化背景進行理解。在日本漢詩的發展上，大正、昭和乃是走向衰頹的時代。以此為參考坐標，篠崎氏《唐詩遺》、森氏《唐詩選評釋》分別成書於江戶、明治時代，乃是漢詩興盛期之初學本；目加田氏《新釋唐詩選》、吉川氏《新唐詩選》及其《續篇》則成書於昭和時代，乃是漢詩式微之時的初學本。四家選本的難易程度與日本漢詩之盛衰背景相呼應。至於日本唐詩選本的發展歷程和面貌，則有待日後結合更多的選本，進行全面、細緻的勾勒。

三、四家選本所呈現的日本唐詩接受現象

考察日本唐詩選本，實際上也是在觀察日人的唐詩接受現象。就本文所考察的四家來看，對盛唐詩、杜甫詩的肯定尤為明顯。

首先，如前所述，諸家對於李攀龍《唐詩選》偏於盛唐之失頗有微詞，但在新編唐詩選本之時，篠崎小竹和吉川幸次郎實際上仍是以盛唐一期爲重。其中，篠崎氏《唐詩遺》所錄的盛唐詩佔 39%之比重，又，前十大詩家當中，盛唐詩人佔 5 位（杜甫第一、王維第二、李白第四、孟浩然第五、岑參第六），均爲四唐之最。此外，吉川幸次郎《新唐詩選》及《新唐詩選續篇》僅收盛、中唐二期，其中又以盛唐詩家爲多（盛唐 7 家：杜甫、李白、王維、孟浩然、常建、王昌齡、崔國輔；中唐 2 家：白居易、韓愈），而且盛唐詩佔 67 個百分點，較中唐更具優勢。吉川氏更是明言稱讚盛唐一期「即使在唐三百年的詩歌中亦是尤其出色的時期」，乃「唐詩的黃金時代」。

再者，李攀龍《唐詩選》以杜甫爲諸家詩人之首，日人新編的唐詩選本中亦有此現象。篠崎小竹《唐詩遺》所錄杜詩總量遠邁諸家，體現出題材、風格的多樣性，而且在各體選詩量上亦表現超群，包攬了五古、七古、五律、五排、七律的第一名，在表現較弱的絕句部分亦有篇目入選，由此可見杜甫地位之超越性。而在吉川幸次郎的新選中，杜甫雖然並非入選篇數最多者，但是選家特意將其置於卷首，以示「杜甫不僅是代表唐代文學的詩人，還是中國古今以來最爲偉大的詩人」，推尊之意由此可覘。

進一步聚焦到杜詩各體上看，篠崎小竹以杜甫爲古詩、律詩之首，其中七律與第二名劉長卿的差距更有 3.6 倍之強。同時，透過《唐詩遺》所錄李商隱「擬杜」之作，亦可見出篠崎氏對杜甫七律成就之認可。森槐南《唐詩選評釋》則又盛讚杜甫的五古爲空前絕後之績，七古爲百世準繩，七律爲集大成者。目加田誠《新釋唐詩選》則主張，七言律詩成型於初唐宮廷詩人之手，然而於此注入眞正的詩歌精神，則有待杜甫。此外，吉川氏新選當中亦有提及：七律的完成者乃是杜甫。統而觀之，諸家對杜詩的褒揚當中，又以七律一體最受關注（如《唐詩選》僅錄〈秋興〉四首，篠崎小竹、森槐南、目加田誠均補全八首）。這是在探討日人的杜詩接受、日人的詩體觀時，值得注意的現象。

論及「崇杜」現象，不得不提的是另一位詩人，即有著「自古以來最受日本人喜愛的詩人」之目的白居易。〔註 2〕本論文之所以較少論及白居易，

〔註 2〕〔日〕吉川幸次郎：〈前篇・白居易〉，《新唐詩選續篇》，頁 2。又，花房英樹（はなぶさ ひでき，1914～1998）曾於 1959 年翻譯出版英籍漢學家 Arthur Waley（1889～1966）所撰白居易傳記《白樂天》（原書題爲 *THE LIFE AND TIMES OF PO CHU-I*）。2003 年 04 月 21 日，みすず書房推出新裝版，並在新版概介中將白

乃是由於李攀龍《唐詩選》並未收入白氏詩作，而沈德潛《唐詩別裁集》初刻本則僅收白詩 4 首，以沈選爲底本的篠崎小竹《唐詩遺》僅錄其中 3 首，〔註 3〕討論白詩的空間自然較窄。但更值得注意的是，比照上文所述之「崇杜」傾向，可知在日本唐詩選本當中，白居易未必是「最受喜愛」者。因此，必須爬梳具體的選評內容，避免被固有印象誤導。進一步而言，日人對於杜甫、白居易的接受演變，亦有必要透過選本等資料，再作深入觀察以及比較性研究。

此外，本文以「唐詩選本」爲探討對象，鮮有涉及與其他朝代的詩歌之比較，但在考察過程中，屢見對於唐詩的推崇。例如，森槐南認爲，詩至唐代，各體完備，加之唐詩遙接《詩經》之源，初學者可以唐詩爲學習重心。森氏選擇以《唐詩選》爲評釋對象，實際上亦有認可唐詩成就之因素。目加田誠亦主張，雖然中國的歷代詩歌各有特色，但令人不得不贊嘆的乃是唐代詩人之天籟。吉川幸次郎更是直言：「中國的詩，以唐詩爲最佳」。較爲特殊的應屬篠崎小竹所言：「詩有妙境子知否，唐宋何曾有等差。」這是學界在考察唐宋詩之爭、江戶詩論等課題時，可再作延伸探討者。

誠如孫琴安所言：「唐詩是世界性的文化。我國古代有些著名的唐詩選本，如李攀龍《唐詩選》、王士禛的《唐賢三昧集》，在清代就已傳播到日本、朝鮮，並被翻刻介紹，廣爲流傳。至於現在各種語言文字的唐詩譯本，那就更多了。然而，長期以來，在唐詩研究的領域中，人們除了研讀唐代作品和史料本身外，都習慣於從後人的詩話或文集中去查找資料，發現問題，從唐詩選本的角度去研究唐詩的情況卻很少，而事實上，這也是唐詩研究的一個十分重要的方面。」〔註 4〕本論文即嘗試以在日影響深遠的李攀龍《唐詩選》爲中心展開考察，了解日人對李選之反響，並藉此一窺日本的唐詩接受現象。

居易的詩文稱爲「自往昔的平安朝以來，最受日本人喜愛」者。岩波書店於 2011 年 07 月 15 日刊行川合康三（かわい こうぞう，1948～）譯註的《白樂天詩選》，內容概介中亦將白居易稱爲「自古以來在日本最受喜愛的大詩人」。詳參みすず書房網頁 https://www.msz.co.jp/book/detail/07038.html#more-a2 以及岩波書店網頁 https://www.iwanami.co.jp/book/b247789.html（於 2019 年 01 月 27 日檢索）。

〔註 3〕《唐詩別裁集》初刻本所收 4 首白居易詩爲：〈魏王堤〉、〈邯鄲至夜思親〉、〈竹枝詞〉（瞿塘峽口水雲低）、〈楊柳枝〉（紅板江橋青酒旗）。《唐詩遺》僅錄後 3 首。

〔註 4〕孫琴安：〈自序〉，《唐詩選本提要》，頁 14。

誠然，筆者僅以篠崎小竹《唐詩遺》、森槐南《唐詩選評釋》、目加田誠新釋《唐詩選》、吉川幸次郎《新唐詩選》與《新唐詩選續篇》此四家爲重心進行討論，確有局限、不周之處。日後擬以現有成果爲基礎，收集、研閱更多的日本選本，結合詩話等資料，就與李攀龍《唐詩選》相關的日本唐詩選本比較、中日選本比較，以及日本唐詩選本的發展、日人的唐詩接受演變等議題，進行延伸性研究。

附錄一：李攀龍《唐詩選》之服部南郭考訂本選目〔註1〕

	詩 人	詩 題	首 句
卷一 五言古詩 14 首			
001	魏徵	〈述懷〉	中原還逐鹿
002	張九齡	〈感遇〉	孤鴻海上來
003	陳子昂	〈薊丘覽古〉	南登碣石館
004	李白	〈子夜吳歌〉	長安一片月
005	李白	〈經下邳圯橋懷張子房〉	子房未虎嘯
006	杜甫	〈後出塞〉	朝進東門營
007	杜甫	〈玉華宮〉	溪回松風長
008	王維	〈送別〉	下馬飲君酒
009	常建	〈西山〉	一身爲輕舟
010	高適	〈宋中〉	梁王昔全盛
011	岑參	〈與高適薛據同慈恩寺浮圖〉	塔勢如湧出
012	韋應物	〈幽居〉	貴賤雖異等
013	柳宗元	〈南磵中題〉	秋氣集南磵
014	崔署	〈早發交崖山還太室作〉	東林氣微白
卷二 七言古詩 32 首			
015	王勃	〈滕王閣〉	滕王高閣臨江渚

〔註1〕此目錄參照日本早稻田大學圖書館藏慶應3年嵩山房刊本整理。本論文所考察的森槐南《唐詩選評釋》與目加田誠新釋《唐詩選》之選目同此。

016	盧照鄰	〈長安古意〉	長安大道連狹斜
017	劉廷芝	〈公子行〉	天津橋下陽春水
018	劉廷芝	〈代悲白頭翁〉	洛陽城東桃李花
019	宋之問	〈下山歌〉	下嵩山兮多所思
020	宋之問	〈至端州驛見杜五審言沈三佺期閻五朝隱王二無競題壁慨然成詠〉	逐臣北地承嚴譴
021	李白	〈烏夜啼〉	黃雲城邊烏欲棲
022	李白	〈江上吟〉	木蘭之枻沙棠舟
023	杜甫	〈貧交行〉	翻手作雲覆手雨
024	杜甫	〈短歌行贈王郎司直〉	王郎酒酣拔劍斫地歌莫哀
025	杜甫	〈高都護驄馬行〉	安西都護胡青驄
026	杜甫	〈送孔巢父謝病歸遊江東兼呈李白〉	巢父掉頭不肯住
027	杜甫	〈飲中八仙歌〉	知章騎馬似乘船
028	杜甫	〈哀江頭〉	少陵野老吞聲哭
029	杜甫	〈韋諷錄事宅觀曹將軍畫馬引〉	國初以來畫鞍馬
030	杜甫	〈丹青引贈曹將軍霸〉	將軍魏武之子孫
031	高適	〈邯鄲少年行〉	邯鄲城南遊俠子
032	高適	〈人日寄杜二拾遺〉	人日題詩寄草堂
033	岑參	〈登古鄴城〉	下馬登鄴城
034	岑參	〈韋員外家花樹歌〉	今年花似去年好
035	岑參	〈胡笳歌送顏眞卿使赴河隴〉	君不聞胡笳聲最悲
036	李頎	〈崔五丈圖屏風賦得烏孫佩刀〉	烏孫腰間佩兩刀
037	王維	〈答張五弟〉	終南有茅屋
038	崔顥	〈孟門行〉	黃雀銜黃花
039	張謂	〈贈喬林〉	去年上策不見收
040	張謂	〈湖中對酒作〉	夜坐不厭湖上月
041	王昌齡	〈城傍曲〉	秋風鳴桑條
042	薛業	〈洪州客舍寄柳博士芳〉	去年燕巢主人屋
043	張若虛	〈春江花月夜〉	春江潮水連海平
044	衛萬	〈吳宮怨〉	君不見吳王宮閣臨江起
045	駱賓王	〈帝京篇〉	山河千里國
046	丁仙芝	〈餘杭醉歌贈吳山人〉	曉幙紅襟燕春城

卷三　五言律詩 67 首			
047	王績	〈野望〉	東皋薄暮望
048	楊炯	〈從軍行〉	烽火照西京
049	王勃	〈杜少府之任蜀州〉	城闕輔三秦
050	陳子昂	〈晚次樂鄉縣〉	故鄉杳無際
051	陳子昂	〈春夜別友人〉	銀燭吐青煙
052	陳子昂	〈送別崔著作東征〉	金天方肅殺
053	杜審言	〈蓬萊三殿侍宴奉敕詠終南山〉	北斗掛城邊
054	杜審言	〈和晉陵陸丞早春遊望〉	獨有宦遊人
055	杜審言	〈和康五望月有懷〉	明月高秋迥
056	杜審言	〈送崔融〉	君王行出將
057	宋之問	〈扈從登封途中作〉	帳殿鬱崔嵬
058	宋之問	〈送沙門弘景道俊玄莊還荊州應制〉	一乘歸淨域
059	李嶠	〈長寧公主東莊侍宴〉	別業臨青甸
060	張說	〈恩敕麗正殿書院賜宴應制得林字〉	東壁圖書府
061	張說	〈還至端州驛前與高六別處〉	舊館分江口
062	張說	〈幽州夜飲〉	涼風吹夜雨
063	孫逖	〈宿雲門寺閣〉	香閣東山下
064	玄宗皇帝	〈幸蜀西至劍門〉	劍閣橫雲峻
065	李白	〈塞下曲〉	塞虜乘秋下
066	李白	〈秋思〉	燕支黃葉落
067	李白	〈送友人〉	青山橫北郭
068	李白	〈送友人入蜀〉	見說蠶叢路
069	李白	〈秋登宣城謝朓北樓〉	江城如畫裏
070	孟浩然	〈臨洞庭〉	八月湖水平
071	孟浩然	〈題義公禪房〉	義公習禪寂
072	王維	〈終南山〉	太乙近天都
073	王維	〈過香積寺〉	不知香積寺
074	王維	〈登辨覺寺〉	竹逕從初地
075	王維	〈送平澹然判官〉	不識陽關路
076	王維	〈送劉司直赴安西〉	絕域陽關道
077	王維	〈送邢桂州〉	鐃吹喧京口
078	王維	〈使至塞上〉	單車欲問邊

079	王維	〈觀獵〉	風勁角弓鳴
080	岑參	〈送張子尉南海〉	不擇南州尉
081	岑參	〈寄左省杜拾遺〉	聯步趨丹陛
082	岑參	〈登總持閣〉	高閣逼諸天
083	高適	〈送劉評事充朔方判官賦得征馬嘶〉	征馬向邊州
084	高適	〈送鄭侍御謫閩中〉	謫去君無恨
085	高適	〈使清夷軍入居庸〉	匹馬行將夕
086	高適	〈自薊北歸〉	驅馬薊門北
087	高適	〈醉後贈張九旭〉	世上漫相識
088	杜甫	〈登兗州城樓〉	東郡趨庭日
089	杜甫	〈房兵曹胡馬〉	胡馬大宛名
090	杜甫	〈春宿左省〉	花隱掖垣暮
091	杜甫	〈秦州雜詩〉	鳳林戈未息
092	杜甫	〈送遠〉	帶甲滿天地
093	杜甫	〈題玄武禪師屋壁〉	何年顧虎頭
094	杜甫	〈玉臺觀〉	浩劫因王造
095	杜甫	〈觀李固請司馬題山水圖〉	方丈渾連水
096	杜甫	〈禹廟〉	禹廟空山裏
097	杜甫	〈旅夜書懷〉	細草微風岸
098	杜甫	〈船下夔州郭宿雨濕不得上岸別王十二判官〉	依沙宿舸船
099	杜甫	〈登岳陽樓〉	昔聞洞庭水
100	王灣	〈次北固山下〉	客路青山外
101	祖詠	〈江南旅情〉	楚山不可極
102	祖詠	〈蘇氏別業〉	別業居幽處
103	李頎	〈望秦川〉	秦川朝望迥
104	綦毋潛	〈宿龍興寺〉	香刹夜忘歸
105	王昌齡	〈胡笳曲〉	城南虜已合
106	張謂	〈同王徵君洞庭有懷〉	八月洞庭秋
107	常建	〈破山寺後禪院〉	清晨入古寺
108	丁仙芝	〈渡揚子江〉	桂楫中流望
109	張巡	〈聞笛〉	岧嶤試一臨
110	張均	〈岳陽晚景〉	晚景寒鴉集

111	劉長卿	〈穆陵關北逢人歸漁陽〉	逢君穆陵路
112	張祜	〈題松汀驛〉	山色遠含空
113	釋處默	〈聖果寺〉	路自中峰上
卷四　五言排律 40 首			
114	楊炯	〈送劉校書從軍〉	天將下三宮
115	駱賓王	〈靈隱寺〉	鷲嶺鬱岧嶤
116	駱賓王	〈宿溫城望軍營〉	虜地寒膠折
117	蘇味道	〈在廣聞崔馬二御史並登相臺〉	振鷺纔飛日
118	李嶠	〈奉和幸韋嗣立山莊應制〉	南洛師臣契
119	陳子昂	〈白帝城懷古〉	日落滄江晚
120	陳子昂	〈峴山懷古〉	秣馬臨荒甸
121	杜審言	〈贈蘇味道〉	北地寒應苦
122	沈佺期	〈酬蘇員外味玄夏晚寓直省中見贈〉	並命登仙閣
123	沈佺期	〈同韋舍人早朝〉	閶闔連雲起
124	宋之問	〈奉和幸長安故城未央宮應制〉	漢王未息戰
125	宋之問	〈奉和晦日幸昆明池應制〉	春豫靈池會
126	宋之問	〈和姚給事寓直之作〉	清論滿朝陽
127	宋之問	〈早發始興江口至虛氏村作〉	候曉逾閩嶂
128	蘇頲	〈同餞楊將軍兼原州都督御史中丞〉	右地接龜沙
129	張說	〈奉和聖製途經華嶽〉	西嶽鎮皇京
130	張九齡	〈奉和聖製早度蒲關〉	魏武中流處
131	張九齡	〈和許給事直夜簡諸公〉	未央鐘漏晚
132	張九齡	〈酬趙二侍御史西軍贈兩省舊寮之作〉	石室先鳴者
133	張九齡	〈奉和聖製送尚書燕國公說赴朔方軍〉	宗臣事有征
134	王維	〈奉和聖製暮春送朝集使歸郡應制〉	萬國仰宗周
135	王維	〈送李太守赴上洛〉	商山包楚鄧
136	王維	〈送秘書晁監還日本〉	積水不可極
137	李白	〈送儲邕之武昌〉	黃鶴西樓月
138	孟浩然	〈陪張丞相自松滋江東泊渚宮〉	放溜下松滋
139	高適	〈送柴司戶充劉卿判官之嶺外〉	嶺外資雄鎮
140	高適	〈陪竇侍御泛靈雲池〉	白露先時降
141	杜甫	〈行次昭陵〉	舊俗疲庸主

142	杜甫	〈重經昭陵〉	草昧英雄起
143	杜甫	〈王閬州筵奉酬十一舅惜別之作〉	萬壑樹聲滿
144	杜甫	〈春歸〉	苔徑臨江竹
145	杜甫	〈江陵望幸〉	雄都尤壯麗
146	杜甫	〈奉觀嚴鄭公廳事岷山沲江圖〉	沲水臨中座
147	杜甫	〈冬日洛城北謁玄元皇帝廟廟有吳道士畫五聖圖〉	配極玄都閟
148	李頎	〈聖善閣送裴迪入京〉	雪華滿高閣
149	岑參	〈早秋與諸子登虢州西亭觀眺〉	亭高出鳥外
150	祖詠	〈清明宴司勳劉郎中別業〉	田家復近臣
151	鄭審	〈奉使巡檢兩京路種果樹事畢入秦因詠歌〉	聖德周天壤
152	劉長卿	〈行營酬呂侍御〉	不敢淮南臥
153	劉長卿	〈送鄭說之歙州謁薛侍郎〉	漂泊來千里
卷五　七言律詩 73 首			
154	沈佺期	〈古意〉	盧家少婦鬱金堂
155	沈佺期	〈龍池篇〉	龍池躍龍龍已飛
156	沈佺期	〈侍宴安樂公主新宅應制〉	皇家貴主好神仙
157	沈佺期	〈紅樓院應制〉	紅樓疑見白毫光
158	沈佺期	〈再入道場紀事應制〉	南方歸去再生天
159	沈佺期	〈遙同杜員外審言過嶺〉	天長地濶嶺頭分
160	韋元旦	〈興慶池侍宴應制〉	滄池漭沆帝城邊
161	蘇頲	〈侍宴安樂公主新宅應制〉	駸駸羽騎歷城池
162	蘇頲	〈奉和春日幸望春宮應制〉	東望望春春可憐
163	蘇頲	〈奉和初春幸太平公主南莊應制〉	主第山門起灞川
164	張說	〈幽州新歲作〉	去歲荊南梅似雪
165	張說	〈灉湖山寺〉	空山寂歷道心生
166	張說	〈遙同蔡起居偃松篇〉	清都眾木總榮芬
167	賈曾	〈奉和春日出苑矚目應令〉	銅龍曉闢問安迴
168	李邕	〈奉和初春幸太平公主南莊應制〉	傳聞銀漢支機石
169	孫逖	〈和左司張員外自洛使入京中路先赴長安逢立春日贈韋侍御及諸公〉	忽覩雲間數雁迴
170	崔顥	〈黃鶴樓〉	昔人已乘黃鶴去
171	崔顥	〈行經華陰〉	岧嶤太華俯咸京

172	李白	〈登金陵鳳凰臺〉	鳳凰臺上鳳凰遊
173	賈至	〈早朝大明宮呈兩省僚友〉	銀燭朝天紫陌長
174	王維	〈和賈至舍人早朝大明宮之作〉	絳幘雞人報曉籌
175	王維	〈和太常韋主簿五郎溫泉寓目〉	漢主離宮接露臺
176	王維	〈大同殿生玉芝龍池上有慶雲百官共觀聖恩便賜燕樂敢書即事〉	欲笑周文詞燕鎬
177	王維	〈奉和聖製從蓬萊向興慶閣道中留春雨中春望之作應制〉	渭水自縈秦塞曲
178	王維	〈敕賜百官櫻桃〉	芙蓉闕下會千官
179	王維	〈酌酒與裴迪〉	酌酒與君君自寬
180	王維	〈酬郭給事〉	洞門高閣靄餘輝
181	王維	〈過乘如禪師蕭居士嵩丘蘭若〉	無著天親弟與兄
182	李憕	〈奉和聖製從蓬萊向興慶閣道中留春雨中春望之作應制〉	別館春還淑氣催
183	李頎	〈送魏萬之京〉	朝聞遊子唱離歌
184	李頎	〈寄盧司勳員外〉	流澌臘月下河陽
185	李頎	〈題璿公山池〉	遠公遁跡廬山岑
186	李頎	〈寄綦毋三〉	新加大邑綬仍黃
187	李頎	〈送李回〉	知君官屬大司農
188	李頎	〈宿瑩公禪房聞梵〉	花宮仙梵遠微微
189	李頎	〈贈盧五舊居〉	物在人亡無見期
190	祖詠	〈望薊門〉	燕臺一去客心驚
191	崔曙	〈九日登仙臺呈劉明府〉	漢文皇帝有高臺
192	萬楚	〈五日觀妓〉	西施謾道浣春紗
193	張謂	〈杜侍御送貢物戲贈〉	銅柱朱崖道路難
194	高適	〈送李少府貶峽中王少府貶長沙〉	嗟君此別意何如
195	高適	〈夜別韋司士〉	高館張燈酒復清
196	岑參	〈和賈至舍人早朝大明宮之作〉	雞鳴紫陌曙光寒
197	岑參	〈和祠部王員外雪後早朝即事〉	長安雪後似春歸
198	岑參	〈西掖省即事〉	西掖重雲開曙暉
199	岑參	〈九日使君席奉餞衛中丞赴長水〉	節使橫行西出師
200	岑參	〈首春渭西郊行呈藍田張二主簿〉	回風度雨渭城西
201	岑參	〈暮春虢州東亭送李司馬歸扶風別廬〉	柳嚲鶯嬌花復殷

202	王昌齡	〈萬歲樓〉	江上巍巍萬歲樓
203	杜甫	〈題張氏隱居〉	春山無伴獨相求
204	杜甫	〈宣政殿退朝晚出左掖〉	天門日射黃金榜
205	杜甫	〈紫宸殿退朝口號〉	戶外昭容紫袖垂
206	杜甫	〈曲江對酒〉	苑外江頭坐不歸
207	杜甫	〈九日藍田崔氏莊〉	老去悲秋強自寬
208	杜甫	〈望野（野望）〉	西山白雪三城戍
209	杜甫	〈登樓〉	花近高樓傷客心
210	杜甫	〈秋興〉	玉露凋傷楓樹林
211	杜甫	〈秋興〉	千家山郭靜朝暉
212	杜甫	〈秋興〉	蓬萊宮闕對南山
213	杜甫	〈秋興〉	昆明池水漢時功
214	杜甫	〈吹笛〉	吹笛秋山風月清
215	杜甫	〈閣夜〉	歲暮陰陽催短景
216	杜甫	〈返照〉	楚王宮北正黃昏
217	杜甫	〈登高〉	風急天高猿嘯哀
218	錢起	〈闕下贈裴舍人〉	二月黃鸝飛上林
219	錢起	〈和王員外晴雪早朝〉	紫微晴雪帶恩光
220	韋應物	〈自鞏洛舟行入黃河即事寄府縣寮友〉	夾水蒼山路向東
221	郎士元	〈贈錢起秋夜宿靈臺寺見寄〉	石林精舍武溪東
222	盧綸	〈長安春望〉	東風吹雨過青山
223	張南史	〈陸勝宅秋雨中探韻同前〉	同人永日自相將
224	李益	〈鹽州過胡兒飲馬泉〉	綠楊著水草如煙
225	柳宗元	〈登柳州城樓寄漳汀封連四州刺史〉	城上高樓接大荒
226	韓愈	〈奉和庫部盧四兄曹長元日朝廻〉	天仗宵嚴建羽旄
卷六　五言絕句 74 首			
227	賀知章	〈題袁氏別業〉	主人不相識
228	楊炯	〈夜送趙縱〉	趙氏連城璧
229	駱賓王	〈易水送別〉	此地別燕丹
230	陳子昂	〈贈喬侍御〉	漢庭榮巧宦
231	郭振	〈子夜春歌〉	陌頭楊柳枝
232	盧僎	〈南樓望〉	去國三巴遠

233	蘇頲	〈汾上驚秋〉	北風吹白雲
234	張說	〈蜀道後期〉	客心爭日月
235	張九齡	〈照鏡見白髮〉	宿昔青雲志
236	孫逖	〈同洛陽李少府觀永樂公主入蕃〉	邊地鶯花少
237	李白	〈靜夜思〉	牀前看月光
238	李白	〈怨情〉	美人捲珠簾
239	李白	〈秋浦歌〉	白髮三千丈
240	李白	〈獨坐敬亭山〉	眾鳥高飛盡
241	李白	〈見京兆韋參軍量移東陽〉	潮水還歸海
242	王維	〈臨高臺〉	相送臨高臺
243	王維	〈班婕妤〉	怪來妝閣閉
244	王維	〈雜詩〉	已見寒梅發
245	王維	〈鹿柴〉	空山不見人
246	王維	〈竹里館〉	獨坐幽篁裏
247	崔國輔	〈長信草〉	長信宮中草
238	崔國輔	〈少年行〉	遺卻珊瑚鞭
249	孟浩然	〈送朱大入秦〉	遊人五陵去
250	孟浩然	〈春曉〉	春眠不覺曉
251	孟浩然	〈洛陽訪袁拾遺不遇〉	洛陽訪才子
252	儲光羲	〈洛陽道〉	大道直如髮
253	儲光羲	〈長安道〉	鳴鞭過酒肆
254	儲光羲	〈關山月〉	一雁過連營
255	王昌齡	〈送郭司倉〉	映門淮水綠
256	王昌齡	〈答武陵田太守〉	仗劍行千里
257	裴迪	〈孟城坳〉	結廬古城下
258	裴迪	〈鹿柴〉	日夕見寒山
259	杜甫	〈復愁〉	萬國尚戎馬
260	杜甫	〈絕句〉	江碧鳥逾白
261	崔顥	〈長干行〉	君家住何處
262	高適	〈詠史〉	尚有綈袍贈
263	高適	〈田家春望〉	出門何所見
264	岑參	〈行軍九日思長安故園〉	強欲登高去
265	岑參	〈見渭水思秦川〉	渭水東流去

266	王之渙	〈登鸛雀樓〉	白日依山盡
267	祖詠	〈終南望餘雪〉	終南陰嶺秀
268	李適之	〈罷相作〉	避賢初罷相
269	李頎	〈奉送五叔入京兼寄綦毋三〉	陰雲帶殘日
270	丘爲	〈左掖梨花〉	冷艷全欺雪
271	蕭穎士	〈九日陪元魯山登北城留別〉	綿連滍川迴
272	劉長卿	〈平蕃曲〉	渺渺戍烟孤
273	劉長卿	〈平蕃曲〉	絕漠大軍還
274	錢起	〈逢俠者〉	燕趙悲歌士
275	錢起	〈江行無題〉	咫尺愁風雨
276	韋應物	〈秋夜寄丘二十二員外〉	懷君屬秋夜
277	韋應物	〈聽江笛送陸侍御〉	遠聽江上笛
278	韋應物	〈聞雁〉	故園眇何處
279	韋應物	〈答李澣〉	林中觀易罷
280	皇甫冉	〈婕妤怨〉	花枝出建章
281	朱放	〈題竹林寺〉	歲月人間促
282	耿湋	〈秋日〉	返照入閭巷
283	盧綸	〈和張僕射塞下曲〉	月黑雁飛高
284	司空曙	〈別盧秦卿〉	知有前期在
285	李益	〈幽州〉	征戍在桑乾
286	戴叔倫	〈三閭廟〉	沅湘流不盡
287	令狐楚	〈思君恩〉	小苑鶯歌歇
288	柳宗元	〈登柳州峨山〉	荒山秋日午
289	劉禹錫	〈秋風引〉	何處秋風至
290	呂溫	〈鞏路感懷〉	馬嘶白日暮
291	孟郊	〈古別離〉	欲別牽郎衣
292	賈島	〈尋隱者不遇〉	松下問童子
293	文宗皇帝	〈宮中題〉	輦路生秋草
294	于武陵	〈勸酒〉	勸君金屈巵
295	薛瑩	〈秋日湖上〉	落日五湖遊
296	荊叔	〈題慈恩塔〉	漢國山河在
297	無名氏	〈伊州歌〉	聞道黃花戍
298	無名氏	〈伊州歌〉	打起黃鶯兒

299	西鄙人	〈哥舒歌〉	北斗七星高
300	太上隱者	〈答人〉	偶來松樹下
卷七　七言絕句 165 首			
301	王勃	〈蜀中九日〉	九月九日望鄉臺
302	杜審言	〈渡湘江〉	遲日園林悲昔遊
303	杜審言	〈贈蘇綰書記〉	知君書記本翩翩
304	杜審言	〈戲贈趙使君美人〉	紅粉青娥映楚雲
305	劉廷琦	〈銅雀臺〉	銅臺宮觀委灰塵
306	沈佺期	〈邙山〉	北邙山上列墳塋
307	宋之問	〈送司馬道士遊天台〉	羽客笙歌此地違
308	張說	〈送梁六〉	巴陵一望洞庭秋
309	王翰	〈涼州詞〉	葡萄美酒夜光杯
310	李白	〈清平調詞〉	雲想衣裳花想容
311	李白	〈清平調詞〉	一枝濃艷露凝香
312	李白	〈清平調詞〉	名花傾國兩相歡
313	李白	〈客中行〉	蘭陵美酒鬱金香
314	李白	〈峨眉山月歌〉	峨眉山月半輪秋
315	李白	〈上皇西巡南京歌〉	誰道君王行路難
316	李白	〈上皇西巡南京歌〉	劍閣重關蜀北門
317	李白	〈聞王昌齡左遷龍標尉遙有此寄〉	楊花落盡子規啼
318	李白	〈黃鶴樓送孟浩然之廣陵〉	故人西辭黃鶴樓
319	李白	〈陪族叔刑部侍郎曄及中書舍人賈至遊洞庭湖〉	洞庭西望楚江分
320	李白	〈望天門山〉	天門中斷楚江開
321	李白	〈早發白帝城〉	朝辭白帝彩雲間
322	李白	〈秋下荊門〉	霜落荊門江樹空
323	李白	〈蘇臺覽古〉	舊苑荒臺楊柳新
324	李白	〈越中覽古〉	越王勾踐破吳歸
325	李白	〈與史郎中欽聽黃鶴樓上吹笛〉	一為遷客去長沙
326	李白	〈春夜洛城聞笛〉	誰家玉笛暗飛聲
327	王昌齡	〈春宮曲〉	昨夜風開露井桃
328	王昌齡	〈西宮春怨〉	西宮夜靜百花香

329	王昌齡	〈西宮秋怨〉	芙蓉不及美人粧
330	王昌齡	〈長信秋詞〉	眞成薄命久尋思
331	王昌齡	〈青樓曲〉	白馬金鞍從武皇
332	王昌齡	〈閨怨〉	閨中少婦不知愁
333	王昌齡	〈出塞行〉	白草原頭望京師
334	王昌齡	〈從軍行〉	烽火城西百尺樓
335	王昌齡	〈從軍行〉	青海長雲暗雪山
336	王昌齡	〈從軍行〉	秦時明月漢時關
337	王昌齡	〈梁苑〉	梁園秋竹古時煙
338	王昌齡	〈芙蓉樓送辛漸〉	寒雨連江夜入吳
339	王昌齡	〈送薛大赴安陸〉	津頭雲雨暗湘山
340	王昌齡	〈送別魏三〉	醉別江樓橘柚香
341	王昌齡	〈盧溪別人〉	武陵溪口駐扁舟
342	王昌齡	〈重別李評事〉	莫道秋江離別難
343	王維	〈少年行〉	出身仕漢羽林郎
344	王維	〈九月九日憶山東兄弟〉	獨在異鄉爲異客
345	王維	〈與盧員外象過崔處士興宗林亭〉	綠樹重陰蓋四鄰
346	王維	〈送韋評事〉	欲逐將軍取右賢
347	王維	〈送沈子福之江東〉	楊柳渡頭行客稀
348	賈至	〈春思〉	草色青青柳色黃
349	賈至	〈春思〉	紅粉當壚弱柳垂
350	賈至	〈西亭春望〉	日長風暖柳青青
351	賈至	〈初至巴陵與李十二白同泛洞庭湖〉	楓岸紛紛落葉多
352	賈至	〈送李侍郎赴常州〉	雪晴雲散北風寒
353	賈至	〈岳陽樓重宴別王八員外貶長沙〉	江路東連千里潮
354	岑參	〈封大夫破播仙凱歌〉	漢將承恩西破戎
355	岑參	〈封大夫破播仙凱歌〉	日落轅門鼓角鳴
356	岑參	〈苜蓿烽寄家人〉	苜蓿峰邊逢立春
357	岑參	〈玉關寄長安李主簿〉	東去長安萬里餘
358	岑參	〈逢入京使〉	故園東望路漫漫
359	岑參	〈磧中作〉	走馬西來欲到天
360	岑參	〈虢州後亭送別李判官使赴晉絳得秋字〉	西原驛路掛城頭

361	岑參	〈送人還京〉	匹馬西來天外歸
362	岑參	〈赴北庭度隴思家〉	西向輪臺萬里餘
363	岑參	〈酒泉太守席上醉後作〉	酒泉太守能劒舞
364	岑參	〈送劉判官赴磧西〉	火山五月行人少
365	岑參	〈山房春事〉	梁園日暮亂飛鴉
366	儲光羲	〈寄孫山人〉	新林二月孤舟還
367	杜甫	〈贈花卿〉	錦城絲管日紛紛
368	杜甫	〈重贈鄭鍊〉	鄭子將行罷使臣
369	杜甫	〈奉和嚴武軍城早秋〉	秋風嫋嫋動高旌
370	杜甫	〈解悶〉	一辭故國十經秋
371	杜甫	〈書堂飲既夜復邀李尚書下馬月下賦〉	湖月林風相與清
372	常建	〈塞下曲〉	玉帛朝回望帝鄉
373	常建	〈塞下曲〉	北海陰風動地來
374	常建	〈送宇文六〉	花映垂楊漢水清
375	常建	〈三日尋李九莊〉	雨歇楊林東渡頭
376	高適	〈九曲詞〉	鐵馬橫行鐵嶺頭
377	高適	〈除夜作〉	旅館寒燈獨不眠
378	高適	〈塞上聞吹笛〉	雪淨胡天牧馬還
379	高適	〈別董大〉	十里黃雲白日曛
380	孟浩然	〈送杜十四之江南〉	荊吳相接水爲鄉
381	李頎	〈寄韓鵬〉	爲政心閒物自閒
382	崔國輔	〈九日〉	江邊楓落菊花黃
383	張謂	〈題長安主人壁〉	世人結交須黃金
384	張謂	〈送人使河源〉	故人行役向邊州
385	王之渙	〈涼州詞〉	黃河遠上白雲間
386	王之渙	〈九日送別〉	薊庭蕭瑟故人稀
387	蔡希寂	〈洛陽客舍逢祖詠留宴〉	綿綿漏鼓洛陽城
388	吳象之	〈少年行〉	承恩借獵小平津
389	張潮	〈江南行〉	茨菰葉爛別西灣
390	嚴武	〈軍城早秋〉	昨夜秋風入漢關
391	劉長卿	〈重送裴郎中貶吉州〉	猿啼客散暮江頭
392	劉長卿	〈送李判官之潤州行營〉	萬里辭家事鼓鼙
393	李華	〈春行寄興〉	宜陽城下草萋萋

394	錢起	〈歸雁〉	瀟湘何事等閒回
395	韋應物	〈登樓寄王卿〉	踏閣攀林恨不同
396	韋應物	〈酬柳郎中春日歸揚州南國見別之作〉	廣陵三月花正開
397	皇甫冉	〈送魏十六還蘇州〉	秋夜沈沈此送君
398	皇甫冉	〈曾山送別〉	淒淒遊子苦飄蓬
399	韓翃	〈寒食〉	春城無處不飛花
400	韓翃	〈送客知鄂州〉	江口千家帶楚雲
401	韓翃	〈宿石邑山中〉	浮雲不共此山齊
402	李端	〈送劉侍郎〉	幾人同入謝宣城
403	張繼	〈楓橋夜泊〉	月落烏啼霜滿天
404	顧況	〈聽角思歸〉	故園黃葉滿青苔
405	顧況	〈宿昭應〉	武帝祈靈太乙壇
406	顧況	〈湖中〉	青草湖邊日色低
407	戴叔倫	〈夜發袁江寄李穎川劉侍郎〉	半夜回舟入楚鄉
408	包何	〈寄楊侍御〉	一官何幸得同時
409	李益	〈汴河曲〉	汴水東流無限春
410	李益	〈聽曉角〉	邊霜昨夜墮關榆
411	李益	〈夜上受降城聞笛〉	回樂峰前沙似雪
412	李益	〈從軍北征〉	天山雪後海風寒
413	劉禹錫	〈楊柳枝詞〉	煬帝行宮汴水濱
414	劉禹錫	〈與歌者何戡〉	二十餘年別帝京
415	劉禹錫	〈浪淘沙詞〉	鸚鵡洲頭浪颭沙
416	劉禹錫	〈自朗州至京戲贈看花諸君〉	紫陌紅塵拂面來
417	張籍	〈涼洲詞〉	鳳林關裏水東流
418	王建	〈十五夜望月〉	中庭地白樹棲鴉
419	武元衡	〈送盧起居〉	相如擁傳有光輝
420	武元衡	〈嘉陵驛〉	悠悠風旆遶山川
421	張仲素	〈漢苑行〉	回雁高飛太液池
422	張仲素	〈塞下曲〉	三戍漁陽再度遼
423	張仲素	〈塞下曲〉	朔雪飄飄開雁門
424	張仲素	〈秋閨思〉	碧窗斜月靄深暉
425	羊士諤	〈郡中即事〉	紅衣落盡暗香殘
426	羊士諤	〈登樓〉	槐柳蕭踈繞郡城

427	柳宗元	〈酬浩初上人欲登仙人山見貽〉	珠樹玲瓏隔翠微
428	歐陽詹	〈題延平劍潭〉	想像精靈欲見難
429	元稹	〈聞白樂天左降江州司馬〉	殘燈無焰影幢幢
430	張祜	〈胡渭州〉	亭亭孤月照行舟
431	張祜	〈雨淋鈴〉	雨霖鈴夜卻歸秦
432	張祜	〈虢夫人〉	虢國夫人承主恩
433	賈島	〈度桑乾〉	客舍並州已十霜
434	王表	〈成德樂〉	趙女乘春上畫樓
435	李商隱	〈漢宮詞〉	青雀西飛竟未回
436	李商隱	〈夜雨寄北〉	君問歸期未有期
437	李商隱	〈寄令狐郎中〉	嵩雲秦樹久離居
438	許渾	〈秋思〉	琪樹西風枕簟秋
439	趙嘏	〈江樓書感〉	獨上江樓思渺然
440	溫庭筠	〈楊柳枝〉	館娃宮外鄴城西
441	段成式	〈折楊柳〉	枝枝交影鎖長門
442	司馬禮	〈宮怨〉	柳色參差掩畫樓
443	張喬	〈宴邊將〉	一曲涼州金石清
444	李拯	〈退朝望終南山〉	紫宸朝罷綴鵷鸞
445	崔魯	〈華清宮〉	草遮回磴絕鳴鑾
446	韋莊	〈古別離〉	晴煙漠漠柳毿毿
447	李建勳	〈宮詞〉	宮門長閉舞衣閒
448	張子容	〈水調歌第一疊〉	平沙落日大荒西
449	張子容	〈涼州歌第二疊〉	朔風吹葉雁門秋
450	張子容	〈水鼓子第一曲〉	雕弓白羽獵初回
451	陳祐	〈雜詩〉	無定河邊暮笛聲
452	無名氏	〈初過漢江〉	襄陽好向峴亭看
453	無名氏	〈胡笳曲〉	月明星稀霜滿野
454	王烈	〈塞上曲〉	紅顏歲歲老金微
455	王烈	〈塞上曲〉	孤城夕對戍樓閑
456	張敬忠	〈邊詞〉	五原春色舊來遲
457	張諤	〈九日宴〉	秋葉風吹黃颯颯
458	樓穎	〈西施石〉	西施昔日浣紗津
459	盧弼	〈和李秀才邊庭四時怨〉	八月霜飛柳遍黃

460	盧弼	〈和李秀才邊庭四時怨〉	朔風吹雪透刀瘢
461	崔敏童	〈宴城東莊〉	一年始有一年春
462	崔惠童	〈奉和同前〉	一月主人笑幾回
463	王周	〈宿疎陂驛〉	秋染棠梨葉半紅
464	釋皎然	〈塞下曲〉	寒塞無因見落梅
465	釋靈一	〈僧院〉	虎溪閒月引相過

附錄二：篠崎小竹《唐詩遺》選目〔註1〕

	詩人	詩題	首句
卷一　五言古詩45首			
001	宋之問	〈題老松樹〉	歲晚東巖下
002	陳子昂	〈燕太子〉	秦王日無道
003	陳子昂	〈送客〉	故人洞庭去
004	張九齡	〈敘懷〉	弱歲讀羣史
005	李白	〈沐浴子〉	沐芳莫彈冠
006	李白	〈春思〉	燕草如碧絲
007	李白	〈聽蜀僧濬彈琴〉	蜀僧抱綠綺
008	王維	〈渭川田家〉	斜光照墟落
009	王維	〈贈劉藍田〉	籬中犬迎吠
010	王維	〈春中田園作〉	屋上春鳩鳴
011	孟浩然	〈萬山潭〉	垂釣坐磐石
012	孟浩然	〈採樵作〉	採樵入深山
013	王昌齡	〈失題〉	奸雄乃得志
014	儲光羲	〈釣魚灣〉	垂釣綠灣春
015	儲光羲	〈題太玄觀〉	門外車馬喧
016	儲光羲	〈喫茗粥作〉	當晝暑氣盛
017	邱爲	〈山行尋隱者不遇〉	絕頂一茅茨
018	李頎	〈登首陽山謁夷齊廟〉	古人已不見
019	常建	〈塞上曲〉	翩翩雲中使

〔註1〕此目錄參照日本早稻田大學圖書館藏梅花屋藏板整理。

020	常建	〈江上琴興〉	江上調玉琴
021	高適	〈宋中〉	朝臨孟諸上
022	高適	〈宋中〉	梁苑白日暮
023	岑參	〈澧頭送蔣侯〉	君住澧水北
024	岑參	〈暮秋山行〉	疲馬臥長坂
025	崔曙	〈山下晚晴〉	寥寥遠天靜
026	薛據	〈冬夜寓居寄儲太祝〉	自爲雒陽客
027	杜甫	〈贈衛八處士〉	人生不相見
028	杜甫	〈同諸公登慈恩寺塔〉	高標跨蒼穹
029	杜甫	〈新婚別〉	兔絲附蓬麻
030	李嶷	〈林園秋夜作〉	林臥避殘暑
031	元結	〈賊退示官吏〉	昔年逢太平
032	元結	〈招孟武昌〉	風霜枯萬物
033	劉長卿	〈從軍行〉	黃沙一萬里
034	劉長卿	〈從軍行〉	草枯秋塞上
035	劉長卿	〈送丘爲赴上都〉	帝鄉何處是
036	錢起	〈遊輞川至南山寄谷口王十六〉	山色不厭遠
037	韋應物	〈觀田家〉	微雨眾卉新
038	韋應物	〈種藥〉	好讀神農書
039	韋應物	〈有所思〉	借問堤上柳
040	李端	〈蕪城〉	昔人登此地
041	韓愈	〈瀧吏〉	南行逾六旬
042	孟郊	〈列女操〉	梧桐相待老
043	孟郊	〈遊子吟〉	慈母手中線
044	柳宗元	〈禪堂〉	發地結菁茆
045	柳宗元	〈秋曉行南郭經荒邨〉	杪秋霜露重
卷二　七言古詩 38 首			
046	沈佺期	〈入少密谿〉	雲峰苔壁遶谿斜
047	宋之問	〈寒食陸渾別業〉	洛陽城裏花如雪
048	郭振	〈古劍篇〉	君不見昆吾鐵冶飛炎煙
049	高適	〈贈別晉三處士〉	有人家住清河源
050	岑參	〈火山雲歌送別〉	火山突兀赤亭口
051	岑參	〈白雪歌送武判官歸〉	北風捲地白草折

052	李頎	〈送劉昱〉	八月寒葦花
053	李頎	〈愛敬寺古藤歌〉	古藤池水盤樹根
054	李頎	〈琴歌送別〉	主人有酒歡今夕
055	王維	〈夷門歌〉	七國雄雌猶未分
056	王維	〈榆林郡歌〉	山頭松柏林
057	崔顥	〈七夕詞〉	長安城中月如練
058	張謂	〈代北州老翁答〉	負薪老翁住北州
059	王昌齡	〈烏棲曲〉	白馬逐朱車
060	李白	〈長相思〉	長相思，在長安
061	李白	〈長相思〉	日色欲盡花含烟
062	李白	〈寄王屋山人孟大融〉	我昔東海上
063	李白	〈宣州謝朓樓餞別校書叔雲〉	棄我去者
064	杜甫	〈曲江〉	自斷此生休問天
065	杜甫	〈醉時歌〉	諸公袞袞登臺省
066	杜甫	〈戲題畫山水圖〉	十日畫一水
067	杜甫	〈茅屋爲秋風所破歎〉	八月秋高風怒號
068	杜甫	〈觀打魚歌〉	綿州江水之東津
069	杜甫	〈又觀打魚〉	蒼江漁子清晨集
070	杜甫	〈奉先劉少府新畫山水障歌〉	堂上不合生楓樹
071	杜甫	〈醉爲馬墜諸公攜酒相看〉	甫也諸侯老賓客
072	元結	〈宿洄溪翁宅〉	長松萬株繞茅舍
073	劉長卿	〈入桂渚次砂牛石穴〉	扁舟傍歸路日暮
074	郎士元	〈塞下曲〉	寶刀塞下兒
075	韋應物	〈學仙吟〉	昔有道士求神仙
076	李益	〈野田行〉	日沒出古城
077	韓愈	〈汴洲亂〉	汴州城門朝不開
078	韓愈	〈汴洲亂〉	母從子走者爲誰
079	韓愈	〈雉帶箭〉	原頭火燒靜兀兀
080	韓愈	〈桃源行〉	神仙有無何眇茫
081	柳宗元	〈漁翁〉	漁翁夜傍西巖宿
082	李商隱	〈韓碑〉	元和天子神武姿
083	僧隱巒	〈蜀中送人遊廬山〉	君行正値芳春月

卷三　五言律詩 112 首			
084	王勃	〈別薛華〉	送送多窮路
085	駱賓王	〈詠蟬〉	西陸蟬聲唱
086	盧照鄰	〈春晚山莊率題〉	田家無四鄰
087	蘇味道	〈正月十五夜〉	火樹銀花合
088	韋承慶	〈凌朝浮江旅思〉	天晴上初日
089	劉希夷	〈晚春〉	佳人眠洞房
090	陳子昂	〈送魏大從軍〉	匈奴猶未滅
091	杜審言	〈秋夜宴臨津鄭明府宅〉	行止皆無地
092	杜審言	〈夏日過鄭七山齋〉	共有尊中好
093	沈佺期	〈銅雀臺〉	昔年分鼎地
094	沈佺期	〈雜詩〉	聞道黃龍戍
095	宋之問	〈度大庾嶺〉	度嶺方辭國
096	宋之問	〈陸渾山庄〉	歸來物外情
097	郭振	〈塞上〉	塞上虜塵飛
098	劉昚虛	〈闕題〉	道由白雲盡
099	張說	〈和魏僕射還鄉〉	富貴還鄉國
100	張九齡	〈望月懷遠〉	海上生明月
101	玄宗皇帝	〈經魯祭孔子而歎之〉	夫子何爲者
102	崔顥	〈贈梁州張都督〉	聞君爲漢將
103	李白	〈贈孟浩然〉	吾愛孟夫子
104	李白	〈訪戴天山道士不遇〉	犬吠水聲中
105	李白	〈過崔八丈水亭〉	高閣橫秀氣
106	李白	〈謝公亭〉	謝公離別處
107	李白	〈夜泊牛渚懷古〉	牛渚西江夜
108	孟浩然	〈晚春〉	二月湖水清
109	孟浩然	〈尋梅道士〉	彭澤先生柳
110	孟浩然	〈梅道士水亭〉	傲吏非凡吏
111	孟浩然	〈歸終南山〉	北闕休上書
112	孟浩然	〈過故人莊〉	故人具雞黍
113	孟浩然	〈裴司士見尋〉	府僚能枉駕
114	孟浩然	〈宿桐廬江寄廣陵舊遊〉	山暝聽猿愁

115	孟浩然	〈早寒有懷〉	木落雁南渡
116	孟浩然	〈夜渡湘水〉	客行貪利涉
117	王維	〈酬張少府〉	晚年惟好靜
118	王維	〈山居秋暝〉	空山新雨後
119	王維	〈歸嵩山作〉	清川帶長薄
120	王維	〈晚春嚴少尹與諸公見過〉	松菊荒三徑
121	王維	〈送梓州李使君〉	萬壑树参天
122	王維	〈送丘爲落第歸江東〉	憐君不得意
123	王維	〈冬晚對雪憶胡居士家〉	寒更傳曉箭
124	王維	〈終南別業〉	中歲頗好道
125	王維	〈秋夜獨坐〉	獨坐悲雙鬢
126	岑參	〈初至犍爲作〉	山色軒楹內
127	岑參	〈高冠谷口招鄭鄠〉	谷口來相訪
128	岑參	〈初授官題高冠草堂〉	三十始一命
129	岑參	〈送杜佐下第歸陸渾別業〉	正月今欲半
130	岑參	〈奉送李太保兼御史大夫充渭北節度使即太尉光弼弟〉	詔出未央宮
131	岑參	〈巴南舟中夜書事〉	渡口欲黃昏
132	高適	〈送魏八〉	更沽淇上酒
133	儲光羲	〈張谷田舍〉	縣官清且倹
134	嚴武	〈班婕妤〉	賤妾如桃李
135	杜甫	〈畫鷹〉	素練風霜起
136	杜甫	〈夜宴左氏莊〉	風林纖月落
137	杜甫	〈春日憶李白〉	白也詩無敵
138	杜甫	〈對雪〉	戰哭多新鬼
139	杜甫	〈月夜〉	今夜鄜州月
140	杜甫	〈春望〉	國破山河在
141	杜甫	〈月夜憶舍弟〉	戍鼓斷人行
142	杜甫	〈搗衣〉	亦知戍不返
143	杜甫	〈春夜喜雨〉	好雨知時節
144	杜甫	〈江亭〉	坦腹江亭暖
145	杜甫	〈不見〉	不見李生久
146	杜甫	〈客亭〉	秋窗猶曙色

147	杜甫	〈江漢〉	江漢思歸客
148	杜甫	〈刈稻了詠懷〉	稻穫空雲水
149	杜甫	〈江上〉	江上日多雨
150	杜甫	〈孤雁〉	孤雁不飲啄
151	杜甫	〈促織〉	促織甚微細
152	殷遙	〈送友人下第歸省〉	君此卜行日
153	崔曙	〈緱山廟〉	遺廟宿陰陰
154	邢巨	〈遊春〉	海岳三峰古
155	釋景雲	〈谿叟〉	谿翁居處靜
156	劉長卿	〈尋南溪常道士〉	一路經行處
157	劉長卿	〈餘干旅舍〉	搖落暮天迥
158	劉長卿	〈經漂母墓〉	昔賢懷一飯
159	劉長卿	〈新年作〉	鄉心新歲切
160	劉長卿	〈碧澗別墅喜皇甫侍御相訪〉	荒郊帶晚照
161	錢起	〈送僧歸日本〉	上國隨緣住
162	錢起	〈裴迪南門秋夜對月〉	夜來詩酒興
163	韋應物	〈賦得暮雨送李曹〉	楚江微雨裏
164	韋應物	〈淮上喜會梁州故人〉	江漢曾爲客
165	郎士元	〈送錢大〉	暮蟬不可聽
166	皇甫冉	〈歸渡洛水〉	暝色赴春愁
167	皇甫曾	〈送孔徵士〉	谷口爲幽處
168	司空曙	〈賊平後送人北歸〉	世亂同南去
169	李嘉祐	〈至七里灘作〉	遷客投于越
170	嚴維	〈酬劉員外見寄〉	蘇耽佐郡時
171	劉方平	〈秋夜泛舟〉	林塘夜汎舟
172	韓翃	〈梅花落〉	新歲芳梅樹
173	于良史	〈冬日野望〉	地際朝陽滿
174	戎昱	〈和蕃〉	漢家青史上
175	李益	〈喜見外弟又言別〉	十年離別後
176	戴叔倫	〈除夜宿石頭驛〉	旅館誰相問
177	楊巨源	〈長城聞笛〉	孤城笛滿林
178	韓愈	〈祖席〉	淮南悲木落
179	柳宗元	〈梅雨〉	梅實迎時雨

180	張籍	〈薊北旅思〉	日日望鄉國
181	張籍	〈夜到漁家〉	漁家在江口
182	張祜	〈登廣武原〉	廣武原西北
183	賈島	〈暮過山邨〉	數里聞寒水
184	李冶	〈寄校書七兄〉	無事烏程縣
185	李商隱	〈河清與趙氏昆季燕集擬杜工部〉	勝槩殊江右
186	溫庭筠	〈商山早行〉	晨起動征鐸
187	馬戴	〈落日悵望〉	孤雲與歸鳥
188	馬戴	〈楚江懷古〉	露氣寒光集
189	趙嘏	〈東歸道中〉	未明喚童僕
190	周繇	〈海望〉	蒼茫空汎日
191	崔塗	〈除夜有感〉	迢遞三巴路
192	王貞白	〈題嚴陵釣臺〉	山色四時碧
193	釋皎然	〈尋陸鴻漸不遇〉	移家雖帶郭
194	釋齊已	〈劍客〉	拔劍遶殘尊
195	釋齊已	〈秋夜聽業上人彈琴〉	萬物都寂寂
卷四　五言長律 35 首			
196	楊師道	〈還山宅〉	暮春還舊嶺
197	劉希夷	〈故園置酒〉	酒熟人須飲
198	盧照鄰	〈西使兼送孟學士南遊〉	地道巴陵北
199	沈佺期	〈奉和晦日幸昆明池〉	法駕乘春轉
200	玄宗皇帝	〈早渡蒲關〉	鐘鼓嚴更曙
201	蘇頲	〈御箭連中雙兔〉	宸遊經上苑
202	張說	〈將赴朔方軍應制〉	禮樂逢明主
203	張九齡	〈郡內閒齋〉	郡閣晝常掩
204	張九齡	〈同綦毋學士月夜聞雁〉	棲宿豈無意
205	張子容	〈長安早春〉	開國移東井
206	鄭愔	〈塞外〉	陽鳥南飛夜
207	王維	〈曉行巴峽〉	際曉投巴峽
208	王維	〈遊感化寺〉	翡翠香煙合
209	王維	〈過沈居士山居哭之〉	楊朱來此哭
210	李白	〈送友人尋越中山水〉	聞道稽山去

211	李白	〈春日歸山寄孟浩然〉	朱紱遺塵境
212	孟浩然	〈西山尋辛諤〉	漾舟尋水便
213	李頎	〈送劉主簿歸金壇〉	與子十年舊
214	岑參	〈六月十三日水亭送華陰王少府還縣〉	亭晚人將別
215	張謂	〈同諸公遊雲公禪寺〉	共許尋雞足
216	張巡	〈守睢陽詩〉	接戰春來苦
217	杜甫	〈寄李十二白〉	昔年有狂客
218	杜甫	〈遣興〉	驥子好男兒
219	杜甫	〈謁先主廟〉	慘澹風雲會
220	錢起	〈省試湘靈鼓瑟〉	善鼓雲和瑟
221	錢起	〈題玉山邨叟壁〉	谷口好泉石
222	錢起	〈奉和宣城張太守南亭秋夕懷友〉	池館蟪蛄聲
223	劉長卿	〈謫居于越亭作〉	天南愁望絕
224	徐凝	〈送日本使還〉	絕國將無外
225	裴度	〈中書即事〉	有意效承平
226	裴度	〈中和節詔賜公卿尺〉	陽和行慶賜
227	韓愈	〈送鄭尚書赴南海〉	番禺軍府盛
228	焦郁	〈賦得白雲向空盡〉	白雲生遠岫
229	李商隱	〈武侯廟古柏〉	蜀相階前栢
230	杜荀鶴	〈御溝新柳〉	律到九重春
卷五　七言律詩 112 首			
231	沈佺期	〈興慶池侍宴應制〉	碧水澄潭映遠空
232	宗楚客	〈奉和幸安樂公主山莊應制〉	玉樓銀牓枕嚴城
233	蘇頲	〈興慶池侍宴應制〉	降鶴池前廻步輦
234	蘇頲	〈扈從鄠杜間奉呈刑部尚書舅崔黃門馬常侍〉	翠輦紅旗出帝京
235	李白	〈別中都兄明府〉	吾兄詩酒繼陶君
236	萬楚	〈驄馬〉	金絡青驄白玉鞍
237	張謂	〈別韋郎中〉	星軺計日赴岷峨
238	杜甫	〈送鄭十八虔貶台州司戶傷其臨老陷賊之故闕爲面別情見于詩〉	鄭公樗散鬢成絲
239	杜甫	〈蜀相〉	丞相祠堂何處尋
240	杜甫	〈賓至〉	幽棲地僻經過少

241	杜甫	〈野老〉	野老籬前江岸廻
242	杜甫	〈南鄰〉	錦里先生烏角巾
243	杜甫	〈恨別〉	洛陽一別四千里
244	杜甫	〈送韓十四江東覲省〉	兵戈不見老萊衣
245	杜甫	〈野人送朱櫻〉	西蜀櫻桃也自紅
246	杜甫	〈聞官軍收河南河北〉	劍外忽傳收薊北
247	杜甫	〈將赴荊南寄別李劍州〉	使君高義驅今古
248	杜甫	〈白帝城最高樓〉	城尖徑仄旌旆愁
249	杜甫	〈秋興〉	夔府孤城落日斜
250	杜甫	〈秋興〉	聞道長安似弈棋
251	杜甫	〈秋興〉	瞿唐峽口曲江頭
252	杜甫	〈秋興〉	昆吾御宿自逶迤
253	杜甫	〈詠懷古跡〉	支離東北風塵際
254	杜甫	〈詠懷古跡〉	搖落深知宋玉悲
255	杜甫	〈詠懷古跡〉	群山萬壑赴荊門
256	杜甫	〈詠懷古跡〉	蜀主窺吳幸三峽
257	杜甫	〈詠懷古跡〉	諸葛大名垂宇宙
258	杜甫	〈諸將〉	漢朝陵墓對南山
259	杜甫	〈諸將〉	韓公本意築三城
260	杜甫	〈諸將〉	洛陽宮殿化爲烽
261	杜甫	〈諸將〉	廻首扶桑銅柱標
262	杜甫	〈諸將〉	錦江春色逐人來
263	杜甫	〈夜〉	露下天高秋氣清
264	杜甫	〈九日〉	重陽獨酌盃中酒
265	杜甫	〈暮歸〉	霜黃碧梧白鶴栖
266	杜甫	〈小寒食舟中作〉	佳辰強飯食猶寒
267	王維	〈出塞作〉	居延城外獵天驕
268	王維	〈敕借岐王九成宮避暑應教〉	帝子遠辭丹鳳闕
269	王維	〈積雨輞川莊作〉	積雨空林煙火遲
270	王維	〈送楊少府貶郴〉	明到衡山與洞庭
271	王維	〈送方尊師歸嵩山〉	仙官欲住九龍潭
272	孟浩然	〈登安陽城樓〉	縣城南面漢江流
273	高適	〈送前衛縣李宷少府〉	黃鳥翩翩楊柳垂

274	岑參	〈奉和杜相公發益州〉	相國臨戎別帝京
275	劉長卿	〈過賈誼宅〉	三年謫宦此栖遲
276	劉長卿	〈登餘干古城〉	孤城上與白雲齊
277	劉長卿	〈獻淮寧軍節度李相公〉	建牙吹角不聞喧
278	劉長卿	〈贈別嚴士元〉	春風倚棹闔閭城
279	劉長卿	〈自夏口至鸚鵡洲望岳陽寄阮中丞〉	汀洲無浪復無煙
280	劉長卿	〈使次安陸寄友人〉	新年草色遠萋萋
281	劉長卿	〈送耿拾遺歸上都〉	若爲天畔獨歸秦
282	劉長卿	〈江州重別薛六柳八二員外〉	生涯豈料承優詔
283	錢起	〈漢武出獵〉	漢家無事樂時雍
284	錢起	〈和李員外扈駕幸溫泉宮〉	未央月曉度疎鐘
285	錢起	〈山中酬楊補闕見訪〉	日暖風恬種藥時
286	韋應物	〈寄李儋元錫〉	去年花裏逢君別
287	皇甫冉	〈同溫丹徒登萬歲樓〉	高樓獨上思依依
288	皇甫冉	〈三月三日義興李明府後亭泛舟〉	江南煙景復如何
289	皇甫冉	〈春思〉	鶯啼燕語報新年
290	皇甫冉	〈送李錄事赴饒州〉	北人南去雪紛紛
291	皇甫曾	〈秋夕寄懷契上人〉	已見槿花朝委露
292	李嘉祐	〈自蘇臺至望亭驛人家盡空春物增思悵然有作因寄從弟紓〉	南浦菰蒲覆白蘋
293	李嘉祐	〈暮春宜陽郡齋愁坐忽枉劉七侍御詩因以酬答〉	子規夜夜啼櫧葉
294	韓翃	〈同題仙遊觀〉	仙臺初見五城樓
295	韓翃	〈送冷朝陽還上元〉	青絲纜引木蘭船
296	盧綸	〈晚次鄂州〉	雲開遠見漢陽城
297	盧綸	〈至德中途中書事卻寄李僩〉	亂離無處不傷情
298	盧綸	〈夜投豐德寺謁液上人〉	半夜中峰有磬聲
299	司空曙	〈酬李端校書見贈〉	綠槐垂穗乳烏飛
300	李端	〈宿淮浦憶司空文明〉	愁心一倍長離憂
301	李端	〈閒園即事贈考功王員外〉	南陌晴雲稍變霞
302	劉方平	〈秋夜呈皇甫冉鄭豐〉	洛陽秋夜白雲歸
303	耿湋	〈上裴行軍中丞〉	胡塵已滅天山外
304	劉禹錫	〈松滋渡望峽中〉	渡頭輕雨灑寒梅

305	劉禹錫	〈西塞山懷古〉	王璿樓船下益州
306	劉禹錫	〈早春對雪奉寄澧州元郎中〉	新賜魚書墨未乾
307	劉禹錫	〈漢壽城春望〉	漢壽城邊野草春
308	劉禹錫	〈始聞秋風〉	昔看黃菊與君別
309	柳宗元	〈別舍弟宗一〉	零落殘魂倍黯然
310	柳宗元	〈嶺南江行〉	瘴江南去入雲煙
311	楊巨源	〈贈張將軍〉	關西諸將揖容光
312	韓愈	〈晉公破賊回重拜台司以詩示幕中賓客愈奉和〉	南伐旋師太華東
313	賈島	〈寄韓潮州愈〉	此心曾與木蘭舟
314	杜牧	〈題青雲館〉	虬蟠千仞劇羊腸
315	李商隱	〈馬嵬〉	海外徒聞更九州
316	李商隱	〈隋宮〉	紫泉宮殿鎖煙霞
317	李商隱	〈杜工部蜀中離席〉	人生何處不離羣
318	李商隱	〈籌筆驛〉	猿鳥猶疑畏簡書
319	李商隱	〈安定城樓〉	迢遞高城百尺樓
320	李商隱	〈井絡〉	井絡天彭一掌中
321	許渾	〈金陵懷古〉	玉樹歌殘王氣終
322	許渾	〈咸陽城東樓〉	一上高樓萬里愁
323	許渾	〈晨起白雲樓寄龍興江準上人兼呈竇秀才〉	茲樓今是望鄉臺
324	溫庭筠	〈馬嵬驛〉	穆滿曾爲物外遊
325	溫庭筠	〈經李徵君故居〉	露濃煙重草萋萋
326	溫庭筠	〈過陳琳墓〉	曾於青史見遺文
327	溫庭筠	〈蘇武廟〉	蘇武魂銷漢使前
328	溫庭筠	〈經五丈原〉	鐵馬雲雕共絕塵
329	溫庭筠	〈贈蜀將〉	十年分散劍關秋
330	雍陶	〈晴詩〉	晚虹斜日塞天昏
331	李頻	〈湘中送友人〉	中流欲暮見湘煙
332	薛逢	〈送靈州田尚書〉	陰風獵獵滿旌竿
333	薛逢	〈開元後樂〉	莫奏開元舊樂章
334	趙嘏	〈長安秋望〉	雲物淒清拂曙流
335	趙嘏	〈長安月夜與友人話故山〉	宅邊秋水浸苔磯

336	李群玉	〈黃陵廟〉	小姑洲北浦雲邊
337	劉滄	〈經煬帝行宮〉	此地曾經翠輦過
338	李郢	〈漂泊〉	槿壂蓮疎池館清
339	李郢	〈少華甘露寺〉	石門蘿徑與天鄰
340	李郢	〈上裴晉公〉	四朝憂國鬢如絲
341	李郢	〈江亭春霽〉	江蘺漠漠荇田田
342	譚用之	〈秋宿湘江遇雨〉	江上陰雲鎖夢魂
卷六　五言絕句 70 首			
343	虞世南	〈詠蟬〉	垂緌飲清露
344	王勃	〈思歸〉	長江悲已滯
345	王勃	〈寒夜思〉	雲間征思斷
346	盧照鄰	〈曲池荷〉	浮香繞曲岸
347	韋承慶	〈南行別弟〉	萬里人南去
348	宋之問	〈送杜審言〉	臥病人事絕
349	蘇頲	〈將赴益州題小園壁〉	歲窮將益老
350	張九齡	〈自君之出矣〉	自君之出矣
351	于季子	〈項羽〉	北伐雖全趙
352	王適	〈江上梅〉	忽見寒梅樹
353	王維	〈鳥鳴澗〉	人間桂花落
354	王維	〈孟城坳〉	新家孟城口
355	王維	〈山中送別〉	山中相送罷
356	王維	〈答裴迪〉	淼淼寒流廣
357	王維	〈息夫人〉	莫以今時寵
358	裴迪	〈宮槐陌〉	門前宮槐陌
359	李白	〈玉階怨〉	玉階生白露
360	李白	〈青溪半夜聞笛〉	羌笛梅花引
361	李白	〈勞勞亭〉	天下傷心處
362	杜甫	〈歸雁〉	春來萬里客
363	杜甫	〈八陣圖〉	功蓋三分國
364	孟浩然	〈宿建德江〉	移舟泊煙渚
365	崔國輔	〈銅雀臺〉	朝日照紅粧
366	崔國輔	〈怨詞〉	妾有羅衣裳
367	王昌齡	〈題僧房〉	棕櫚花滿院

368	王昌齡	〈送張四〉	楓林已愁暮
369	岑參	〈題平陽郡汾橋邊柳樹〉	此地曾居住
370	王之渙	〈送別〉	楊柳東門樹
371	薛奇童	〈吳聲子夜歌〉	淨掃黃金堦
372	韋應物	〈登樓〉	茲樓日登眺
373	儲光羲	〈江南曲〉	日暮長江裏
374	崔曙	〈雨中送客〉	別愁復兼雨
375	崔興宗	〈留別王維〉	駐馬欲分襟
376	張旭	〈清溪汎月〉	旅人倚征棹
377	劉長卿	〈逢雪宿芙蓉山〉	日暮蒼山遠
378	劉方平	〈長信宮〉	夢裏君王近
379	劉方平	〈春雪〉	飛雪帶春風
380	暢當	〈登鸛雀樓〉	迥臨飛鳥上
381	顧況	〈憶舊遊〉	悠悠南國思
382	盧綸	〈塞下曲〉	林暗草驚風
383	李益	〈鷓鴣詞〉	湘江斑竹枝
384	皇甫冉	〈送王司直〉	西塞雲山遠
385	皇甫冉	〈淮口寄趙員外〉	欲逐淮潮上
386	司空曙	〈金陵懷古〉	輦路江楓暗
387	柳中庸	〈江行〉	繁陰乍隱洲
388	權德輿	〈嶺上逢久別者又別〉	十年曾一別
389	柳宗元	〈入黃溪聞猿〉	溪路千里曲
390	柳宗元	〈春懷故園〉	九扈鳴已晚
391	柳宗元	〈江雪〉	千山鳥飛絕
392	劉禹錫	〈經檀道濟故壘〉	萬里長城壞
393	劉禹錫	〈視刀環〉	常恨言語淺
394	王建	〈新嫁娘〉	三日入廚下
395	王涯	〈閨人贈遠〉	花明綺陌春
396	王涯	〈閨人贈遠〉	鶯啼綠樹深
397	王涯	〈閨人贈遠〉	遠戍功名薄
398	王涯	〈閨人贈遠〉	形影一朝別
399	張仲素	〈春閨思〉	裊裊城邊柳
400	元稹	〈行宮〉	寥落古行宮

401	張祜	〈宮詞〉	故國三千里
402	楊凝	〈柳絮〉	河畔多楊柳
403	沈如筠	〈閨怨〉	雁盡書難寄
404	雍裕之	〈江上聞猿〉	楓岸月斜明
405	釋靈澈	〈題天姥〉	天台眾峯外
406	王韞秀	〈偕夫遊秦〉	路掃饑寒跡
407	許渾	〈塞下曲〉	夜戰桑乾雪
408	李商隱	〈登樂遊原〉	向晚意不適
409	施肩吾	〈幼女詞〉	幼女纔六歲
410	鄭谷	〈望湖亭〉	湘水似伊水
411	崔道融	〈梅〉	數萼初含雪
412	七歲女子	〈送兄〉	別路雲初起
卷六　附六言八句 4 首			
413	劉長卿	〈苕溪酬梁耿別後見寄〉	清川永路何極
414	韓翃	〈送陳明府赴淮南〉	年華近過清明
415	盧綸	〈送萬臣〉	把酒留君聽琴
416	周賀	〈送李億東歸〉	黃山遠隔秦樹
卷六　附六言四句 11 首			
417	王維	〈田園樂〉	採菱渡頭風急
418	王維	〈田園樂〉	萋萋芳草春綠
419	王維	〈田園樂〉	山下孤煙遠村
420	王維	〈田園樂〉	酌酒會臨泉水
421	王維	〈田園樂〉	桃紅復含宿雨
422	劉長卿	〈尋張逸人山居〉	危石纔通鳥道
423	皇甫冉	〈送鄭二之茅山〉	水流絕澗終日
424	皇甫冉	〈問李二司直所居雲山〉	門外水流何處
425	顧況	〈歸山〉	心事數莖白髮
426	王建	〈宮中三臺〉	池北池南草綠
427	劉禹錫	〈答樂天臨都驛見贈〉	北固山邊波浪
卷七　七言絕句 92 首			
428	李白	〈橫江詞〉	橫江館前津吏迎
429	李白	〈巴陵贈賈舍人〉	賈生西望憶京華

430	李白	〈贈汪倫〉	李白乘舟將欲行
431	王昌齡	〈聽流人水調子〉	孤舟微月對楓林
432	王昌齡	〈芙蓉樓送辛漸〉	丹陽城南秋海陰
433	王昌齡	〈長信秋詞〉	奉帚平明金殿開
434	王昌齡	〈從軍行〉	大漠風塵日色昏
435	王維	〈送元二使安西〉	渭城朝雨浥輕塵
436	王維	〈少年行〉	新豐美酒斗十千
437	王維	〈寒食氾上作〉	廣武城邊逢暮春
438	杜甫	〈江南逢李龜年〉	岐王宅裏尋常見
439	孟浩然	〈濟江問同舟人〉	潮落江平未有風
440	高適	〈營州歌〉	營州少年厭原野
441	賈至	〈巴陵與李十二裴九泛洞庭〉	江上相逢皆舊遊
442	賀知章	〈回鄉偶書〉	少小離家老大回
443	張旭	〈山中留客〉	山光物態弄春暉
444	韋應物	〈寄諸弟〉	雨中禁火空齋冷
445	韋應物	〈休日訪人不遇〉	九日驅馳一日閒
446	韋應物	〈滁州西澗〉	獨憐幽草澗邊生
447	劉長卿	〈酬李穆見寄〉	孤舟相訪至天涯
448	劉長卿	〈七里灘送嚴維〉	秋江渺渺水空波
449	錢起	〈暮春歸故山草堂〉	谷口春殘黃鳥稀
450	錢起	〈秋夜送趙洌歸襄陽〉	斗酒忘言良夜深
451	韓翃	〈送齊山人〉	舊事仙人白兔公
452	韓翃	〈酬張千牛〉	蓬萊闕下事天家
453	韓翃	〈少年行〉	千點斑斕噴玉驄
454	皇甫冉	〈答張繼〉	悵望南徐登北固
455	李益	〈邊思〉	腰垂錦帶佩吳鉤
456	李益	〈春夜聞笛〉	寒山吹笛喚春歸
457	李益	〈度破訥沙〉	破訥沙頭雁正飛
458	李益	〈上汝州郡樓〉	黃昏鼓角似邊州
459	張繼	〈閶門即事〉	耕夫召募逐樓船
460	戴叔倫	〈湘南即事〉	盧橘花開楓葉衰
461	顧況	〈小孤山〉	古廟楓林江水邊
462	顧況	〈憶故園〉	惆悵山多人復稀

463	司空曙	〈峽口送故人〉	峽口花飛欲盡春
464	嚴維	〈丹陽送人〉	丹陽郭裏送行舟
465	李涉	〈宿武關〉	遠別秦城萬里遊
466	權德輿	〈贈天竺靈隱二寺主〉	石路泉流兩寺分
467	韓愈	〈次潼關先寄張十二閣老〉	荊山已去華山來
468	張籍	〈哭孟寂〉	曲江院裏題名處
469	張籍	〈秋思〉	洛陽城裏見秋風
470	柳宗元	〈柳州二月〉	宦情羈思共悽悽
471	柳宗元	〈夏晝偶作〉	南州溽暑醉如酒
472	柳宗元	〈酬曹侍御〉	破額山前碧玉流
473	劉禹錫	〈石頭城〉	山圍故國周遭在
474	劉禹錫	〈烏衣巷〉	朱雀橋邊野草花
475	劉禹錫	〈聽舊宮人穆氏唱歌〉	曾隨織女渡天河
476	劉禹錫	〈楊柳枝詞〉	城外春風吹酒旗
477	白居易	〈邯鄲至夜思親〉	邯鄲驛裏逢冬至
478	白居易	〈竹枝詞〉	瞿塘峽口水雲低
479	白居易	〈楊柳枝〉	紅板江橋青酒旗
480	元稹	〈重贈樂天〉	莫遣玲瓏唱我詩
481	李德裕	〈長安秋夜〉	內宮傳詔問戎機
482	令狐楚	〈少年行〉	弓背霞明劍照霜
483	戎昱	〈塞下曲〉	漢將歸來虜塞空
484	羊士諤	〈泛舟後溪〉	雨餘芳草淨沙塵
485	羊士諤	〈臺中寓直覽壁畫山水〉	蟲思庭莎白露天
486	王建	〈江陵使至汝州〉	回看巴路在雲間
487	竇牟	〈奉誠園聞笛〉	曾絕朱纓吐錦茵
488	竇鞏	〈南遊感興〉	傷心欲問前朝事
489	竇鞏	〈寄南遊兄弟〉	書來未報幾時還
490	楊凝	〈送客入蜀〉	劍閣迢迢夢想間
491	陳羽	〈吳中覽古〉	吳王舊國水煙空
492	杜牧	〈登樂遊原〉	長空澹澹孤鳥沒
493	杜牧	〈江南春〉	千里鶯啼綠映紅
494	杜牧	〈醉後題僧院〉	觥船一棹百分空
495	杜牧	〈泊秦淮〉	煙籠寒水月籠沙

496	杜牧	〈寄揚州韓綽判官〉	青山隱隱水迢迢
497	杜牧	〈邊上聞笳〉	何處吹笳薄暮天
498	雍陶	〈和孫明府懷舊山〉	五柳先生本在山
499	李商隱	〈宮妓〉	珠箔輕明拂玉墀
500	李商隱	〈齊宮詞〉	永壽兵來夜不扃
501	李商隱	〈賈生〉	宣室求賢訪逐臣
502	溫庭筠	〈贈彈箏人〉	天寶年中事玉皇
503	溫庭筠	〈瑤瑟怨〉	冰簟銀床夢不成
504	溫庭筠	〈夜看牡丹〉	高低深淺一闌紅
505	許渾	〈謝亭送別〉	勞歌一曲解行舟
506	許渾	〈題段太尉廟〉	靜想追兵緩翠華
507	趙嘏	〈經汾陽舊宅〉	門前不改舊山河
508	趙嘏	〈尋僧〉	溪戶無人谷鳥飛
509	唐彥謙	〈仲山〉	千載遺蹤寄薜蘿
510	盧弼	〈邊庭四時怨〉	春風昨夜到榆關
511	盧弼	〈邊庭四時怨〉	盧龍塞外草初肥
512	陸龜蒙	〈懷宛陵舊遊〉	陵陽佳地昔年遊
513	鄭谷	〈淮上與友人別〉	揚子江頭楊柳春
514	鄭谷	〈席上贈歌者〉	花月樓臺近九衢
515	陳陶	〈隴西行〉	誓掃匈奴不顧身
516	韋莊	〈金陵圖〉	江雨霏霏江草齊
517	僧法振	〈送友人之上都〉	玉帛徵賢楚客稀
518	釋無本	〈行次漢上〉	習家池沼草萋萋
519	武昌妓	〈續韋蟾句〉	悲莫悲兮生別離

參考文獻

先依時代先後排序，再依作者姓名讀音排序

一、原典文獻

1. 〔唐〕白居易：《白氏長慶集》，收錄於《景印文淵閣四庫全書》集部第19冊，臺北：臺灣商務印書館，據國立故宮博物院藏本影印，1983年。
2. 〔唐〕李白：《李太白全集》，北京：中國書店，1996年。
3. 〔唐〕王維：《輞川集》，收錄於曹中孚標點：《王維全集（附孟浩然集）》，上海：上海古籍出版社，1997年。
4. 〔宋〕洪邁：《容齋五筆》，收錄於《文津閣四庫全書》子部第281冊，北京：商務印書館，據中國國家圖書館藏本影印，2005年。
5. 〔宋〕葛立方：《韻語陽秋》，收錄於何文煥輯：《歷代詩話》，北京：中華書局，1982年。
6. 〔宋〕劉克莊：《後村詩話》，收錄於《景印文淵閣四庫全書》集部第772冊，臺北：臺灣商務印書館，據國立故宮博物院藏本影印，1986年。
7. 〔宋〕于濟原選，〔宋〕蔡正孫增輯：《精刊唐宋千家聯珠詩格》，日本南北朝刊本，日本國立公文書館藏本。
8. 〔宋〕周弼編，〔清〕高士奇輯註：《三體唐詩》，收錄於《景印文淵閣四庫全書》集部第297冊，臺北：臺灣商務印書館，據國立故宮博物院藏本影印，1983年。
9. 〔元〕方回選評，李慶甲集評校點：《瀛奎律髓彙評》，上海：上海古籍出版社，1986年。
10. 〔明〕高棅：《唐詩品彙》，上海：上海古籍出版社，據上海辭書出版社圖書館藏汪宗尼本影印，1988年。
11. 〔明〕高棅：《唐詩正聲》，日本享保14年帝城書坊藏版，日本國立公文書館藏本。

12. 〔明〕何景明：《大復集》，收錄於《景印文淵閣四庫全書》集部第 206 冊，臺北：臺灣商務印書館，據國立故宮博物院藏本影印，1983 年。
13. 〔明〕胡應麟原著，王國安校補：《詩藪》，上海：上海古籍出版社，1979 年。
14. 〔明〕胡震亨原著，周本淳校點：《唐音癸籤》，上海：上海古籍出版社，1981 年。
15. 〔明〕李攀龍：《古今詩刪》，收錄於《景印文淵閣四庫全書》集部第 321 冊，臺北：臺灣商務印書館，據國立故宮博物院藏本影印，1983 年。
16. 〔明〕李攀龍選，〔明〕蔣一葵箋釋：《唐詩選》，收錄於《四庫全書存目叢書》集部第 309 冊，臺南：莊嚴文化事業有限公司，據清華大學圖書館藏明刻本影印，1997 年。
17. 〔明〕李攀龍編，〔明〕凌宏憲輯：《李于鱗唐詩廣選》，收錄於《四庫全書存目叢書補編》第 34 冊，濟南：齊魯書社，據北京圖書分館藏明刻本朱墨套印本影印，2001 年。
18. 〔明〕李攀龍選，〔明〕袁宏道校：《新刻李袁二先生精選唐詩訓解》，明萬曆 46 年居仁堂余獻可刻本，美國哈佛大學哈佛燕京圖書館藏本。
19. 〔明〕李攀龍編選，〔日〕服部南郭考訂：《唐詩選》，日本慶應 3 年嵩山房刊本，日本早稻田大學圖書館藏本。
20. 〔明〕陸時雍：《詩鏡總論》，收錄於丁福保輯：《歷代詩話續編》下冊，北京：中華書局，1983 年。
21. 〔明〕唐汝詢：《唐詩解》，清順治 16 年万笈堂刊本，美國哈佛大學哈佛燕京圖書館藏本。
22. 〔明〕屠隆：《白榆集》，收錄於《續修四庫全書》集部第 1359 冊，上海：上海古籍出版社，據明萬曆龔堯惠刻本影印，2002 年。
23. 〔明〕王夫之評選，王學太校點：《唐詩評選》，北京：文化藝術出版社，1997 年。
24. 〔明〕王世貞：《藝苑卮言》，收錄於丁福保輯：《歷代詩話續編》中冊，北京：中華書局，1983 年。
25. 〔明〕許學夷原著，杜維沫校點：《詩源辯體》，北京：人民文學出版社，1987 年。
26. 〔明〕周珽輯：《刪補唐詩選脈箋釋會通評林》（一），收錄於《四庫全書存目叢書補編》第 25 冊，濟南：齊魯書社，據清華大學圖書館藏明崇禎 8 年刻本影印，2001 年。
27. 〔明〕周珽輯：《刪補唐詩選脈箋釋會通評林》（二），收錄於《四庫全書存目叢書補編》第 26 冊，濟南：齊魯書社，據清華大學圖書館藏明崇禎

8 年刻本影印，2001 年。
28. 〔清〕陳廷敬：《杜律詩話》，日本正德 3 年白松堂刊本，日本早稻田大學圖書館藏本。
29. 〔清〕黃生：《杜詩說》，一木堂刊本，日本早稻田大學圖書館藏本。
30. 〔清〕黃叔燦：《唐詩箋註》，松筠書屋藏板，美國哈佛大學哈佛燕京圖書館藏本。
31. 〔清〕李因培：《唐詩觀瀾集》，清乾隆 24 年江蘇學署藏版，美國哈佛大學哈佛燕京圖書館藏本。
32. 〔清〕冒春榮：《葚原詩說》，收錄於郭紹虞編選，富壽蓀校點：《清詩話續編》，上海：上海古籍出版社，1983 年。
33. 〔清〕浦起龍原著，王志庚校點：《讀杜心解》，北京：中華書局，1977 年。
34. 〔清〕乾隆御定，冉苒校點：《唐宋詩醇》上冊，北京：中國三峽出版社，1997 年。
35. 〔清〕錢謙益：《杜工部集箋註》，收錄於《四庫禁燬書叢刊》集部第 40 冊，北京：北京出版社，2000 年。
36. 〔清〕沈德潛：《說詩晬語》，收錄於丁福保輯，原中華書局上海編輯所校點：《清詩話》下冊，上海：上海古籍出版社，1978 年。
37. 〔清〕沈德潛：《唐詩別裁集》，康熙 56 年初刻本，中國國家圖書館善本特藏部藏本。
38. 〔清〕沈德潛：《唐詩別裁集》，北京：中華書局，據乾隆 28 年教忠堂重訂本影印，1975 年。
39. 〔清〕施補華：《峴傭說詩》，收錄於丁福保輯，原中華書局上海編輯所校點：《清詩話》下冊，上海：上海古籍出版社，1978 年。
40. 〔清〕宋宗元：《網師園唐詩箋》，清乾隆 36 年尚絅堂藏版，美國哈佛大學哈佛燕京圖書館藏本。
41. 〔清〕田同之：《西圃詩話》，收錄於郭紹虞編選，富壽蓀校點：《清詩話續編》，上海：上海古籍出版社，1983 年。
42. 〔清〕王士禛編，〔清〕聞人倓箋：《古詩箋》，上海：上海古籍出版社，2010 年。
43. 〔清〕王士禛等著：《師友詩傳錄》，收錄於丁福保輯，原中華書局上海編輯所校點：《清詩話》上冊，上海：上海古籍出版社，1978 年。
44. 〔清〕王士禛：《師友詩傳續錄》，收錄於丁福保輯，原中華書局上海編輯所校點：《清詩話》上冊，上海：上海古籍出版社，1978 年。
45. 〔清〕王士禛選，黃香石評，吳退庵、胡甘亭集註：《唐賢三昧集箋註》，臺北：廣文書局，1968 年。

46. 〔清〕王士禛原著，張宗柟纂集，夏閎校點：《帶經堂詩話》，北京：人民文學出版社，1963 年。
47. 〔清〕吳喬：《圍爐詩話》，收錄於郭紹虞編選，富壽蓀校點：《清詩話續編》，上海：上海古籍出版社，1983 年。
48. 〔清〕楊倫原著，原中華書局上海編輯所標點：《杜詩鏡銓》上下冊，上海：上海古籍出版社，1980 年。
49. 〔清〕永瑢、〔清〕紀昀等撰：《欽定四庫全書總目》（集部一），收錄於《景印文淵閣四庫全書》總目第 4 冊，臺北：臺灣商務印書館，據國立故宮博物院藏本影印，1983 年。
50. 〔清〕永瑢、〔清〕紀昀等撰：《欽定四庫全書總目》（集部二），收錄於《景印文淵閣四庫全書》總目第 5 冊，臺北：臺灣商務印書館，據國立故宮博物院藏本影印，1983 年。
51. 〔清〕俞樾：《湖樓筆談》，收錄於《續修四庫全書》子部第 1162 冊，上海：上海古籍出版社，據清光緒 25 年刻春在堂全書本影印，2002 年。
52. 〔清〕張廷玉等奉敕修：《明史》，收錄於《景印文淵閣四庫全書》史部第 59 冊，臺北：臺灣商務印書館，據國立故宮博物院藏本影印，1983 年。
53. 〔清〕趙翼：《甌北詩話》，收錄於郭紹虞編選，富壽蓀校點：《清詩話續編》，上海：上海古籍出版社，1983 年。
54. 〔日〕貝原益軒：《格物餘話》，版本不明，日本國立國會圖書館藏本。
55. 〔日〕大典顯常：《唐詩集註》，日本安永 3 年平安林文軒刊本，日本早稻田大學圖書館藏本。
56. 〔日〕大典顯常：《唐詩解頤》，版本不明，日本早稻田大學圖書館藏本。
57. 〔日〕荻生徂徠：《徂來先生答問書》下，收錄於〔日〕島田虔次編輯：《荻生徂徠全集》第 1 卷學問論集，東京：みすず書房，1973 年。
58. 〔日〕東條琴臺：《先哲叢談續編》，東京：千鍾房，1884 年，日本國立國會圖書館藏本。
59. 〔日〕服部南郭辯，〔日〕林元圭錄：《唐詩選國字解》，日本寬政 3 年江戸嵩山房刊本，日本早稻田大學圖書館藏本。
60. 〔日〕服部南郭辯，〔日〕林元圭錄，〔日〕日野龍夫校註：《唐詩選國字解》第 1 卷，東京：平凡社，1982 年。
61. 〔日〕户崎淡園：《箋註唐詩選》，臺北：新文豐出版公司，據日本東京富山房「漢文大系」第 2 卷影印，1978 年。
62. 〔日〕紀友則、〔日〕紀貫之、〔日〕凡河内躬恒、〔日〕壬生忠岑等奉勅撰，張蓉蓓譯：《古今和歌集》，臺北：致良出版社，2002 年。

63.〔日〕賴山陽：《山陽遺稿》，日本明治 12 年刊本，日本國立公文書館藏本。

64.〔日〕千葉芸閣：《唐詩選掌故》，日本寬政 5 年江户嵩山房刊本，日本早稻田大學圖書館藏本。

65.〔日〕清少納言原著，林文月譯：《枕草子》，臺北：洪範書店有限公司，2002 年。

66.〔日〕山本北山：《孝經樓詩話》，收錄於〔日〕池田四郎次郎編：《日本詩話叢書》第 2 卷，東京：龍吟社，1997 年。

67.〔日〕篠崎小竹：《南豊集》，自筆寫本，日本大阪府立圖書館藏本。

68.〔日〕篠崎小竹：《唐詩遺》，梅花屋藏板，日本早稻田大學圖書館藏本。

69.〔日〕篠崎小竹：《小竹齋詩鈔》，日本昭和 12 年梅邨寫本，日本早稻田大學圖書館藏本。

二、近人論著

1. 蔡毅：《日本漢詩論稿》，北京：中華書局，2007 年。

2. 蔡瑜：《高棅詩學研究》，臺北：國立臺灣大學出版委員會，1990 年。

3. 陳岸峰：《沈德潛詩學研究》，濟南：齊魯書社，2011 年。

4. 陳伯海主編：《唐詩彙評》上冊，杭州：浙江教育出版社，1996 年。

5. 陳伯海：《唐詩學引論》，上海：知識出版社，1988 年。

6. 陳國球：《明代復古派唐詩論研究》，北京：北京大學出版社，2007 年。

7. 陳美朱：《明清唐詩選本之杜詩選評比較》，臺北：學生書局，2015 年。

8. 高步瀛：《唐宋詩舉要》，臺北：學海出版社，1988 年。

9. 賀嚴：《清代唐詩選本研究》，北京：人民出版社，2007 年。

10. 李慶：《日本漢學史》第 1 部，上海：上海人民出版社，2010 年。

11. 李慶：《日本漢學史》第 3 部，上海：上海人民出版社，2010 年。

12. 劉芳亮：《日本江户漢詩對明代詩歌的接受研究》，濟南：山東大學出版社，2013 年。

13. 魯迅：《魯迅全集》第 7 卷，北京：人民文學出版社，2005 年。

14. 馬歌東：《日本漢詩溯源比較研究》，北京：中國社會科學出版社，2004 年。

15. 莫礪鋒：《杜甫評傳》，南京：南京大學出版社，1993 年。

16. 孫立：《日本詩話中的中國古代詩學研究》，北京：北京大學出版社，2012 年。

17. 孫琴安：《唐詩選本提要》，上海：上海書店出版社，2005 年。

18. 王力：《詩詞格律》，香港：中華書局，2002 年。
19. 蕭麗華：《王維——道心禪悅一詩佛》，臺北：幼獅文化事業公司，1991 年。
20. 肖瑞峰：《日本漢詩發展史》第 1 卷，長春：吉林大學出版社，1992 年。
21. 許建崑：《李攀龍文學研究》，臺北：文史哲出版社，1987 年。
22. 嚴紹璗：《中日古代文學關係史稿》，長沙：湖南文藝出版社，1987 年。
23. 楊文雄：《詩佛王維研究》，臺北：文史哲出版社，1988 年。
24. 葉嘉瑩：《杜甫〈秋興八首〉集説》，臺北：桂冠圖書股份有限公司，1994 年。
25. 查清華：《明代唐詩接受史》，上海：上海古籍出版社，2006 年。
26. 張伯偉：《東亞漢籍研究論集》，臺北：國立臺灣大學出版中心，2007 年。
27. 張伯偉：《中國古代文學批評方法研究》，北京：中華書局，2002 年。
28. 張健：《清代詩學研究》，北京：北京大學出版社，1999 年。
29. 張哲俊：《吉川幸次郎研究》，收錄於嚴紹璗主編：《北京大學 20 世紀國際中國學研究文庫》，北京：中華書局，2004 年。
30. 章培恆、駱玉明主編：《中國文學史》上卷，上海：復旦大學出版社，1996 年。
31. 章培恆、王靖宇主編：《中國文學評點研究論集》，上海：上海古籍出版社，2002 年。
32. 中國唐代文學學會等主編：《唐代文學研究》第 3 輯，桂林：廣西師範大學出版社，1992 年。
33. 鄒雲湖：《中國選本批評》，上海：上海三聯書店，2002 年。
34. 〔日〕村上哲見：《漢詩と日本人》，東京：講談社，1994 年。
35. 〔日〕德富蘇峰：《第一人物隨錄》，東京：民友社，1926 年，日本國立國會圖書館藏本。
36. 〔日〕渡邊年應：《復古思想と寬政異學の禁——封建秩序の崩壞過程に於ける葛藤——》，收錄於《國民精神文化研究》第 30 冊，東京：國民精神文化研究所，1937 年，日本國立國會圖書館藏本。
37. 〔日〕干河岸貫一編：《續先哲百家傳》，大阪：青木嵩山堂，1910 年，日本國立國會圖書館藏本。
38. 〔日〕岡本撫山：《浪華人物誌》，東京：風俗繪卷圖畫刊行會，1920 年，日本國立國會圖書館藏本。
39. 〔日〕關森勝夫、陸堅合著：《日本俳句與中國詩歌——關於松尾芭蕉文學比較研究》，杭州：杭州大學出版社，1997 年。
40. 〔日〕關儀一郎、〔日〕關儀直編：《近世漢學者著書目錄大成》下，收錄於嚴靈峯編輯：《書目類編》第 22 冊，臺北：成文出版社，據日本東京東洋圖書刊行會 1941 年排印本影印，1978 年。
41. 〔日〕和漢比較文學會編：《近世文学と漢文学》，收錄於《和漢比較文学叢書》第 7 卷，東京：汲古書院，1988 年。
42. 〔日〕合山林太郎：《幕末・明治期における日本漢詩文の研究》，大阪：和泉書院，2014 年。
43. 〔日〕黒川洋一：《杜詩とともに》，東京：創文社，1982 年。
44. 〔日〕吉川幸次郎、〔日〕三好達治：《新唐詩選》，東京：岩波書店，1952 年。
45. 〔日〕吉川幸次郎、〔日〕桑原武夫：《新唐詩選續篇》，東京：岩波書店，1954 年。
46. 〔日〕吉川幸次郎：《吉川幸次郎全集》第 1 卷中國通說篇，東京：筑摩書房，1968 年。
47. 〔日〕吉川幸次郎：《吉川幸次郎全集》第 15 卷元篇下・明篇，東京：筑摩書房，1969 年。
48. 〔日〕吉川幸次郎：《吉川幸次郎全集》第 17 卷日本篇上，東京：筑摩書房，1969 年。
49. 〔日〕吉川幸次郎原著，章培恆等譯：《中國詩史》，合肥：安徽文藝出版社，1986 年。
50. 〔日〕加藤周一主編：《世界大百科事典》第 12 冊，東京：平凡社，1991 年。
51. 〔日〕簡野道明：《唐詩選詳說》，東京：明治書院，1929 年，日本國立國會圖書館藏本。
52. 〔日〕礪波護、〔日〕藤井讓治編：《京大東洋学の百年》，京都：京都大學學術出版會，2006 年。
53. 〔日〕目加田誠博士古稀紀念中國文學論集編輯委員會編集：《中國文學論集：目加田誠博士古稀記念》，東京：龍溪書舍，1974 年。
54. 〔日〕目加田誠釋註：《唐詩三百首》3 卷，東京：平凡社，2009、1996、2009 年。
55. 〔日〕目加田誠新釋：《唐詩選》，收錄於《新釈漢文大系》第 19 卷，東京：明治書院，2011 年。
56. 〔日〕木崎愛吉：《篠崎小竹》，大阪：玉樹安造，1924 年，日本國立國會圖書館藏本。
57. 〔日〕平野彥次郎：《唐詩選研究》，東京：明德出版社，1974 年。
58. 〔日〕前野直彬註解：《唐詩選》上下冊，東京：岩波書店，1975 年。

59. 〔日〕清水茂原著，蔡毅譯：《清水茂漢學論集》，北京：中華書局，2003年。
60. 〔日〕入谷仙介：《近代文学としての明治漢詩》，東京：研文出版，1989年。
61. 〔日〕三浦葉：《明治漢文學史》，東京：汲古書院，1998年。
62. 〔日〕森槐南原著，〔日〕松岡秀明校訂：《杜詩講義》第4冊，東京：平凡社，1993年。
63. 〔日〕森槐南原著，〔日〕神田喜一郎編：《森槐南遺稿　中國詩學概説》，京都：臨川書店，1982年。
64. 〔日〕森槐南：《唐詩選評釋》，東京：新進堂，1892～1896年，日本國立國會圖書館藏本。
65. 〔日〕森槐南原著，〔日〕豐田穰校訂：《唐詩選評釋》，東京：富山房，1938～1939年，日本國立國會圖書館藏本。
66. 〔日〕森槐南原著，江俠菴譯述：《唐詩選評釋》，臺北：河洛圖書出版社，1974年。
67. 〔日〕森瀨壽三：《唐詩新攷》，大阪：關西大學出版部，1998年。
68. 〔日〕斯文會編：《支那学研究》第2編，東京：斯文會，1932年。
69. 〔日〕松尾芭蕉原著，鄭清茂譯註：《芭蕉百句》，臺北：聯經出版事業股份有限公司，2017年。
70. 〔日〕松下忠原著，范建明譯：《江户時代的詩風詩論：兼論明清三大詩論及其影響》，北京：學苑出版社，2008年。
71. 〔日〕下定雅弘原著，李寅生譯：《白樂天的世界》，南京：鳳凰出版社，2017年。
72. 〔日〕小西甚一原著，鄭清茂譯：《日本文學史》，臺北：聯經出版事業股份有限公司，2015年。
73. 〔日〕有木大輔：《唐詩選版本研究》，東京：好文出版，2013年。
74. 〔日〕豬口篤志編：《日本漢詩》上冊，收錄於《新釈漢文大系》第45卷，東京：明治書院，2000年。

三、期刊論文

1. 陳岸峰：〈《唐詩別裁集》與《古今詩刪》中「唐詩選」的比較研究〉，載《漢學研究》第19卷第2期，2001年12月，頁399～416。
2. 陳美朱：〈論明清詩話對唐七古的正變之爭〉，載《中國文化月刊》第232期，1999年07月，頁41～63。
3. 范建明：〈關於《唐詩別裁集》的修訂及其理由——「重訂本」與「初刻

本」的比較〉，載《逢甲人文社會學報》第 25 期，2012 年 12 月，頁 57～74。

4. 葛曉音：〈初盛唐七言歌行的發展——兼論歌行的形成及其與七古的分野〉，載《文化遺產》1997 年第 5 期，1997 年 09 月，頁 47～61。
5. 葛曉音：〈從五排的鋪陳節奏看杜甫長律的轉型〉，載《復旦學報（社會科學版）》2015 年第 4 期，2015 年 07 月，頁 1～12。
6. 顧春芳：〈重新考訂李攀龍《唐詩選》的意義〉，載《人文学論集》第 35 集，2017 年 03 月，頁 37～49。
7. 蔣寅：〈舊題李攀龍《唐詩選》在日本的流傳和影響——日本接受中國文學的一個側面〉，載《國學研究》第 12 卷，2003 年 12 月，頁 363～386。
8. 金生奎：〈李攀龍唐詩選本考論〉，載《文獻季刊》2012 年第 3 期，2012 年 07 月，頁 177～191。
9. 連清吉：〈吉川幸次郎的中國文學研究方法論〉，載《政大中文學報》第 16 期，2011 年 12 頁，頁 111～136。
10. 劉芳亮：〈《唐詩選》在日本的流行及其原因再論〉，載《解放軍外國語學院學報》第 34 卷第 3 期，2011 年 05 月，頁 120～126。
11. 錢志熙：〈論初盛唐時期古體詩體制的發展〉，載《南開學報（哲學社會科學版）》2011 年第 5 期，2011 年 09 月，頁 62～75。
12. 王琨：〈森槐南《杜詩講義》的特色〉，載《東亞漢學研究》創刊號，2011 年 06 月，頁 322～332。
13. 王人恩：〈日本森槐南《補春天》傳奇考論〉，載《西北師大學報（社會科學版）》第 40 卷第 3 期，2003 年 05 月，頁 62～66。
14. 王運熙：〈總集與選本〉，載《古典文學知識》2004 年 05 期，2004 年 09 月，頁 75～81。
15. 解國旺：〈論李攀龍《古今詩刪》的詩學取向〉，載《天中學刊》第 22 卷第 1 期，2007 年 02 月，頁 65～67。
16. 許建崑：〈李攀龍「古今詩刪」與相關「唐詩選」各版本的比較〉，載《東海中文學報》第 6 期，1986 年 05 月，頁 104～108。
17. 殷祝勝：〈舊題李攀龍《唐詩選》眞僞問題再考辨〉，載《河南師範大學學報（哲學社會科學版）第 40 卷第 1 期，2013 年 01 月，頁 119～123。
18. 張健：〈蔡正孫考論——以《唐宋千家聯珠詩格》爲中心〉，載《北京大學學報（哲學社會科學版）》2004 年第 2 期，2004 年 03 月，頁 60～70。
19. 張俐盈：〈得其深遠宕逸之神——沈德潛《唐詩別裁集》李白詩歌選評研究〉，載《漢學研究》第 32 卷第 4 期，2014 年 12 月，頁 229～258。
20. 張小鋼：〈『唐詩選畫本』考：詩題と画題について〉，載《金城学院大学論集（人文科学編）》第 11 卷第 1 號，2014 年 09 月，頁 81～94。

21. 〔日〕長谷部剛：〈森槐南《古詩平仄論》及其實踐，並論槐南對龐德《國泰集》的影響——森槐南札記二則：以《古詩平仄論》及《國泰集》爲例〉，載《中國文學學報》第7期，2016年12月，頁169～181。
22. 〔日〕崗村繁：〈目加田誠先生の思い出〉，載《中国文学論集》第23號（目加田誠先生追悼號），1994年12月，頁6～10。
23. 〔日〕高橋繁樹：〈目加田誠先生の晚年の研究と文学〉，載《中国文学論集》第23號（目加田誠先生追悼號），1994年12月，頁14～18。
24. 〔日〕横田滋：〈吉川幸次郎・三好達治著「新唐詩選」〉，載《東洋史研究》第12卷第2號，1952年12月，頁179～181。
25. 〔日〕淺川哲也：〈服部南郭『唐詩選国字解』とその異本——近世口語体資料としての再検討——〉（國語學會2003年度秋季大會研究發表會發表要旨），載《國語學》第55卷第2號，2004年04月，頁128。
26. 〔日〕淺川哲也：〈『唐詩選講釈』と『唐詩選広解』の指定表現について：近世口語体資料としての再評価〉（日本語學會2004年度秋季大會研究發表會發表要旨），載《日本語の研究》第1卷第2號，2005年04月，頁134。
27. 〔日〕日野龍夫：〈『唐詩選』と近世後期詩壇——都市の繁華と古文辞派の詩風——〉，載《文学》第39卷第3號，1971年03月，頁275～285。
28. 〔日〕森瀬壽三：〈李攀竜「唐詩選」藍本考——僞書の可能性はどれほどあるか〉，載《關西大學文學論集》第43卷第2號，1993年12月，頁53～72。
29. 〔日〕松浦章：〈江户時代唐船齎來の『唐詩選』とその再版本〉，載《或問》第31號，2017年06月，頁1～14。
30. 〔日〕藤田あゆみ：〈近世語資料としての『唐詩選国字解』：「ている」「てある」「ておる」「てござる」の用法をめぐって〉，載《山梨英和短期大学紀要》第10號，1976年10月，頁77～100。
31. 〔日〕興膳宏：〈吉川幸次郎博士略年譜〉，載《東方學》第74輯，1987年07月，頁169～171。
32. 〔日〕竹村則行：〈袁枚論詩絕句與賴山陽論詩絕句〉，載《中國典籍與文化》1992年02期，1992年07月，頁111～122。
33. 〔日〕住吉朋彥：〈旧刊『聯珠詩格』版本考〉，載《斯道文庫論集》2008年第43輯，2009年02月，頁215～263。
34. 〔日〕佐藤進：〈釈大典『唐詩解頤』の特殊な訓読について：徂徠の詩読解を受け継ぐもの〉，載《日本漢文学研究》第11號，2016年03月，頁75～106。

四、學位論文

1. 畢偉玉：《李攀龍唐詩選研究》，上海：上海師範大學，中國古典文獻學碩士學位論文，2003 年 05 月。
2. 杜治國：《確立詩歌的正典——李攀龍詩論、選本及創作研究》，香港：香港科技大學，人文學部博士學位論文，2004 年 05 月。
3. 李曉燕：《《唐詩選國字解》的中日語言文化比較研究——中國傳統文化在日本》，北京：首都師範大學，日本語言文學碩士學位論文，2014 年 04 月。
4. 孟偉：《吉川幸次郎の中国古典文学研究》，九州：長崎大學，生產科學研究科博士學位論文，2014 年 09 月。
5. 〔日〕松下忠：《江户時代の詩風及び詩論の研究》，東京：東京教育大學，文學部博士學位論文，1962 年 03 月。

五、網路資料

1. 中國知網：http://www.cnki.net/
2. 中國期刊全文數據庫：http://big5.oversea.cnki.net/kns55/brief/result.aspx？dbPrefix=CJFD
3. 國家圖書館期刊文獻資訊網：http://readopac.ncl.edu.tw/nclJournal/
4. 臺灣博碩士論文知識加值系統：https://ndltd.ncl.edu.tw/
5. CiNii Articles：https://ci.nii.ac.jp/
6. 科学研究費助成事業データベース：https://kaken.nii.ac.jp/ja/
7. 明治書院：http://www.meijishoin.co.jp/
8. 全國漢籍データベース：http://www.kanji.zinbun.kyoto-u.ac.jp/kanseki
9. 日本大阪府立圖書館：http://www.library.pref.osaka.jp/
10. 日本國立國會圖書館：http://www.ndl.go.jp/
11. 日本國立公文書館デジタルアーカイブ：https://www.digital.archives.go.jp/
12. 日本早稲田大學圖書館古典籍総合データベース：http://www.wul.waseda.ac.jp/kotenseki/
13. 日本の古本店：https://www.kosho.or.jp/
14. 岩波書店：https://www.iwanami.co.jp/
15. 伊紀國屋書店：https://www.kinokuniya.co.jp/
16. みすず書房：https://www.msz.co.jp/
17. 美國哈佛大學哈佛燕京圖書館：https://projects.iq.harvard.edu/yenchinglib